Gershom Scholem

Von Berlin nach Jerusalem

Jugenderinnerungen

Aus dem Hebräischen von
Michael Brocke und
Andrea Schatz

Suhrkamp

Die Erstausgabe dieses Buches erschien 1977
als Band 555 der Bibliothek Suhrkamp,
die erweiterte hebräische Fassung 1982 unter dem Titel
Mi-Berlin l-Irushalayim. Sichronoth ne'urim
im Verlag Am Oved, Tel Aviv
Umschlagfoto:
The Jewish National and University Library

suhrkamp taschenbuch 2784
Erste Auflage 1997

Druck: Nomos Verlagsgesellschaft, Baden-Baden
Printed in Germany
Umschlag nach Entwürfen von
Willy Fleckhaus und Rolf Staudt

1 2 3 4 5 6 – 02 01 00 99 98 97

Dem Andenken meines Bruders Werner
geboren im Dezember 1895 in Berlin
ermordet im Juni 1940 in Buchenwald

Inhalt

Herkunft und Kindheit

Wenn ich einige Erinnerungen aus meinen Jugendjahren bis 1925, als ich Dozent an der neugegründeten Hebräischen Universität in Jerusalem wurde, niederschreibe, weiß ich natürlich, daß an dergleichen aus der Feder Berliner Kinder kein Mangel ist, wenn ich es auch kaum gelesen habe. Aber das Besondere wäre in meinem Fall wohl, daß ich von dem Weg eines jungen Juden sprechen will, dessen Weg aus dem Berlin meiner Kindheit und Jugend nach Jerusalem und Israel führte. Mir erschien dieser Weg als sonderbar direkt und von klaren Wegzeichen erhellt, anderen – meine eigene Familie eingeschlossen – erschien er unbegreiflich, um nicht zu sagen, ärgerlich.

Ich stamme aus einer Berliner Judenfamilie, die bis zum zweiten Jahrzehnt des vorigen Jahrhunderts in Glogau in Niederschlesien (»Großglogau«) saß und vor etwa 160 Jahren teilweise nach Berlin kam. Der Name Scholem – der bei aschkenasischen Juden als Vorname sehr verbreitet war – ist als Familienname außerordentlich selten. Im Laufe meines Lebens bin ich nur auf *zwei* andere Familien »Scholem« gestoßen, die nicht mit unserer verwandt waren. *Eine kam* aus Oberschlesien *und war ebenfalls in Berlin ansässig, die andere stammte aus einem kleinen Dorf in Rheinland-Pfalz und hatte sich dort und im Saarland in verschiedenen Städten – Neustadt, Kaiserslautern und St. Ingbert – angesiedelt.*

Als das preußische Judenedikt von 1812, *das den Juden gewisse Grundrechte verschaffte,* unter anderem bestimmte, daß alle Juden feste Familiennamen anzunehmen hatten, um den ständigen Wechsel der Namen im Lauf der Generationen zugunsten geordneter Matrikelführung abzuschaffen, wurde mein Ururgroßvater *(nach der Überlieferung in der Familie meines Vaters)* auf dem Rathaus nach seinem *künftigen* Namen gefragt. Er verstand nicht recht, *so wird erzählt*, und antwortete »Scholem«, was der Beamte als Familiennamen eintrug, *obgleich es sein Vorname war, er hieß also fortan Scholem Scholem. Dies ist aber Legende.* In anderen Dokumenten habe ich ihn als Scholem Elias erwähnt gefunden, das heißt als Scholem, Sohn des Elias. *Und dies paßt zu der Ver-*

sion, die mir der Historiker Dr. Dov Brilling an meinem 80sten Geburtstag auf Grund von Dokumenten erzählte, die er kopiert hatte. Scholem Elias war im Jahre 1809, wenige Jahre vor Erlaß jenes Gesetzes, gestorben. Also wurde seine Witwe Zipporah, Mutter mehrerer Kinder, aufs Rathaus gerufen und befragt. Sie war es, die erklärte, sie wolle nach ihrem seligen Gemahl genannt werden, und so kamen wir zu unserem Familiennamen.

Im Salon unserer Wohnung hing in meiner Kindheit ein Ölbild *dieser* Zipporah Scholem, der Großmutter meines Großvaters, das entweder 1821 oder 1831 gemalt war und große Familienähnlichkeit mit den mir bekannten Scholems hatte. Noch jetzt hängt es bei meinem ältesten Bruder in Sidney. *In der Familie wird* erzählt, das Bild sei von einem Verwandten in Glogau gemalt worden, der *am preußischen Krieg gegen Napoleon (dem preußischen »Unabhängigkeitskrieg«)* teilgenommen hatte. Sie thronte wie eine echte jüdische Matriarchin. Im »Berliner Zimmer«, wie das große Durchgangszimmer, das vor allem auch als Eßzimmer diente, in den damals üblichen bürgerlichen Wohnungen hieß, hingen die Photographien der Großeltern und Urgroßeltern, und daneben ein Gruppenbild meiner Mutter mit ihren Freundinnen, mit der heute eher seltsam anmutenden Unterschrift »Israelitischer Jungfrauenverein Charlottenburg 1888«. Über solche Inschrift lachte damals niemand. Die meisten dieser jungen Damen bildeten auch später den Freundeskreis meiner Mutter. Als die letzte Jungfrau am Anfang der neunziger Jahre heiratete, löste sich der Verein auf natürliche Weise auf.

Als ich Ende 1897 zur Welt kam – in Altberlin an der Friedrichsgracht *am Spreeufer* nicht weit vom Spittelmarkt nach Osten, wo jetzt nur noch eine Anlage mit Sträuchern und Bänken statt der zerbombten Häuser zu finden ist –, war meine Familie schon drei Generationen in Berlin ansässig, wohin mein Urgroßvater, der schon 1845 starb, nicht lange nach den Freiheitskriegen *seinem ältesten Bruder nachgezogen* war.

Die Familie hatte den Weg von der traditionellen jüdisch-orthodoxen Lebensweise der schlesischen und posenschen Juden, die die überwältigende Majorität der Berliner Judenschaft bildeten, bis zur *weitestgehenden* Assimilation an die Lebensart der Umgebung zurückgelegt. Glogau war im 18. Jahrhundert die größte jüdische Gemeinde in Schlesien, und meine anderen Vorväter väterlicherseits stammten aus kleinen Städtchen, wie Beuthen an der Oder, Auras und Köben. Das ist nicht weiter verwunderlich. In Breslau nämlich durften bis zu dem schon erwähnten Judenedikt von 1812, das den Juden aus denjenigen Provinzen, die schon vor den Teilungen Polens zu Preußen gehört hatten, gewisse bürgerliche Rechte, vor allem das wirtschaftlich entscheidende der Freizügigkeit verlieh, keine Juden wohnen. Ausgenommen waren davon nur die Inhaber eines sogenannten Generalprivilegs des Königs von Preußen, das heißt ein paar reiche Familien (und deren freilich sehr zahlreiche jüdische »Bedientenschaft«), die sich besonders stark und erfolgreich an der merkantilistischen Wirtschaftspolitik Friedrichs des Großen beteiligt hatten, eine Initiative, die von den preußischen Behörden gern gesehen und unterstützt wurde. Die Masse der Juden saß auf dem Lande und in Städtchen, aus denen sie dann in der folgenden Generation zu einem beträchtlichen Teil nach Breslau und Berlin strömten. Die Vorfahren meiner Mutter, die Hirschs und Pflaums, kamen aus einem kleinen Ort Reetz im äußersten nordöstlichen Winkel der »Neumark« und aus den großen jüdischen Gemeinden Rawitsch und Lissa in der Provinz Posen. Meine Mutter sprach aber niemals von der Provinz Posen, sondern stets vom »Großherzogtum« schlechthin, in lebendiger Erinnerung an die Sonderbestimmungen, denen bis *1848*, also in der Jugend ihrer Eltern, die Juden aus dem unter Napoleon gebildeten »Großherzogtum Warschau«, soweit sie in dessen *westlichen*, auf dem Wiener Kongreß (1815-1816) an Preußen zurückgegebenen Teilen wohnten, noch unterworfen waren. Das war auch die Herkunft all der Familien, mit denen meine Eltern oder deren Verwandte umgingen und sich verschwägerten. Die Großmutter meines Vaters – aus Esther Holländer war Ernestine Scholem geworden – hatte nach dem frühen Tod ihres Mannes in der Klosterstraße in Altberlin, nicht weit von dem berühmten Gymnasium in dieser Straße, ein jüdisches Restaurant, was man damals eine koschere Garküche nannte. Mein Vater pflegte, wenn er auf solche Dinge zu sprechen kam, zu erzählen, daß alle Schwiegerväter seiner Brüder als junge Burschen in der Garküche seiner Großmutter gegessen hätten, als sie aus Posen und Schlesien anrückten, und so seien die Familienbekanntschaften entstanden, vor allem auch die enge Freundschaft mit den Eltern meiner Mutter. Als Kind führte uns mein Vater einmal vor das Haus, wo die Großmutter gelebt und gekocht hatte. Von der koscheren Wirtschaft war bei uns nichts mehr übriggeblieben. In dem Milieu, in dem ich groß geworden bin, führte nur noch ein alter angeheirateter Onkel meines Vaters, *der im Norden der Stadt lebte*, bis zu seinem Tode mit seinen drei ehelosen Töchtern ein streng koscheres Haus. Ich habe ihn noch 1910, an seinem 80. Geburtstag, über unsere Vorfahren ausgeholt.

Meine väterliche Familie hatte durch drei Generationen, von 1861 bis 1938, eine und später zwei Buchdruckereien in Berlin. Ich besitze noch heute das Gesellenstück meines Großvaters, das er 1858 zu setzen hatte, nach langjähriger Ausbildung als Lehrling und Gehilfe in verschiedenen Druckereien. Das waren die »Poetischen Schriften« eines völlig vergessenen Landsmanns von Thomas Mann, des Friedrich Heimbertsohn Hinze, die 1859 erschienen.

Mein Onkel besaß auch noch ein jüdisches Gebetbuch, das mein Großvater gesetzt hatte. Mein Großvater, der in Berlin 1833 geboren war und noch eine streng jüdische Erziehung in seinem Elternhaus und im Waisenhaus der jüdischen Gemeinde erhalten hatte, verkörperte in seiner Person den Übergang der Juden in die deutsche Zivilisation. Er hieß, wie das in jüdischen Familien Sitte war, nach seinem verstorbenen Großvater, also Scholem Scholem. Der Standesbeamte weigerte sich aber, diesen Vornamen in den Geburtsschein, dessen Original ich noch besitze, aufzunehmen, und man einigte sich nach ziemlichem Palaver auf eine [sozusagen] eingedeutschte Form, nämlich den Namen Solm, den aber niemand benutzte. Als mein Großvater in den fünfziger Jahren ein begeisterter Wagnerianer wurde, nannte er sich von da an Siegfried Scholem, und unter diesem Namen wurde seine Buchdrukkerei auch ins Handelsregister eingetragen. Auf seinem Grabstein, der noch auf dem jüdischen Friedhof in Berlin-Weißensee steht, heißt er im hebräischen Text noch immer Scholem Scholem *(in richtiger Schreibweise!)*, auf der deutschen Vorderseite dagegen – Siegfried. Auf dem Grabstein meines Vaters (1925) *stand schon kein einziger hebräischer Buchstabe mehr.*

Mein Vater Arthur hatte ebenfalls in Berlin, wo er 1863 geboren wurde, eine lange Lehr- und Gesellenzeit in einer größeren Buchdruckerei durchgemacht und in den frühen achtziger Jahren auch ein Jahr als Setzer in London gearbeitet, wo er bei *seinem Onkel Adolf* wohnte. Ein Zweig der Familie war um 1860 nach London ausgewandert, und es bestanden bis in meine Kindheit Beziehungen dorthin. *(Einer der Söhne seines Onkels, Viktor Sch., wanderte nach New York aus. Als ich im Jahre 1938 zum ersten Mal dorthin kam und meine Vorträge in der »New York Times« angekündigt wurden, riefen mich seine Söhne an und fragten, ob ich einer der Söhne »des Onkel Arthur« sei, von denen ihnen ihr verstorbener Vater erzählt hatte. Ich besuchte sie in Brooklyn, und wie überrascht war ich, als ich eine große Photographie meines Vaters an der Wand des Salons hängen sah – es war aber in Wirklichkeit ihr Vater!)* 1883 kam der junge Scholem mit einem wallenden Vollbart zurück, der später einem – *damals modischen* – wilhelminisch emporgezwirbelten Schnurrbart Platz gemacht hat. Bis zum Ausbruch des Ersten Weltkrieges pflegte er jeden Sonntag in ein Café an der Gertraudtenbrücke zu gehen, wo er zwei Stunden den »Manchester Guardian« las, der seine Anschauungen mindestens ebenso bestimmte wie das »Berliner Tageblatt«, das bei uns gehalten wurde. Nach der Rückkehr aus England trat er in den Betrieb seines Vaters ein, um dessen Erweiterung er sich sehr bemühte. Vater und Großvater, die beide von jähzornigem Temperament, sonst aber ganz verschieden waren, kamen nicht sehr gut miteinander aus. Bald nach der Heirat meines Vaters (1890) machte er sich 1892 mit einem anfangs kleinen und mit beträchtlichen Schwierigkeiten kämpfenden Betrieb selbständig. Nicht lange nach dem vierzigsten Lebensjahr *erkrankte mein Vater an einer Arteriosklerose der Herzkranzgefäße* und pflegte jedes Jahr eine längere Kur in Bad Nauheim durchzumachen, während welcher Zeit meine Mutter, die von Anfang an die Buchhaltung besorgt hatte und auch über Prokura verfügte, das Geschäft leitete. So mußte in den Jahren, in denen ich heranwuchs, auf die Herzkrankheit meines Vaters Rücksicht genommen werden, und wir wurden angehalten, ihm nach Möglichkeit Aufregung zu ersparen. So kam es, daß der Zusammenhang zwischen ihm und uns Kindern nicht besonders eng war und mein Vater Befriedigung in seiner Tätigkeit in den Berufsorganisationen und der Krankenkasse der graphischen Gewerbe fand, der er mehr als fünfundzwanzig Jahre hindurch viel von seiner freien Zeit widmete. Von Statur war er klein und untersetzt, kurzsichtig und schon mit vierzig ganz kahl, was wir alle von ihm geerbt haben.

Auch meine Mutter war nur mittelgroß, und mein langer Wuchs, fast 180 Zentimeter, ging auf die Hirschischen Vorfahren zurück. Sie war ebenfalls schon aus Berlin, verbrachte aber mehrere Jahre ihrer Kindheit in kleinen Städten wie Seesen, nicht weit vom Harz, und in Leobschütz in Schlesien, wo ihr Vater als Hausvater und Waisenvater in zwei jüdischen Institutionen arbeitete. Später kam er mit seiner Familie nach Berlin zurück und nahm den Kaufmannsberuf wieder auf. Er hatte noch lebhafte jüdische Interessen und in den achtziger Jahren des vorigen Jahrhunderts in der Schulstraße in Charlottenburg, wo er wohnte, auch eine kleine liberale Synagoge mitgegründet. Da meine Großväter starben, als ich erst drei beziehungsweise sechs Jahre alt war, habe ich nur gerade noch eine physiognomische Erinnerung an sie, während ich die Großmütter noch bis in mein zehntes und elftes Lebensjahr, *als sie starben*, alle vierzehn Tage besuchen mußte, und so eine genaue Erinnerung an diese beiden, damals unendlich alt auf mich wirkenden Mütterchen bewahre. Die Großmutter Amalie Scholem, die ziemlich nahe von uns wohnte, hatte den Ruf eines energischen und entschiedenen Charakters. Sie war auch zu Lebzeiten ihres sehr gut aussehenden, aber schwachen Mannes die absolute Herrscherin im Haus und im Geschäft. Bis zuletzt war sie von äußerster Sparsamkeit. Vor jedem Besuch wurde uns nachdrücklich eingeschärft, niemals Süßigkeiten oder Früchte, die sie etwa anbieten würde, anzunehmen, da sie dergleichen, was ihre vier Söhne bei ihren Besuchen mitbrachten, so lange aufzubewahren pflegte, bis es verschimmelte. Da ich von früh auf einc »Süßschnauze« war, erinnere ich mich noch lebhaft der Enttäuschung angesichts der halbverschimmelten Pralinés. Immerhin bestand der Trost, daß sie mir beim Abschied stets fünf, ja manchmal sogar zehn Pfennig schenkte, die ich alsbald bei dem ihrem Wohnzimmer gegenüberliegenden Schokoladengeschäft sachgemäß anlegte, sei es in einer Eisportion zwischen zwei Waffeln, sei es in Schokoladenmohnplätzchen. Meine Mutter erzählte mir öfters, daß ihre Schwiegermutter von ihr eine Enkelin erwartete, die nach ihrer verstorbenen Mutter Philippine heißen sollte. Als *meine Mutter* nach der vierten Geburt eines Enkels diese Erwartung schmählich enttäuschte, sei die Schwiegermutter so entrüstet gewesen, daß sie einige Monate lang nicht mit ihr gesprochen habe. In ihrem Zimmer, und nachher beim Onkel Theobald, stand eine wunderbare große Standuhr mit Pendel, die ihr Vater David Schlesinger 1810 als sein Gesellenstück in der Uhrmacherei angefertigt hatte. Die Uhr schlug alle Viertelstunde und wurde in hohen Ehren gehalten. Sie tickt noch heute in Tiw'on bei Haifa in der Wohnung meiner Kusine Dinah. *Auch dieser Vorfahre, der in der Kleinstadt Bojanowo in der Provinz Posen geboren war, siedelte in seinem Alter nach Berlin über.*

Alle Großeltern hatten zahlreiche Geschwister, von denen ein großer Teil ebenfalls in Berlin lebte. Ein mütterlicher Onkel meiner Mutter war sogar Hofphotograph von Gnaden Kaiser Friedrichs III. und Vater einiger Söhne, die den reichsten Zweig der Familie bildeten. Meine Mutter stand mit diesen ihren Vettern und deren Schwestern in freundschaftlichen, teilweise engen Beziehungen, während mein Vater dem einigermaßen ostentativen gesellschaftlichen Gehabe dieser Verwandten mit großer Reserve gegenüberstand und seine Frau sehr ungern zu Besuchen dorthin begleitete. In meiner Generation gab es dort eine außerordentlich schöne Kusine Margot Pflaum, das einzige, was wir in dieser Kategorie aufzuweisen hatten.

Im allgemeinen aber gehörte unser Familienkreis dem kleinen und mittleren jüdischen Bürgertum an, das sich in der Mitte des vorigen Jahrhunderts aus kleinen und sehr bescheidenen Anfängen emporarbeitete, nicht selten zu Wohlstand, wenn auch kaum zu eigentlichem Reichtum kam und fast ausschließlich unter sich verkehrte. Der seinerzeit berüchtigte höhnische Satz Treitschkes über die strebsamen hosenverkaufenden Jünglinge aus der Provinz Posen, die Berlin überschwemmt hätten, galt *auch* eben jenen Männern, die ich in ihrem Alter etwa als wohlhabende Besitzer von Fabriken für Badewannen oder Wurstdärme kennengelernt habe. Einige meiner Tanten waren die Töchter solcher Familien. Nur in wenigen Fällen fand *in den Kreisen, in denen ich aufwuchs*, schon in der Generation meiner Eltern der Übergang zu akademischen Berufen statt. Der jüngste Bruder meines Vaters wurde schon aufs Gymnasium geschickt und studierte unter großen Entbehrungen Medizin. Sein älterer Bruder aber, der ein leidenschaftliches Interesse für Völkerkunde und den Orient hatte, mußte seine Pläne aufgeben und ins Geschäft des Großvaters eintreten, das er dann zu beträchtlicher Blüte geführt hat. Die beiden Geschwister meiner Mutter aber konnten, auf schmaler materieller Basis, studieren. Ihre Schwester wurde eine der ersten Ärztinnen in Berlin und ihr Bruder Chemiker und Patentanwalt. Der einzige aus der Verwandtschaft meines Vaters, dessen Name in Berlin und seiner Theatergeschichte allgemein bekannt war, war Felix Holländer, der Dramaturg Max Reinhardts und Romanautor des S. Fischer Verlages. Diese Verwandtschaft wurde aber aus mir unbekannten Gründen nicht weiter gepflegt.

Mein Vater und zwei seiner Brüder waren in der Jugend sehr aktiv in der Berliner Turnerschaft, der charakteristischsten Organisation des Kleinbürgertums, die bis in die achtziger Jahre hinein ausgesprochen liberalen Charakter hatte, von 1890 an sich aber immer stärker antisemitischen Tendenzen öffnete. Im Bücherschrank meiner Eltern stand ein Büchelchen, das mein Vater 1887 herausgegeben hatte, »Allerlei für Deutschlands Turner«. Wir waren eine typische liberale bürgerliche Familie, in der die, wie man damals sagte, Assimilation ans Deutsche sehr weit fortgeschritten war. Bei uns zu Hause gab es nur wenige wahrnehmbare Relikte des Jüdischen, so etwa im Gebrauch jüdischer Redewendungen, die mein Vater zwar vermied und deren Gebrauch er uns verbot, meine Mutter aber, besonders wenn sie etwas sehr betonen wollte, ganz gern verwandte. Wollte sie etwa die Bedeutungslosigkeit eines Vorgangs bezeichnen, wiederholte sie unfehlbar den aus Rawitsch nach Berlin mitgewanderten Ausspruch ihrer Mutter: »Hat sich die Kose bemeikelt«, das heißt, »hat sich die Ziege beschissen«. Auch einer meiner Onkel, den der Antisemitismus der Turnerschaft zu einem Zionisten der ersten Stunde gemacht hatte, pflegte solche Wendungen bei den Familienzusammenkünften zum Mißfallen meines Vaters stark provokativ zu benutzen. *Höhepunkt dieser Reste aus dem Jiddischen, für die es keine deutsche Entsprechung gab, war natürlich der Ausdruck »Gojim Naches« (man pflegte abgekürzt G. N. zu sagen) für ein Vergnügen, mit dem sich nur die Gojim abgeben. Sogar mein Vater kannte keinen Ersatz dafür, er selbst nahm den Ausdruck aber nie in den Mund.* Den besonders gefühlsbetonten Ausdruck des Bedauerns, nämlich das Wort »nebbich«, habe ich dadurch meinem Sprachschatz einverleibt, daß ich meine Mutter einmal zu einem Besuch bei ihrer Kusine begleiten mußte und die Tante Grete Borchardt von mir sagte, »Gerhardchen ist nebbich so anständig«. Solch einen Satz konnte man nicht leicht vergessen.

Vom jüdischen Ritual wurden bei uns nur die als Familienfeste geltenden Freitagabende und der Sederabend [der Vorabend des Pessachfestes] eingehalten, wo alle Scholems bei der Großmutter und später bei meinem Vater oder turnusmäßig bei einem seiner Brüder zusammenkamen. Der »Kiddusch« [der hebräische Sabbatsegen] wurde dabei noch – *nach einer traditionellen Melodie aus dem Hause des Großvaters* – gesungen, aber nur noch halb verstanden. Das verhinderte auch nicht, daß man sich nachher an den Sabbatlichtern eine Zigarette oder Zigarre anzündete. Da das Verbot, am Sabbat zu rauchen, zu den weithin bekanntesten jüdischen Vorschriften gehörte, lag darin etwas wie bewußte Mockerei. In der Pessachwoche lagen Brot und Mazze in zwei Brotkörben nebeneinander, wobei Mazze mit Honig bei uns Kindern große Beliebtheit genoß. *Auch an den Hohen Feiertagen und besonders* am [höchsten jüdischen Feiertag, dem] Versöhnungstag, der von der überwiegenden Majorität noch als Fasttag eingehalten wurde, ging mein Vater ins Geschäft, und von Fasten war keine Rede. Meine Mutter brachte die ihrige, die das Fasten streng hielt, zur Synagoge – *sie selbst fastete nicht* –, und mindestens auch die Frauen meiner Onkel fasteten und gingen in die Synagoge. Boshafte Gemüter pflegten in den Jahren vor dem Ersten Weltkrieg zu erzählen, daß in dem bekannten Restaurant neben der *liberalen und mit einer Orgel ausgestatteten* Großen Synagoge in der Oranienburger Straße, Ecke Artilleriestraße der Oberkellner *am Versöhnungstag* im Eingang stehe und sich an die feiertäglich gekleideten Gäste wandte: »Für die Herren Fastenden wird im Hinterzimmer serviert.« Andererseits pflegte mein Vater ein- oder zweimal im Jahre am Mittagstisch eine Rede zum Lob der Mission des Judentums zu halten, welche *nach seinen Worten* darin bestehen sollte, daß wir der Welt den reinen Monotheismus und eine rein vernunftmäßige Moral verkündigten. Taufe sei charakterlos und kriecherisch. Als das Gemeindeblatt der Jüdischen Gemeinde zu Berlin, das allen Mitgliedern umsonst zugestellt wurde, um 1910 begann, die Namen der aus dem Judentum Ausgetretenen, die das Amtsgericht nach den geltenden Gesetzen der Gemeinde mitzuteilen hatte, damit sie von der Gemeindesteuer befreit würden, auf der letzten Seite zu veröffentlichen, war diese

Spalte Gegenstand, oft der einzige in dem ganzen Heft, allgemeiner und intensiver Lektüre. Ich erinnere mich noch an mehrere, damals sehr berühmt gewordene Fälle, wo sich herausstellte, daß die Veröffentlichung den Betreffenden höchst unangenehm war und sie erfolglos versuchten, die Bloßstellung gerichtlich zu verhindern.

Meine Eltern hatten in ihrer Kindheit noch Hebräisch lesen gelernt, und meine Mutter, die das schon vergessen hatte, überraschte mich, als ich selber Hebräisch zu lernen und die Synagoge zu besuchen begann, damit, daß sie auf eine herablassende Bemerkung *meinerseits über* ihre jüdischen Kenntnisse hin den vollständigen ersten Abschnitt des [wichtigsten jüdischen Gebetes, das sechs Verse aus dem Deuteronomium umfassende] »Schma' Jisrael«, [das jüdische Credo,] auswendig völlig fehlerfrei ohne jede Vorbereitung deklamierte, obwohl sie keine Ahnung hatte, was der Inhalt war. Nach jüdischem Gebrauch hatte ihr Vater sie gelehrt, als sie noch *ein kleines Mädchen* war, es als Abendgebet beim Zubettgehen zu sagen, und das war ihr noch nach 40 Jahren geläufig.

In meinem neunten Jahr zogen wir 1906 aus der Friedrichsgracht in eine größere Wohnung, in die nur zwei bis drei Minuten entfernte Neue Grünstraße 26 *auf der anderen Seite der Spree.* Gegenüber unserer Wohnung hatte ich den Blick auf den Eingang zum Haus der »Kirchengemeinde St. Petri«, das in einem ziemlich großen Garten stand. Diesen Eingang fand ich, während die meisten Häuser dieser Straße zerbombt waren, noch 1946 mit dem alten Schild wieder. Daneben stand, mit sehr vornehmer Fassade und einem sehr eleganten Schild, das Haus der Druckerei Otto von Holten, meine erste ganz unbewußte Begegnung mit der Stelle, wo die Schriften Stefan Georges und des Kreises der »Blätter für die Kunst« gedruckt wurden. Als ich 1913 und 1914 die Gedichte Georges kennenlernte, von denen manche bis heute tiefen Eindruck bei mir hinterlassen haben, schaute ich auf das Haus gegenüber mit besonderem Interesse. Damals fand ich bei einem Spaziergang in der Mohrenstraße im Schaufenster des bekannten Antiquariats von Gsellius die erste öffentliche Ausgabe des Bandes »Das Jahr der Seele«, der mich – ich weiß nicht mehr warum, vielleicht des Titels wegen – anzog, so daß ich ihn *sofort* erwarb und mir so den ersten Zugang zu Georges Gedichten öffnete. Ich habe mir dann mehrere dieser Bände gekauft, darunter auch gleich nach Erscheinen Anfang 1914 den »Stern des Bundes«, der mich, als ich ihn acht Jahre später wieder las, einiger wunderbarer Gedichte ungeachtet so aufbrachte, daß ich den Band aus meiner Bibliothek hinauswarf und meinem Vetter Heinz Pflaum schenkte, der einige Neigung zur Schule Georges hatte. Aber vieles aus dem »Jahr der Seele«, dem »Teppich des Lebens« und dem »Siebenten Ring« ist bei mir hängengeblieben.

In der neuen Wohnung, in der ich dann fast alle meine Berliner Jahre verbracht habe, konnte ich mich freilich nicht mehr mit meinen Brüdern darin üben, Kirschkerne über die Uferstraße in die Spree zu spucken. Aber sonst bedingte der Umzug keine große Veränderung unserer Umgebung. Die Schule, das Luisenstädtische Realgymnasium in der Sebastianstraße, in dem ich neun Jahre lang vier Stunden wöchentlich Lateinisch lernen sollte, blieb dieselbe. Spielen ging ich in den nicht weit entfernten Märkischen Park, wo gerade das Märkische Museum vollendet wurde, und spielte mit Altersgenossen Murmeln. Gegenüber in der Inselstraße war ein Lagerplatz einer Holz- oder Kohlenfirma, auf dessen Bretterzäunen gewöhnlich Kreide-Inschriften zu lesen waren, wie »Gustav ist doof« und dergleichen. Der Berlinische Dialekt dieser Viertel war noch ganz ungebrochen und gefiel mir um so mehr, als seine Verwendung am Familientisch streng verboten war. Den Berliner Tonfall habe ich durch alle Wandlungen meines Lebens hindurch beibehalten.

Oft ging ich, der Spiele überdrüssig, die kurze Strecke vom Park an das Spreeufer gegenüber dem Stadtbahnhof Jannowitzbrücke. An dieser Stelle fuhren die Ausflugsdampfer *zu Orten am östlichen Stadtrand wie* Grünau ab. Aber nicht das fesselte mich, sondern ich konnte lange auf die Fernzüge starren, die relativ langsam außen am Stadtbahnhof vorbeifuhren und deren Wagenschilder ich nicht selten mit meinen guten Augen über die Spree hinüber zu entziffern vermochte. Mich bezauberten die fremden Ortsnamen, die ich dann zu Hause in dem großen Andreäschen Familienatlas aufsuchte. Die Endstationen waren manchmal mit größeren Buchstaben hervorgehoben als die durchlaufenen Zwischenorte, und so wurden mir Namen wie Hoek van Holland, Eydtkuhnen und das auf Schnellzügen manchmal erscheinende

Oświęcim vertraut, ohne daß ich eine Ahnung hatte, hinter diesem fremdländischen Namen, der Grenzstation zwischen Oberschlesien und Galizien, verstecke sich nichts anderes als Auschwitz. Ich konnte mich an diesen Zügen und diesen Namen, die etwas von der Magie der Ferne zu mir trugen, nicht sattsehen. Ich war damals zehn oder elf Jahre alt.

Um halb zwei aßen wir zu Mittag, und mein Vater achtete auf pünktliches Erscheinen. Die Schule war um eins zu Ende, und in den Sommermonaten blieben mir fünf bis zehn Minuten, um auf dem Heimweg einen kleinen Abstecher in das Süßwarengeschäft zu machen, wo ich für fünf Pfennige eine Eisportion zwischen zwei Waffeln erstand. Meinem Vater wurde aus Rücksicht auf seinen Gesundheitszustand oft etwas Besonderes serviert, und nur er trank dazu je nach Art der Speisen ein Glas Rotwein oder Weißwein. Nie wurde vor uns über Geldangelegenheiten gesprochen. Das Thema gab es einfach nicht. Nie wäre uns in den Sinn gekommen, nach der Situation in der Druckerei oder nach unserer finanziellen Lage zu fragen. Wir wußten nur, wieviel Taschengeld uns alle vierzehn Tage zustand und wieviel wir für die Schulausflüge bekommen würden. Ein einziges Mal überraschte uns mein Vater mit der Bemerkung, daß das vergangene Jahr einträglich gewesen sei. Erst mit Kriegsbeginn 1914 fingen unsere Eltern an, auch vor uns über Geschäftliches zu sprechen – aber da waren wir schon älter oder ganz erwachsen.

Mit elf oder zwölf Jahren nahm meine Mutter mich zum erstenmal ins Schillertheater mit, nach der Sitte jüdischer Familien zu einem Stück von Schiller. In meinem Fall war es »Wilhelm Tell«. Ich entsinne mich noch lebhaft der Schillerfeier 1909 im Deutschen Theater, wo Joseph Kainz vor überfülltem Haus »Die Glocke« deklamierte oder vielmehr »aufführte«. Meine Eltern hatten dafür gesorgt, daß wir alle diesem Festakt beiwohnen sollten, von dem sie sich nachhaltigen Eindruck auf uns versprachen. Ich habe aber auf diese Aufführung nicht angesprochen; überhaupt blieb ich dem Theater gegenüber höchst reserviert. Ich habe nicht selten Dramen gelesen *(zum Beispiel alles von Ibsen und das meiste von Strindberg)*, fast nie habe ich das Bedürfnis gespürt, sie aufgeführt zu sehen. Meine Mutter, die sehr fürs Theater schwärmte, veranlaßte mich manchmal, ins Schiller-Theater-Ost in der Wallnertheaterstraße zu gehen, *um Aufführungen von Schiller, Goethe und Kleist zu sehen*. Zwei- oder dreimal bin ich auch ins Thalia-Theater gegangen, das nur wenige Minuten von unserer Wohnung lag, *und wo vor allem Operetten aufgeführt wurden*. Dort habe ich einige Jahre vor dem Ersten Weltkrieg Fritzi Massary, deren Stern damals aufging, in einer Operette gesehen – die einzige, die ich in Deutschland vor meiner Auswanderung überhaupt besucht habe. Das besagt freilich nicht, daß ich von Operettenschlagern, die damals sehr beliebt waren, keine Kenntnis genommen hätte. Aus den Grammophonen und der Musik der Orchester beim Schlittschuhlaufen im Botanischen Garten an der Potsdamer Straße oder im Eispalast nicht weit vom Bayrischen Platz drangen sie mir auch ungewollt in die Ohren. In meinem Gedächtnis, das eine unglaubliche Aufnahmefähigkeit für alle überflüssigen Dinge entwickelte, die mir leider geblieben ist, liegen noch heute einige davon, die ich vor mich hinträllere, nicht anders wie die Lieder aus der Turnstunde, die wir beim Marschieren in der Turnhalle abzusingen hatten. Leider ist es mir nie gelungen, dem Engel zu begegnen, der mir diese und ähnliche Gedächtnisinhalte gegen weit wünschenswertere ausgetauscht hätte. Unter den vielen magischen Rezepten, die ich in meinem Leben studiert habe, habe ich keines für solche Leistung auftreiben können.

In der Theaterstadt München, in der ich zweieinhalb Jahre verbracht habe, bin ich sage und schreibe zweimal in einem Theater gewesen. Dafür machte ich aber 1920 dort die Bekanntschaft *des großen Regisseurs* Erich Engel, der damals an den Kammerspielen *Regie führte*. Daran war aber nicht das Theater schuld, für das mir der Sinn fehlte, sondern Rosa Okun, eine russische Jüdin aus Hamburg und enge Freundin meiner späteren ersten Frau Elsa Burchhardt. Engel hatte sich auf den ersten Blick leidenschaftlich in dies Mädchen, von dem ein unbeschreiblicher Zauber ausging, verliebt und blieb ihr mehr als zwanzig Jahre, bis zu *ihrem Tod* verbunden. Engel, klein und rundlich, mit scharfen jüdischen Zügen, hatte in Wirklichkeit nur eine jüdische Großmutter, auf die er freilich sehr stolz war. Er war leidenschaftlich an allem Philosophischen interessiert, und wir führten damals und auch noch später bei meinen Besuchen aus Israel in Berlin viele freundschaftliche Streitreden. Er hat sich in der Nazizeit wunderbar zu Rosa (von ihm stets Sonja genannt) benommen, *die an einer schweren Krankheit starb.*

Eine sonderbare Erscheinung im jüdischen Berlin war das kleine Herrnfeld-Theater, weniger als fünf Minuten von uns gelegen, in dem die Brüder Herrnfeld, zwei ausgezeichnete, übrigens getaufte Schauspieler jahrelang jüdische Humoresken vor einem fast ausschließlich jüdischen Publikum aufführten, das allein den Jargon und Tonfall der Stücke, die oft sehr lange auf dem Repertoire blieben, zu schätzen imstande war. Ich ging einmal zu einem solchen erfolgreichen Ladenhüter »Die Klabriaspartie«, und mein Vater regte sich darüber sehr auf, denn er behauptete, diese Stücke förderten den Antisemitismus – als ob der auf die Brüder Herrnfeld gewartet hätte.

Viel mehr als das Theater zog mich in diesen Vorkriegsjahren, vor allem seit 1909, das Kino an, das am Ende der Neuen Grünstraße, in der Kommandantenstraße lag. Diese Kinotheater hießen damals allgemein »Flimmerkisten«. Man ging aber nicht etwa zu einem festen Programm, sondern die Billetts wurden nach Nummern verteilt, *je nach Programm und* der Zeit, die man dort verbringen wollte. Man kaufte etwa Nummer 8-13, *und wenn die letzte Nummer aufgerufen wurde, mußte man aufstehen und den Saal verlassen.* Die Filme waren nämlich unendlich lang und stellten Asta Nielsen und Max Linder, die ich heute noch vor mir sehe, in Verbrecherfilmen oder Grotesken vor, wobei die Leinwand noch so flimmerte, daß man Augenschmerzen bekam. Alles war darauf angelegt, möglichst viel Lachen oder Grauen zu erzeugen, und die Bewegungen waren, vielleicht infolge einer heute nicht mehr leicht zu vergegenwärtigenden primitiveren Aufnahmetechnik, höchst komisch. Im Krieg ging ich fast gar nicht mehr ins Kino, und erst als ich 1918 und 1919 in Bern lebte, begann ich, mit meiner Kusine Lony, wieder öfter zu gehen. Damals fingen die vor dem Hauptprogramm kommenden kurzen Sketches von Charlie Chaplin an, ihre große Anziehungskraft zu entwickeln. Wenn ich mich frage, an welche größeren Filme ich mich überhaupt aus meiner Jugend erinnere, kommen mir nur der antideutsche Kriegsfilm »Die vier apokalyptischen Reiter« und das expressionistische Meisterstück »Das Cabinett des Dr. Caligari« in den Sinn. So wenig ich für den literarischen Expressionismus übrig hatte – für Lyrik schon eher als für Prosa –, diesen Film konnte ich restlos bewundern und habe ihn noch öfters wieder gesehen.

Während *zwischen meinem Vater und mir sich* schon von früh an eine gewisse, sich im Lauf der Jahre verschärfende Distanz *abzeichnete*, spielte meine Mutter Betty eine viel größere Rolle in meiner Jugend. Sie ging zwar um neun Uhr morgens, als ich schon längst in der Schule saß, in *unsere Druckerei* und kam nur zum Mittagessen und darauf folgender Ruhe nach Hause, ging dann auch drei- oder viermal in der Woche nachmittags nochmals zwei Stunden zur Arbeit, so daß wir tagsüber sehr wenig von ihr sahen, aber dennoch war sie eine starke Präsenz. Zwischen 1913 und 1917, als ich das einzige Kind im Hause war, ließ sie sich von mir nach dem Essen (für das die Köchin verantwortlich war, der meine Mutter morgens das Menü für die drei Gänge angab), wie sie sagte, »einlegen«, das heißt, sie streckte sich auf eine sehr schöne Chaiselongue im Schlafzimmer aus und ich deckte sie mit einer großen Kamelhaardecke, die ich jetzt noch habe, zu. *Sie holte* mir dafür aus einer Schublade in ihrer Kommode einen oder zwei Riegel Schweizer Schokolade, und ich hatte ein zehn bis fünfzehn Minuten langes Gespräch mit ihr, in dem ich ihr vor allem meine Kritik auspackte.

Meine Mutter – sie wünschte, nicht mit »Mama« angeredet zu werden, sondern nur mit »Mutter« – war ihr ganzes Leben durch von großer Schlankheit und einer gewissen Eleganz des Wesens. Sie war eine geborene Journalistin, sehr flink und treffend im Ausdruck, und hatte daher, in einer Zeit, als Frauen noch nicht an solche Berufe herangelassen wurden, ihren eigentlichen Beruf zweifellos verfehlt, wo sie glänzend in eine Ullsteinredaktion gepaßt hätte. Sie schrieb großartige Briefe, oft lange Feuilletons, übrigens in kalligraphischer Mädchenschrift – ich habe mehrere Konvolute ihrer späteren Briefe nach Jerusalem aufbewahrt. Daneben war sie die obligate Familiendichterin, die mit großer Leichtigkeit Gedichte und Familienstücke, die wir vier Brüder zwischen 1903 und 1908 bei den verschiedenen Hochzeiten und anderen Gelegenheiten aufzuführen hatten, produzierte. Dabei ärgerte mich ganz besonders, daß ich als der Jüngste meistens als Mädchen auftreten mußte, wobei ich die feinen Sachen meiner fast gleichaltrigen Kusine Margot angezogen bekam. Mir ging das sehr gegen den Strich. Meine Mutter las auch nicht wenig, besonders Romane und Gedichte, wo ihr Repertoire vor allem von Schiller bis Richard Dehmel und dem von Stefan Zweig zum Teil recht gut ins Deutsche übersetzten und damals vielgelesenen Émile Verhaeren ging. George und Rilke, sagte sie, seien ihr zu hoch. Ich hatte von ihren literarischen Talenten manchmal auch großen Nutzen. In den höheren Klassen nahm sie Interesse an den Themen, die ich für Hausaufsätze erarbeiten sollte, und wenn ihr eines gefiel, sagte sie: Das schreibe ich. Und sie machte das wirklich ausgezeichnet. Im Frühling 1914, als ich schon leidenschaftlich ins Jüdische versunken war und meine freie Zeit ans Hebräische verwendete, bekamen wir in Unterprima das Thema für einen großen Hausaufsatz, an dem wir vier Wochen arbeiten sollten: »Der Rhein, ein Zeuge deutschen Lebens«. Das war nun gar nicht nach meinem Geschmack; meine Mutter aber war entzückt. Das überlasse mir, sagte sie. »Aber du mußt die Judenverfolgungen im Ersten Kreuzzug, als man die Gemeinden in Mainz, Worms und Speyer hinschlachtete, erwähnen!« Dagegen hatte sie nichts und verfaßte mir einen ungeheuer lyrisch geschriebenen Monolog des »Vater Rhein«, der alles schilderte, was sich an seinen Ufern zugetragen hatte und mit einem pathetischen Vers (*Ernst von Wolzogens*) an die Arbeit endete: »Arbeit ist Stimme tiefsten Gebets/ Er, der alles versteht, er versteht's/ Sucht ihn im Schaffen.« Ich bekam »für die oft poetische Form« eine Eins und habe das Heft zum Andenken aufbewahrt. Der Deutschlehrer sagte: »Wo haben Sie denn diese schönen Verse her?«

Mutter hatte ein sehr glückliches Temperament und war außerdem von einer Wendigkeit, die ihr erlaubte, sich der jeweiligen Gesellschaft oder Umgebung ohne große Hemmungen oder Schwierigkeiten anzupassen. Das führte zuerst zu Konflikten zwischen uns. Denn ich begleitete sie öfters zu Besuchen und mußte feststellen, daß sie ohne Bedenken an verschiedenen Orten einander widersprechende, den Gastgebern aber angenehme Meinungen äußerte. Auf Einwände meinerseits, an denen es bei meinem sich bildenden Charakter nicht fehlte, antwortete sie mit einem Satz, der mir noch in den Ohren klingt: »Mein Sohn, moniere mich nicht.« Ich verstand erst viel später, als schwere Konflikte um meinen Bruder Werner und mich ausbrachen, und sie, mehr als wir selber, deren Last zu tragen hatte, ihren Wunsch, vor allem Ruhe um sich zu haben. Dafür brachte sie viele Opfer. Ich sagte oben, daß sie ein glückliches Temperament hatte, aber ich habe niemals wirklich herausbekommen, ob sie glücklich war. Sie war äußerst reiselustig und konnte sich mit wachsendem Wohlstand der Familie zwei- bis dreimal jährlich eine Reise leisten. Aber sie fuhr fast stets allein oder mit einer Freundin, und in den großen Ferien mit uns Kindern und später von 1904 an vor allem mit mir und meinem Bruder Werner. So war ich zwischen 1909 und 1914 viermal mit ihr in der Schweiz, in Lugano, *in Kurorten* am Brienzer See und hoch oben im Maderaner Tal, wo uns der Ausbruch des Ersten Weltkrieges überraschte. Mein Vater kam nur manchmal zum Wochenende, falls es nicht zu weit von Berlin war, oder für die letzte Woche der großen Ferien.

Im weiteren Familienkreise war sie begreiflicherweise außerordentlich beliebt. Dazu trug freilich außer ihrer *gelassenen und* heiteren Gemütsart und ebenso geschliffenen wie witzigen Ausdrucksweise auch bei, daß sie wesentlich älter als die anderen Onkel und Tanten war, ohne doch je darauf Nachdruck zu legen, so daß der Respekt vor der Älteren leicht in ein Vertrauensverhältnis übergehen konnte. Die Konflikte um Sozialismus, Zionismus und die Stellung zum Ersten Weltkrieg, die bald so große Rollen bei uns spielen sollten, veranlaßten sie nie zu leidenschaftlichen oder auch nur bestimmten Parteinahmen in der Sache selbst. Sie hatte Verständnis für jeden Standpunkt und wollte sich selber auch nicht festlegen oder festlegen lassen. Ich war viel zu leidenschaftlich *und zu entschieden*, um ihr diese Haltung nicht oft genug übelzunehmen, aber sie hat, *wie ich gestehen muß*, in Wirklichkeit auch unter sehr schwierigen Verhältnissen viel für mich getan, selbst auf die Gefahr bitterer ehelicher Auseinandersetzungen.

Jüdisches Milieu

Die zweifellos bunteste Figur in meinem Familienkreis war der Onkel Theobald, ein um zehn Jahre jüngerer Bruder meines Vaters und, wie ich schon sagte, vor seiner Heirat der einzige Zionist in der Familie. Er bildete in diesem im allgemeinen sehr antizionistischen Kreis *lebhafte* Opposition, und es hatte schon lange, bevor ich zu eigenem Denken erwacht war, heftige Diskussionen mit ihm gegeben. Bei meinem Vater wurden hier und da auch jüdische Bücher, vor allem belletristischen Inhalts (besonders aus dem Verlag S. Cronbach), eine Reihe von Jahren aber auch eine jüdische Wochenschrift gedruckt, die von einem Mann herausgegeben wurde, der einen merkwürdigen Doppelberuf hatte: M. A. Klausner war ein Mann von beträchtlicher hebräischer und allgemein jüdischer Bildung, der als sehr junger Mensch aus *Polen* nach Deutschland gekommen war und als jüdischer Schriftsteller und Publizist ziemlich bekannt war. Neben dieser Tätigkeit war er aber, ich weiß nicht, ob haupt- oder nebenberuflich, Jahre hindurch ein Geheimagent *und Berater* des Auswärtigen Amtes für heikle Missionen nach *Rußland*, was mir meine Mutter später einmal unter dem Siegel der Verschwiegenheit anvertraute. Die »Israelitische Wochenschrift« erschien etwa *zehn Jahre lang – und kurz nach Ende ihres Erscheinens begann ich, mich für das Judentum zu interessieren. Die »Wochenschrift«* hatte übrigens auch den Vorteil, daß manche der ständig erscheinenden Annoncen nicht in bar, sondern »in naturalibus« bezahlt wurden. So trudelten nicht nur die *zwanzig* Bände des großen Meyerschen Konversationslexikons umsonst ein, sondern es gab auch nicht selten, wie meine Mutter es nannte, »Inseratenwurst« und dergleichen. Die Schwester meiner Mutter war mit den Töchtern Klausners sehr eng befreundet, und so kamen diese und manche verwandten Veröffentlichungen des Vaters zu uns. Natürlich war die »Wochenschrift« streng antizionistisch, *und in den letzten Jahren vor dem Krieg blätterte ich sehr ärgerlich in den dicken Bänden, doch mein Vater wollte nichts von meinen Einwänden hören.*

Ganz anders lag das bei meinem Onkel, der mit einem anderen Bruder die großväterliche Firma übernommen hatte. Seit 1905 war die Zionistische Organisation sein größter Kunde. So druckte er die zwei offiziellen deutschsprachigen Organe der Bewegung, die »Jüdische Rundschau«, das Sprachrohr der Zionistischen Vereinigung für Deutschland, die später unter der Redaktion von Robert Weltsch, einem der hervorragendsten Journalisten dieser Zeit überhaupt, in der Geschichte der deutschen Juden eine große Rolle gespielt hat. Und dazu kam *von 1911* bis zum Ausbruch des Weltkrieges auch »Die Welt«, das von Theodor Herzl gegründete Zentralorgan der Zionistischen Organisation. Als ich begann, mich für diese Dinge zu interessieren, lief ich alle paar Wochen nach der Hauptstraße in Schöneberg, um mir die angesammelten Nummern abzuholen.

Der Onkel war ein verhinderter Gelehrter. Seine Liebe gehörte dem Studium der Geschichte und Völkerkunde, und Bücher über den Fernen Osten, Japan, China, Tibet und Indien sowie über den Buddhismus und den Islam füllten den eichenen Bücherschrank in seiner Wohnung in Friedenau. Er war es, der mir den »Buddhistischen Katechismus« von Subhadra Bhikschu (einem braven Herrn Zimmermann) in die Hand drückte, das erste Buch über eine fernöstliche Religion, das ich gelesen habe. Als er heranwuchs und *die Prüfungen bestanden hatte, die notwendig waren, um den Militärdienst auf ein Jahr zu reduzieren* – er und seine Brüder gingen schon in dieselbe Schule wie ich und die meinen –, zwangen ihn finanzielle Krisen, die Schule zu verlassen und in eine kaufmännische Lehre zu gehen, mit der er sich allmählich doch befreundete. Die Brüder Scholem hatten *auf Geheiß der Eltern* alle noch jahrelang die Religionsschule einer kleinen Synagoge in der Prinzenstraße besucht, mein Onkel allein mit großem Vergnügen und mindestens dem Erfolg, daß er Hebräisch, wenn es vokalisiert gedruckt war – *vor allem Siddur und Pessach-Haggada* –, fast fließend lesen konnte. Wenn er auch kaum viel von dem, was er vorlas, verstand, *so kannten er und seine Brüder doch noch die traditionellen Melodien, die sie im Haus ihres Vaters an den Freitagabenden und am Sederabend gehört hatten.*

Er sah seinem Vater sehr ähnlich, hatte aber die Energie, Klugheit und Sparsamkeit von seiner Mutter geerbt. Obwohl er seine Ansichten mit Entschiedenheit vertrat, war sein Sinn doch stets auf Erhaltung der Familieneintracht gerichtet, was in unserem Fall und bei dem großen Altersunterschied zwischen ihm und meinem Vater keineswegs einfach war. Der Zionismus war für ihn eine Art seelischer Befreiung, die sich in einer etwas paradoxen Weise ausdrückte. Er war einer der Begründer des jüdischen Turnvereins Bar-Kochba und turnte 1903 vor Theodor Herzl auf dem Baseler Zionistenkongreß. Das Bild der Turnriege mit Herzl in der Mitte hing bei ihm im Salon.

Mein Onkel war ein ziemlicher Kauz. Die Opposition zu seinen Brüdern kam für mein Ohr nicht so sehr in den ideologischen Auseinandersetzungen, die offenbar lange vor meinem Heranwachsen stattgefunden hatten, zum Vorschein, sondern darin, daß er an den Freitagabenden in jüdischen Redewendungen *(und manchmal auch Verdrehungen)* schwelgte – *den Resten des Jiddischen, das seinen Vorfahren in Schlesien und Posen noch geläufig war* – und deren gemischte Aufnahme bei einigen der Versammelten ihn anscheinend gerade zu weiteren Produktionen linguistischer Jüdischkeit anregte. Das jüdische *Bürgertum* benutzte solche Redensarten *(in aschkenasischer Aussprache)* in der Generation meiner Eltern im privaten Umgang häufig noch ganz selbstverständlich. Öffentlich nahm sie *aber kein Mensch mehr* in den Mund. Mein Onkel warf sie in der Freitagabendrunde gleichsam als Losungen um sich. In seiner Wohnung hing an sichtbarer Stelle die Sammelbüchse des Jüdischen Nationalfonds zugunsten der Erwerbung von Boden in Palästina. Wetten zwischen den Brüdern wurden, falls er sie gewann, meistens mit dem Einwurf eines Markstückes in die Büchse honoriert.

In dem Turnverein, der Max Nordaus schreckliche Formel vom »Muskeljudentum«, der physischen Regeneration der Juden, konkretisieren sollte, fand dieser Mann, der so ganz und gar nichts davon an sich hatte, eine mir ziemlich unverständliche Entspannung. Mich ärgerte die Formel von Anfang an, und obwohl mich der Onkel, seitdem ich Sympathie für den Zionismus bekundete, immer wieder zum Eintritt aufforderte, brachte ich es nicht über mich, meine jüdische Begeisterung, die nach Wissen und Erkenntnis durstete, mit Turnübungen nach Vater Jahn zu befriedigen. Dadurch erschien mir mein Onkel, je mehr ich heranwuchs, um so fragwürdiger. Ich empfand viel menschliche Sympathie für sein widersprüchliches Wesen, doch der Ärger über die, wie mir schien, irreale Ebene seines Zionismus, machte mich je länger desto nervöser. Aber ich rechnete ihm hoch an, daß er im *Ersten Weltkrieg*, als ich meiner Haltung wegen in schwere Konflikte mit meinem Vater geriet, zu mir hielt. Das war damals nichts weniger als selbstverständlich. Wirklich tief verbunden fühlte ich mich mit seiner Frau, der Tante Hedwig, die mein Hauptrückhalt in der Familie war und meine noch unklaren, aber doch ins Geistige des Zionismus weisenden Tendenzen freudig aufnahm. Sie war noch keine dreißig Jahre alt, als diese Neigungen bei mir einsetzten, und es entstand ein echtes Vertrauensverhältnis zwischen uns. In den Kriegsjahren und später noch kam ich oft nach Friedenau zum Mittagessen heraus und pflegte mich, wenn der Onkel sich zur Mittagsruhe legte, mit ihr über alles, was mich in meinen jüdischen Bestrebungen bewegte, zu unterhalten. Kurz nach dem Kriege nahm sie für ihre zwei kleinen Kinder, meine viel jüngeren Kusinen Eva und Dinah, ein junges Mädchen ins Haus. Esther Dondikoff, *eine sympathische und reizende Frau,* die fließend Hebräisch sprach, stammte aus einem der ersten jüdischen Dörfer im Lande Israel und war zur Ausbildung als Kindergärtnerin nach Berlin gekommen. Sie unterrichtete die Tante in Hebräisch und sang den kleinen Mädchen die hebräischen Lieder vor, die damals dort drüben umgingen. Sie wurde später die Frau *Mosche Smilanskys*, eines der angesehensten *und einsichtigsten* Männer des jüdischen Palästina, der sich mit großer Energie und lange Jahre für jüdisch-arabische Verständigung eingesetzt hat.

Meine Tante war begeistert, als ich ihr mitteilte, ich sei entschlossen, nach Palästina zu gehen, *sobald mein Studium beendet sei,* und *gewiß* wäre sie gerne auch selber gegangen. Das stieß sich aber an den Rechnungen des in geschäftlichen Dingen außerordentlich vorsichtigen Onkels, der nicht glaubte, daß er die große Druckerei dort *für den Unterhalt der Familie* rentabel machen könnte. Das waren Pläne der frühen zwanziger Jahre, die manchmal zur Sprache kamen, bevor ich selber ging. *Als Hitler an die Macht gelangte, gingen meine Kusinen nach Palästina, und 1938 kamen auch mein Onkel und meine Tante – der einzige Zweig meiner Familie, der sich ganz im Lande niederließ.*

Hier möchte ich ein Wort über das Phänomen der Assimilation sagen, das in meiner Jugend eine so große Rolle im Leben der deutschen Juden gespielt hat. Dabei waren sehr verschiedene Faktoren im Spiel. Ein junger Jude am Anfang dieses Jahrhunderts stand, wenn er nicht aus der streng gesetzestreuen Minorität stammte, einem Prozeß fortschreitender geistiger Zerfaserung des Judentums gegenüber. Es gab da etwas Atmosphärisches, was aus der Umgebung eindrang; etwas Bewußtes, in dem sich der Wunsch nach Selbstaufgabe und zugleich doch nach menschlicher Würde und Treue zu sich selbst dialektisch verschränkten; etwas von bewußtem Bruch mit der jüdischen Tradition, von der verschiedenartigste und oft seltsame Stücke atomisiert noch herumlagen, und von nicht immer bewußtem Hineinschlendern in eine Welt, die an deren Stelle kommen sollte. Was das für eine Welt war, unterlag den gleichen, in sich total verschiedenen Auffassungen, die darüber in der nichtjüdischen Umwelt herrschten. Die Hoffnung auf gesellschaftliche Emanzipation, die der 1867-1870 beendeten politischen folgen sollte, teilweise auch geradezu Hoffnung auf Verschwinden im deutschen Volk – eine Hoffnung, die von den nichtjüdischen Kämpfern für diese Emanzipation weitgehend geteilt und ermuntert wurde – lag in verschieden stark bewußtem Widerstreit mit der allgemeinen Erfahrung des wachsenden Antisemitismus, eine Erfahrung, der sich nur rein imaginäres Wunschdenken verschließen konnte. Das waren viele Faktoren, die wir heute nicht geringschätzen können und die unter den Bedingungen der Zeit verständlich und in ihrer Wirksamkeit bedeutend waren, *was besonders für die Generation zwischen 1850-1880 gilt, der einzigen, in der im deutschen Bürgertum der klassische Liberalismus vorherrschend wurde*. Und doch gab es dabei *in der Generation meiner Eltern* einen noch grausameren *und sehr folgenreichen* Faktor, der nur dem bewußt wurde, der sich, sei es in einem Schock, sei es in langsamer Entwicklung, in Distanz zu diesem Phänomen setzte (und das waren freilich nicht so wenige). Ich spreche vom Selbstbetrug, dessen Entdeckung eines der entscheidendsten Erlebnisse meiner Jugend war. Die Urteilslosigkeit der meisten Juden in allem, was sie selber anging, während sie doch, wenn es sich um andere Erscheinungen handelte, jene Fähigkeit zu Vernunft, Kritik und Weitblick aufbrachten, die man mit Recht bei ihnen oft bewundert oder auch kritisiert hat – diese Fähigkeit zum Selbstbetrug gehört zu den wichtigsten und trübseligsten Aspekten der deutsch-jüdischen Beziehungen.

Der jüdische Witz war sogar imstande, ja vielleicht machte er allein es im Bewußtsein der meisten erträglich, den Selbstbetrug in der historischen Realität zu artikulieren, wenn nicht gar zu durchschauen. Die Zahl der jüdischen Witze, die in diese Sparte gehören, ist Legion. Heute freilich ist es schwer, die hervorragendsten Dokumente dieser Art von Selbstbetrug mit Gleichmut zu lesen, wie sie etwa in den Schriften bedeutender Gestalten wie Hermann Cohen, Fritz Mauthner und am bösartigsten in denen von Constantin Brunner, dem Enkel eines Oberrabbiners von Hamburg, zum Ausdruck kommen. Alle drei waren zu ihrer Zeit bekannte Philosophen. Diese Literatur hat etwas Gespenstisches, und das Unglück ist, daß dies nicht etwa erst jetzt, wo alles vorbei ist, sondern durchaus schon damals, als sie noch umjubelt wurden, wahrgenommen werden konnte. Diese Art Selbstbetrug wirkte auch als eine, ich weiß nicht, ob bewußte oder unbewußte Zensur in *einigen* wissenschaftlichen Veröffentlichungen zur Geschichte der Juden in Deutschland. Noch jetzt erinnere ich mich, mit welcher Empörung ich viele Beiträge *Ludwig Geigers*, Sohn von *Abraham Geiger, einem* der drei bedeutendsten jüdischen Gelehrten des vorigen Jahrhunderts in Deutschland, in der seinerzeit von *Geiger selbst*, der Extraordinarius der Deutschen Literatur an der Berliner Universität war, herausgegebenen »Zeitschrift für die Geschichte der Juden in Deutschland« gelesen habe, wo sich diese Selbstzensur geradezu als Methode auswirkt.

Aber eines ist klar: die breite Schicht, von der ich hier spreche, und ihre geistigen und politischen Repräsentanten wollten glauben, an die Assimilation, an die Verschmelzung mit einer Umgebung, die ihnen im großen und ganzen gleichmütig bis wenig wohlwollend gegenüberstand. Es ist auch wahr, daß bis zu einem gewissen Grad, der heute sehr verschieden beurteilt wird, die deutsche Umgebung diesen Prozeß ermuntert und begrüßt hat, während starke andere Elemente in ihr sich davon gestört und beunruhigt fanden. Wie weit das ging, bezeugt sehr charakteristisch eine Äußerung des damals sehr berühmten Soziologen und Nationalökonomen Werner Sombart, der zwischen liberalen und antiliberalen Anschauungen hin- und hergerissen wurde. Diese Äußerung machte, als sie 1912 veröffentlicht und weithin zitiert wurde, ungeheures Aufsehen bei den Juden. Sie besagte, die rechtliche Gleichstellung und Emanzipation der Juden solle formal nicht aufgehoben werden, aber die Juden sollten freiwillig vor allem im öffentlichen Leben keinen Gebrauch von ihr machen. Das war, noch vor dem Ersten Weltkrieg, ein stärkeres Sturmzeichen als alle von alldeutscher und direkt antisemitischer Seite kommenden.

Es war schon so, daß vieles in dieser Lebensform der assimilierten Juden, in der ich aufgewachsen bin, durcheinander ging. So kam ich etwa auf sonderbare Weise zu dem Bild Theodor Herzls, des Begründers der Zionistischen Bewegung, das viele Jahre in meinem Zimmer in Berlin und München hing. In unserer Familie wurde schon seit den Tagen der Großeltern, in denen dies Durcheinander einsetzte, Weihnachten gefeiert, mit Hasen- oder Gänsebraten, behangenem Weihnachtsbaum, den meine Mutter am Weihnachtsmarkt an der Petrikirche kaufte, und der großen »Bescherung« für Dienstboten, Verwandte und Freunde. Es wurde behauptet, dies sei ein deutsches Volksfest, das wir nicht als Juden, sondern als Deutsche mitfeiern. Eine Tante, die Klavier spielte, produzierte für die Köchin und das Zimmermädchen »Stille Nacht, heilige Nacht«, *und nicht nur diese, sondern auch einige der Geladenen sangen die herzergreifende Melodie*. Als Kind ging mir das ein, *aber* 1911, als ich gerade begonnen hatte, Hebräisch zu lernen, nahm ich das letztemal *an diesem Fest* teil. Unter dem Weihnachtsbaum stand das Herzl-Bild in schwarzem Rahmen. Meine Mutter sagte: weil du dich doch so für Zionismus interessierst, haben wir dir das Bild ausgesucht. Von da an ging ich Weihnachten aus dem Haus.

Bei meinem Onkel wurde Weihnachten natürlich nicht gefeiert, dafür aber [das jüdische Lichterfest,] Chanukka, aus dem die Kirche das Weihnachtsfest entlehnt hat. Das Fest, das seinen Ursprung dem Sieg der Makkabäer im Aufstand gegen die Hellenisierungsversuche des Königs von Syrien (also gegen »Assimilation«!) und der Reinigung des Tempels in Jerusalem von hellenistischen Götterbildern verdankte, wurde von der Zionistischen Bewegung erst richtig hochgespielt – *als seien die Makkabäer zionistische Pioniere gewesen*. Am Weihnachtsabend fand damals zugunsten der vielen ledigen jungen Männer und Mädchen, die die Weihnachtsfeiern ihrer Eltern nicht mitmachen wollten, *der große* Makkabäerball statt, eine sonderbare Erfindung, gegen die

die Makkabäer wie gegen so manches, was später in ihrem Namen praktiziert wurde, wohl einiges zu sagen gehabt hätten. Als ich in den Kriegsjahren einmal Chanukka zu meinem Onkel kam und die Töchter fragte, woher sie denn all die schönen Geschenke bekommen hätten, sagten sie: das hat uns der liebe Chanukkamann gebracht – *ein Ersatz für den christlichen Weihnachtsmann*. Der Onkel erschien auch stets zu Chanukka, obwohl die Chanukkalichter bei uns nicht entzündet und [das dabei fällige, sehr populäre hebräische Lied] »Maos Zur« nicht gesungen wurde, und brachte, ironisch genug, meinen Eltern und uns je ein Paket Pfefferkuchen mit und statt der beliebten Weihnachtsstolle ein geflochtenes und mohnbestreutes Sabbatbrot.

Die Taufe spielte in diesen Kreisen keine Rolle. In der Geschichte der Familien Scholem und Hirsch gab es zwischen 1831 und 1933, wo mir die Belege bekannt sind, im ganzen nur zwei Taufen, beide von 20-30-jährigen Mädchen, die den Namen Therese Scholem führten. Die eine, die den Zweiten Weltkrieg in *Pasing* als Frau eines katholischen Soldaten und »nichtarische« Zwangsarbeiterin in einer Münchener Munitionsfabrik überlebt hat, kehrte, sobald es wieder einen Rabbiner in München gab *und dieser mein Zeugnis über ihre Herkunft annahm, als ich auf meiner Mission nach Deutschland 1946 und 1949 auch nach München kam,* zum Judentum zurück. Dagegen wurde die Mischehe, vor allem von etwa 1900 an, ein wachsendes Problem. Schon Anfang der neunziger Jahre heiratete eine Kusine meiner Mutter, die aber Jüdin blieb, einen Christen, der sie freilich nur wenige Jahre später verließ, so daß ihre beiden Töchter Irma und Lony (mit der ich später sehr befreundet war), obwohl sie bei der Geburt vermutlich getauft wurden, in einem rein jüdischen Kreis aufwuchsen und ihr Leben lang nicht recht wußten, wo sie eigentlich hingehörten.

Zwanzig Jahre später gab es noch eine weitere Mischehe, und ihre Geschichte war denkwürdig genug. Die Schwester meiner Mutter, wie schon gesagt, eine der ersten in Berlin zugelassenen Ärztinnen, heiratete mit 38 Jahren 1911 einen zehn Jahre jüngeren Kollegen. Ihre Eltern waren damals nicht mehr am Leben, und die ihres Mannes setzten der Heirat mit einer Jüdin den größten Widerstand entgegen. Aber auch unserer Familie blieb er immer fremd. Man war äußerst höflich miteinander, unendlich entgegenkommend, aber man wurde nicht warm, und sie zogen sich weitgehend auf sich selbst zurück. Sie lebten miteinander in einem Elfenbeinturm in Friedenau, fast um die Ecke von meinem zionistischen Onkel, ohne daß je ein Verkehr zwischen ihnen zustande gekommen wäre. Das Häuschen, das sie gemietet hatten, war von fernasiatischer Kunst voll, Buddhas und Kwanjons überall, *ein richtiges kleines Museum, umgeben von einem zauberhaften Garten und Marmorstatuen.* Alles war Bildung, Bildung, Bildung, und die feinen Zeitschriften bis zur »Neuen Rundschau« und den »Sozialistischen Monatsheften« schienen tägliches Brot. Sie gingen ineinander und in einem kleinen Freundeskreis, der ebenfalls nur aus Juden, aber aus solchen, die davon möglichst wenig oder überhaupt keinen Gebrauch machten, auf. Meine Mutter und ihr Bruder, *der Chemiker* Hans Hirsch, gingen öfters hin, nur sehr selten von einem von uns Kindern begleitet, aber wenn sie heimkam, gab sie oft einen Seufzer von sich, ohne ihn näher zu artikulieren. Im Jahre 1933 kam die große Probe. Nach einiger Zeit entdeckte der Onkel, nach mehr als zwanzigjähriger Ehe, daß er ein »Arier« sei, und bat meine Tante Käthe, ihn freizugeben, damit er eine Deutsche heiraten könne. So kam meine Tante ins Getto von Theresienstadt, wo sie starb. *Ich habe gehört, daß meine Tante seinerzeit meinen Vater gefragt habe, ob sie den Erwählten ihres Herzens heiraten solle, und er ihr geantwortet habe: Zehn Jahre wirst du glücklich sein, danach wird er dich verlassen. In Wahrheit hat es doppelt so lange gedauert.*

Schärfer noch stellte sich das Problem, als mein Bruder Werner, der später kommunistischer Reichstagsabgeordneter wurde, gegen Ende des Krieges seine Freundin Emmy Wiechelt, ein Mädchen aus der Sozialistischen Arbeiterjugend in Hannover, heiratete. Meine Mutter *nahm dies gleichmütig und sogar mit einem gewissen Wohlwollen auf* und kam öfters, so lange die neue Familie in Berlin lebte – in einem Hinterhaus des großenteils jüdischen *bürgerlichen* Hansaviertels –, dorthin zu Besuch. Mein Vater, dessen Ideologie ihn die Mischehe hätte begrüßen lassen müssen, lehnte es nach einem kurzen formalen Zusammentreffen entschieden ab, meinen Bruder und seine Schwiegertochter je wieder zu sehen. Ich stand mit meiner Schwägerin, die ebenfalls lange – *bis in die ersten Jahre unter der Herrschaft Hitlers* – aktive Kommunistin war, recht gut. Wer beschreibt mein Erstaunen, als sie viele

Jahre später, in den 1960er Jahren, zu mir sagte: Warum hat Werner mich nicht zum Judentum gebracht? Ich sagte: Aber ihr wart doch beide Kommunisten, und er ist aus dem Judentum und du aus der Kirche ausgetreten! Dennoch, sagte sie in einer mir unbegreiflich bleibenden Naivität, die sie ihr Leben lang beschützt hat, es wäre richtiger gewesen. Ein Jahr vor ihrem Tod trat sie zum Judentum über, weil sie wenigstens unter Juden begraben sein wollte.

Als am Anfang dieses Jahrhunderts das Grammophon in Deutschland populär wurde, bemühte sich mein Vater mit beträchtlichem Erfolg um Druckaufträge für die zu den Schallplatten gehörigen Etiketten. Er schaffte mehrere der dafür notwendigen Stanzmaschinen an, und wie er selbst öfters stolz zu Hause erzählte, wurde *nicht nur* mehr als die Hälfte der Etiketten aller in Deutschland hergestellten Grammophonplatten von ihm geliefert, *sondern er bekam auch viele Aufträge aus dem Ausland. Mein ältester Bruder erzählte mir von Aufträgen aus Paris, Warschau und London, wo wir zu drei großen Firmen besondere Verbindungen hatten, da wir schneller lieferten als die Londoner Konkurrenz. Wir besaßen die Kataloge, und die telegraphischen Aufträge, die sich nach den Nummern richteten, gingen bis Donnerstag mittag ein. Am Sabbat brachte man die Pakete zur Post, und am Dienstag morgen wurden sie den Kunden in London ausgeliefert. (So arbeitete damals die Post!)* Diese Idee meines Vaters *und ihre rasche Umsetzung* trugen sehr dazu bei, unseren Wohlstand zu erhöhen. *Als der Krieg begann, brachen diese einträglichen Verbindungen ab, aber mein Vater, der die Fassung nicht verlor, hatte einen neuen Einfall. Schon seit Jahren war er aktiv in der Krankenkasse des Druckereigewerbes (die von Unternehmern und Arbeitern gemeinsam geführt wurde) und kannte die Probleme der Verwaltung, einer einheitlichen Buchführung sowie den dafür zuständigen Experten. So gründete er einen Verlag für die Formulare, die in den zahlreichen Verwaltungszweigen gebraucht wurden, und ernannte den Experten zum Verlagsdirektor; sie versandten dessen Buch und eine Mustermappe aller Formulare an sämtliche Krankenkassen, deren Verbund damals sehr stark war. Das brachte dem neuen Unternehmen großen Erfolg. Ich entsinne mich noch, daß ich auf dem Papier dieses sogenannten »Formular-*

verlags« wissenschaftliche Literatur mit dem für Buchhändler üblichen Nachlaß von ungefähr 40 Prozent erwerben konnte, was meine mathematische Bibliothek enorm anwachsen ließ. Bei dem Ausfall vieler Kunden und Aufträge, den der Krieg mit sich brachte, ermöglichte ihm diese Initiative, diese Jahre zu überstehen. Die Hilfe, die er sich von meinen zwei ältesten Brüdern, Reinhold und Erich, die jahrelang für die Nachfolge im Geschäft vorgebildet worden waren, gerade von 1914 an erhofft hatte, fiel durch deren Einziehung zum Heer fort, und er mußte die Hauptlast alleine tragen, was bei seiner zunehmenden Herzverkalkung eine doppelte Anstrengung bedeutete. Diese beiden Brüder waren für mehrere Jahre zu Druckereien in Paris und London, die in Geschäftsbeziehungen zu uns standen, zur weiteren *beruflichen und sprachlichen* Ausbildung geschickt worden, so daß ich mit ihnen in den Jahren meiner entschiedensten Entwicklung, zwischen 1909 und 1920, nur wenig, und im Falle meines ältesten Bruders Reinhold so gut wie gar keinen Kontakt hatte. *Jedenfalls kam ich aber durch Erichs Aufenthalt in Paris, wo er bis zum Vorabend des Ersten Weltkriegs blieb, zu meiner ersten Parisreise, die ich im April 1914 während der Osterferien des Gymnasiums unternahm.* Ein engeres Verhältnis gewann ich *hingegen* zu meinem Bruder Werner, der zwei Jahre älter war und ein sehr bewegliches Naturell hatte, das schon früh in Opposition gegen das Elternhaus umschlug. Das veranlaßte meine Eltern, ihn etwa 1908 für zwei oder drei Jahre in die Samsonschule nach Wolfenbüttel zu schicken, ein jüdisches Internat mit einer Realschule verbunden, eine schon hundert Jahre alte Gründung aus der Zeit des Königreichs Westfalen. Viele westdeutsche jüdische Kaufleute, Viehhändler und Metzgermeister schickten ihre Kinder dorthin, und mein Bruder wurde hier mit einem nicht geringen Ausmaß von religiöser Heuchelei und falschem Patriotismus bekannt, das ihn heftig abstieß. Die Schule wurde streng deutschnational, aber unter Beibehaltung einiger Hauptstücke des jüdischen Rituals, des *(verkürzten)* täglichen Gebets und der koscheren Küche geführt. In den Ferien bekam ich darüber von meinem Bruder, der sich schon damals an mir rhetorisch zu versuchen begann, einige zynische Vorträge und Herzensergießungen zu hören. Er setzte schließlich durch, nach Berlin zurückgeholt zu werden *und kam auf eine andere Schule als die, die ich besuchte,* wo es aber zwei Jahre darauf auch schon wieder zu offenem Krach kam. Während ich zu ziemlicher Länge emporschoß, blieb mein Bruder recht klein, bildete aber schon früh scharfe intellektuelle Gesichtszüge aus, die sein Wesen deutlich widerspiegelten. Es standen uns in den Jahren unserer Adoleszenz ähnliche, wenn auch in ganz verschiedene Richtungen weisende Erschütterungen und Konflikte bevor, die uns bei aller Gegensätzlichkeit immer wieder einander nahe brachten.

Berlin in diesen Vorkriegsjahren war im Grunde noch eine sehr ruhige Stadt. In meinen ersten Schuljahren fuhr man zu Besuch bei den Eltern meiner Mutter mit der Pferdebahn vom Kupfergraben durch den Tiergarten, der noch ein wirklicher großer Park war, nach Charlottenburg. Die Stadt war nur erst zur Hälfte asphaltiert, und in vielen Teilen, vor allem im Osten und Norden, ratterten noch Pferdeomnibusse über Pflastersteine. Die ersten Autobusse waren eine große Sensation, und gar auf das Deck zu klettern ein begehrtes Vergnügen. Dieser Stand der Dinge wurde mir deutlich, als um 1909 etwa die Rollschuhe aufkamen, auf denen ich in den Sommermonaten Berlin zu erkunden begann. Kein Polizist hinderte einen zwölf- oder dreizehnjährigen Jungen daran, sich auf den belebtesten Straßen, deren es gar nicht so viele gab, durch das Gedrängel von Wagen, Automobilen und Elektrischen hindurchzuschlängeln, und nur die ersten schwachen Anfänge von verkehrspolizeilicher Aufsicht kündigten sich an einigen wenigen, besonders schwierigen Kreuzungen, wie der Friedrichstraße mit der Leipziger Straße und der Straße Unter den Linden, an. So habe ich Berlin damals in der Länge und Breite, soweit es asphaltiert war, durchfahren, meistens in den späten Nachmittagsstunden. Das war auch die Zeit, als ich in einem, später von mir sehr bereuten Anfall von Trotz im September 1910 meine gesamten Kinderbücher an einen Antiquar in der Wallstraße verkaufte, weil ich beschlossen hatte, eine »richtige« Bücherei aufzustellen. Ich hatte ein großes Interesse für Geschichte, noch bevor meine mathematischen Neigungen sich daneben geltend machten, deren Erwachen auf den Einfluß meines langjährigen Mathematiklehrers Franz Goldscheider, eines Bruders des berühmten Mediziners *an der Berliner Universität*, zurückging. Er war der einzige Lehrer auf der Schule, der mir etwas bedeutet *und mich nicht gerade wenig beeinflußt hat. Noch heute erinnere ich mich an seine ersten Stunden und an seine scharfe und geschliffene Rede voll skeptischer Ironie. Das alles faszinierte mich. Eine mathematische Bibliothek fehlte natürlich im Bücherschrank meiner Eltern, aber auf einem Ehrenplatz* standen die neunzehn Bände der Schlosserschen Weltgeschichte, eines der Hauptwerke liberaler und leidlich populärer Geschichtsschreibung in Deutschland, das ich ganz verschlungen habe, was ich von den darüber stehenden zwei Reihen der Klassikerausgaben aus dem Meyerschen Bibliographischen Institut nicht behaupten kann. Da gab es zu vieles, was einen heranwachsenden Jungen nicht anziehen konnte. Dafür begann ich, *aus zwei Reihen, die zu Recht in der breiten Öffentlichkeit sehr erfolgreich waren*, aus der Reclam-Bibliothek, wo jede Nummer zwanzig Pfennig kostete, und der Sammlung Göschen, wo man für achtzig Pfennig ein in Leinen gebundenes Lehrbuch in den verschiedensten Fächern kaufen konnte, vor allem historische Schriften und Übersetzungen der antiken Historiker anzuschaffen, später auch *ausgezeichnete Einführungen in einzelne mathematische Disziplinen, die an der Schule nicht gelehrt wurden und mit deren Grundlagen ich mich noch in den letzten Schuljahren vertraut machte. Soweit ich mich erinnere, habe ich* sehr viele Geschichtsbücher gelesen, bevor ich zum ersten Mal einen Roman in die Hand nahm. *Rückblickend würde ich sagen, daß diese Reihenfolge symbolisch war.*

Die Eltern waren am Vor- und Nachmittag in der Druckerei beschäftigt, wo meine Mutter die Buchhaltung führte *und überhaupt das Büro beaufsichtigte. So* ließen sie ihren Kindern, und besonders mir als dem Jüngsten, freie Hand. Meine Freiheit wurde 1910 nur dadurch etwa ein Jahr lang eingeschränkt, daß zweimal in der Woche Mademoiselle Girardot, eine ältere Jungfer aus Genf, kam, die mir Klavierspielen und französische Konversation beibringen sollte, da meiner Mutter der damals beginnende französische Unterricht nicht genügte. Der Klavierunterricht war ein völliges Fiasko, wie ich auch in der Schule von der Musikstunde als sogenannter Brummer befreit wurde, da meine Stimme beim Absingen der schönen protestantischen Choräle unangenehm auffiel. Andererseits hinterließen die diesmal wirklich zu Fuß erfolgenden Spaziergänge an der Spree zur Museumsinsel oder in den Tiergarten mit französischer Unterhaltung doch einige Spuren. Nach etwa einem Jahr gelang es mir, sie wegzugraulen, wobei sie mir zum Andenken ihre Vogelscheuchenphotographie mit der Inschrift hinterließ: »Vous m'aimerez quand je n'y serai plus et vous m'écrirez cela«. *Das Bild habe ich behalten, aber zum Schreiben* ist es nicht gekommen. Das war die einzige »Erzieherin«, die ich gehabt habe. Da ich die Schule spielend bewältigte, blieb mir viel Zeit. Ich kann mich nicht erinnern, daß Vater oder Mutter je versucht hätten, mich in diesen Jahren in eine bestimmte Richtung zu lenken. Da ich so gute Zensuren nach Hause brachte, schien ich kein Problem zu bilden und konnte mir selbst überlassen bleiben. Nur mußte ich natürlich meine Mutter nicht selten bei ihren Einkäufen *in den freien Nachmittagsstunden*, vor allem in den *feinen* Geschäften der Leipziger Straße, und bei Besuchen, *die sie ihren Verwandten oder Freundinnen abstattete*, begleiten. Ich sehe sie noch in großem Federhut und Boa vor mir.

Jüdisches Erwachen

Es war mein Interesse für Geschichte, das den ersten Anstoß zu meiner jüdischen Besinnung gab. Der jüdische Religionsunterricht, bei dem man in unserer Schule nicht einmal Hebräisch lesen lernte und der mit Vollendung des vierzehnten Lebensjahres sowieso als obligatorisches Fach aufhörte, bot mir kaum Anregung, und meine Eltern hatten keinen von uns Brüdern in eine der von der Jüdischen Gemeinde unterhaltenen freiwilligen Religionsschulen geschickt, wo ich wahrscheinlich ein bißchen mehr erfahren hätte. Aus den ausgewählten Stücken der »Israelitischen Hausbibel« von *Jakob* Auerbach, die wir in der Religionsstunde lasen, *haben sich mir nur das erste und das vierzigste Jesajakapitel tief eingeprägt*, und aus den sehr kursorischen Erklärungen des Religionslehrers über die jeweils anstehenden jüdischen Festtage, von denen ich aber, wie schon gesagt, zu Hause kaum etwas sah, kam kein großer Eindruck auf mich zu. Dabei stellte sich später heraus, daß dieser Langeweiler Dr. Moses Barol in Wirklichkeit ein sehr gelehrter, aus Odessa stammender Mann war, der als Bibliothekar an der Lehranstalt für die Wissenschaft des Judentums, dem liberalen Rabbinerseminar, amtierte. Aber an pädagogischem Eros fehlte es ihm. Eines Tages zeigte er uns im Sommer 1911 die drei dicken Bände der Volksausgabe der »Geschichte der Juden« von Heinrich Graetz *(ohne die wissenschaftlichen Zusätze)*, unstreitig eines der bedeutendsten Werke jüdischer Historiographie. Als ich Dr. Barol fragte, wo man das lesen könne, verwies er mich an die sehr bedeutende *(und ausgezeichnet sortierte!)* Bibliothek der Jüdischen Gemeinde in der Oranienburger Straße, wo sich auch so halbwüchsige Burschen wie ich einschreiben konnten, wenn sie nur einen Zettel von Vater oder Mutter brachten (den mir meine Mutter ohne weiteres gab), in dem sie für ihren Sprößling garantierten. Jahrelang habe ich zu den eifrigsten Lesern dieser Bibliothek gehört, *der ich viel von meiner jüdischen Bildung verdanke. Der Direktor der Bibliothek, Dr. Moritz Stern, schwebte für mich zwar in unerreichbaren Höhen, aber die Dame, die für die Ausleihe zuständig war und sich zuerst über diesen unermüdlichen Vierzehnjährigen wunderte, verwandelte sich bald in eine fast mütterlich umsorgende Gestalt.* So kam ich zur Lektüre dieses umfangreichen Buches, das nicht nur unerhört reich an oft genug dramatischer Information war, sondern auch eindrucksvoll, anschaulich und flüssig geschrieben war. Ich verschlang die Bände mit *wachsendem* Interesse und ließ *mir den Graetz dann (in der Volksausgabe)*, zusammen mit Theodor Mommsens vier Bänden der »Römischen Geschichte«, von meinen Eltern und meinem Onkel Theobald zur »Bar-Mizwa«-Feier schenken.

Die »Bar-Mizwa«-*Feier* war im 19. Jahrhundert bei den nicht gesetzestreuen Juden zu einer Nachahmung der protestantischen Konfirmation entartet, soweit sie überhaupt begangen wurde, was übrigens weithin noch geschah. Ein unter Juden allgemein verbreitetes Sprichwort besagt, daß jeder Jude seinen eigenen »Schulchan Aruch« habe [– die für die religiöse Praxis bestimmende Kodifikation des jüdischen Religionsgesetzes aus dem 16. Jahrhundert]. Auch mein Vater, der sonst gar nichts hielt, hatte beschlossen, daß wir mit dreizehn Jahren noch zu unreif seien, und ließ deshalb diese Feier erst am Sabbat vor dem vollendeten vierzehnten Geburtstag stattfinden, ein sonderbares Stück privater Theologie. Man wurde in der Synagoge, in die der Vater bei dieser Gelegenheit, wie das allgemein üblich war, mit einem Zylinder ging, zum erstenmal, und für viele zum letztenmal, zur Tora aufgerufen, hatte vorher und nachher zwei kurze hebräische Benediktionen zu sagen und wurde vom Rabbiner vor der versammelten Gemeinde zur Treue zum Judentum und dessen Idealen ermahnt. Zu Hause bekam man von der Verwandtschaft in den meisten Fällen den Grundstein zu einer künftigen Bibliothek, vor allem in Gestalt von Klassikerausgaben – die freilich oft genug schnell verramscht wurden. Zur Vorbereitung auf die Feier wurde gern, wie auch im Falle meiner Brüder, ein Rabbinatskandidat engagiert, der einem einige jüdische Vorschriften und Zeremoniale beibringen sollte *(besonders das Anlegen der Tefillin)* sowie den hebräischen Text jener Benediktionen einzutrichtern hatte. Meine Brüder, die nicht mehr Hebräisch lesen konnten, schrieben sich den Text in lateinischer Umschrift *und mit richtigen Akzenten* auf. *(In vielen Fällen lernte man in diesen Stunden auch, einen punktierten hebräischen Text zu lesen.)*

In meinem Fall aber hatte sich das nun schon verschoben. Der tiefe Eindruck, den das Werk von Graetz bei mir hinterließ, rief in mir den Wunsch hervor, Hebräisch zu lernen. So ging ich nach den großen Sommerferien zusammen mit meinem Klassenkameraden Edgar Blum, mit dem ich eng befreundet war – er ist an seinem 20. Geburtstag im Ersten Weltkrieg gefallen –, zu unserem Religionslehrer und fragte ihn, ob er bereit sei, uns Hebräischlesen und die Anfangsgründe der Sprache zu lehren. Dr. Barol war sehr erfreut und saß mit uns zweimal wöchentlich nach den Schulstunden noch eine weitere Stunde zusammen. Da wir lernen wollten, ging es sehr schnell, und *nach einem Monat teilte ich* meinen Eltern mit, daß ich keinen Extralehrer für die »Bar-Mizwa« brauche, da ich mich entschlossen hätte, Hebräisch zu lernen *und mich Dr. Barol alles lehren würde, was für diesen Tag notwendig sei.* Mein Vater nahm das nicht viel anders auf, als wenn ich gesagt hätte, ich wolle griechische Privatstunden nehmen, und noch dazu solche, die nichts kosten würden. Es dauerte nicht lange, bis er merkte, was er sich da eingehandelt hatte.

Nach einigen Monaten hörten *Anfang 1912* diese Privatstunden bei Dr. Barol auf, und ich suchte für mich alleine weiterzulernen, *wußte aber nicht,* an wen ich mich dafür wenden könne. Mein Freund Edgar Blum, den seine Mutter in eine Religionsschule geschickt hatte, sagte mir, man lerne da viel zu wenig und könne die Zeit bei intensivem Lernen weit besser verwenden. So kaufte ich mir hebräische Grammatiken und Übungsbücher, *an denen auch auf deutsch kein Mangel war, oder ich lieh sie mir in der Bibliothek* und lernte etwa fünfviertel Jahre lang allein. *In der hinteren Reihe unseres Bücherschranks fand ich den in Deutschland populärsten Siddur »Sefat-Emet« (der in der Ausgabe Wolf Heidenheims in Rödelheim unzählige Male neu aufgelegt worden ist). Es war ein Exemplar aus dem Jahre 1871, das ich noch heute besitze und dessen 140 Seiten ich im Laufe der Jahre oft wiederholt habe. Außerdem kaufte ich die Bibel in der Letteris-Ausgabe, die aus vier schön gedruckten Bänden bestand und spottbillig zu haben war. Erst nach einiger Zeit beschloß ich, die Kapitel der Bibel der Reihe nach durchzugehen, und vier Jahre lang mühte ich mich, bis ich sie ganz gelesen hatte.*

In dieser Zeit begann ich, regelmäßig in die Berliner Synagogen zu gehen, vor allem zum Freitagabend-Gottesdienst, der auch in den sogenannten liberalen Synagogen, wo der Gottesdienst *mit*

Orgel und gemischtem Chor stattfand, damals noch ausschließlich auf hebräisch vor sich ging. Die Unterschiede zwischen dem liberalen und dem konservativen Ritus bestanden, neben unwesentlichen Kürzungen und der Orgelmusik, vor allem in der *Abschwächung oder* Streichung *fast* aller Stellen, an denen von der Rückführung Israels ins Heilige Land die Rede war und deren Ersetzung durch »allgemein menschliche« Beteuerungen. Da ich die Texte der Gebete schnell verstehen lernte und die Orgelmusik zur Liturgie mir auch keineswegs mißfiel, machte mir der Synagogenbesuch Eindruck und Vergnügen. Ich konnte daran *überdies* den Fortschritt meiner hebräischen Kenntnisse überprüfen, nachdem ich auch für mich selbst nicht nur Teile der hebräischen Bibel, sondern auch die Texte der alten synagogalen Gebete zu studieren begonnen hatte. Mehr aber als die Orgelsynagoge in der Lindenstraße, nicht weit von unserer Wohnung, zog mich der streng orthodoxe Ritus in der »Alten Synagoge« in der Heidereuthergasse, einem Gäßchen nahe dem Neuen Markt, an, um den herum sich die Mehrzahl der Juden nach *hundertjähriger Vertreibung und* der Wiederzulassung 1671 in Berlin angesiedelt hatte und wo noch *in meiner Jugend* sehr viele Juden wohnten. Hier gab es weder Orgel noch Frauenchor, *aber statt dessen einen ausgezeichneten Knabenchor*. Das alte Ritual beeindruckte mich sehr. Dazu trug wohl nicht wenig der hebräische Gesang des Oberkantors, des »königlichen Musikdirektors« Aron Friedmann bei, der die Herzen rührte. Da die meisten Besucher dieser Synagoge den Text der Gebete verstanden und sich lebhaft am Gottesdienst beteiligten, herrschte dort ein sonst nicht so leicht zu findendes Einverständnis zwischen dem Vorsänger und den Betenden. Auch manche anderen Synagogen hatten phantastisch stimmbegabte Kantoren – aus diesem Stande sind ja eine ganze Anzahl der großen Opern- und Konzertsänger hervorgegangen, wie zu meiner Zeit Hermann Jadlowker und Joseph Schmidt –, aber ihr Auftritt ging eher in der Atmosphäre einer Opernproduktion als der eines religiösen Vollzuges vor sich. *Hier muß hinzugefügt werden, daß in fast allen Synagogen Deutschlands, orthodoxen wie liberalen, die Musik des Komponisten Lewandowski (des Schwiegervaters von Hermann Cohen) dominierte, deren Anziehungskraft groß war, da sie eine gelungene Verbindung zwischen traditionellen Melodien und dem kleinbürgerli-*

chem Geschmack des 19. Jahrhunderts darstellte, und erst jetzt beginnt ihr Zauber gegenüber den Melodien aus Osteuropa zu verblassen.

Nicht weit von dieser Synagoge waren die beiden *bekanntesten hebraistischen und* judaistischen Antiquariate *Berlins. Dort machte* ich meine ersten Erfahrungen mit dem jüdischen Buchwesen, *einem Gebiet, auf dem ich im Laufe der Jahre zum Experten wurde (und nicht nur was die Bücher, sondern auch was die Wissenschaft von den »Gesichtern« betrifft – der Verständige wirds verstehen).* Nach Maßgaben meines Portemonnaies begann ich Bücher und Broschüren über das Judentum *und seine Lehre sowie über die Juden* und ihre Geschichte zu kaufen, später kamen hebräische Texte hinzu. *Manchmal kam ich auch in Besitz einer Summe, die bedeutend genug war, um sich damit in der Buchhandlung des Louis Lamm die Ehre zu geben. Hierzu gibt es eine Geschichte über den Vater meiner Tante Hedwig, der ein reicher Kaufmann war und seine freien Stunden dem Kartenspiel widmete. Meine Mutter und ich verbrachten mit ihm Pessach 1913 in einem Hotel in Lugano, da ihm die Ärzte nach einer Krankheit diesen Kuraufenthalt verordnet hatten. Da ihm jeder Sinn für die Schönheit der Natur abging, langweilte er sich natürlich sehr und saß gewöhnlich mit dem Rücken zum See und zu der großartigen Landschaft auf der Hotelterrasse. Wenn du dich bereit erklärst, mit mir Karten zu spielen, sagte er zu mir, mache ich dir ein gutes Angebot: falls du gewinnst, zahle ich dir den Gewinn wie festgesetzt, und falls du verlierst, vergessen wir das. Selbstverständlich war mir ein solches Arrangement außerordentlich angenehm. Ich sah vor mir den See und den Berg von Büchern, die mir zufallen würden, und tat, was in meinen Kräften stand und das Glück erlaubte. So gewann ich in zwei Wochen eine nicht unbeträchtliche Summe. Unter den Büchern, die auf diese Weise zu mir fanden, waren auch die fünf Bände des Pentateuch mit dem großen Kommentar des Rabbiners Samson Raphael Hirsch, den ich mit Hingabe und Begeisterung für seine Originalität studierte, bis mir nach einiger Zeit die Augen aufgingen und ich wieder nüchtern wurde.*

So erwachte in mir eine Leidenschaft für das Judentum in Vergangenheit und Gegenwart. Es war kein Wunder, daß ich nun, von 1911 an, *für den aufblühenden Zionismus empfänglich wurde und* zionistische Literatur zu lesen begann, die Schriften von Moses Hess, Leon Pinsker, Theodor Herzl, Max Nordau und Nathan Birnbaum (von dem das Wort Zionismus stammt). *Noch im selben Jahr fiel mir Richard Lichtheims Broschüre »Das Programm des Zionismus« in die Hände, die damals gerade herauskam, sehr begabt geschrieben war und eine außergewöhnlich hellsichtige Diagnose lieferte. Ich fand in dieser Literatur für mein Gefühl, das im Grunde ganz unpolitisch war, eine große Bestätigung, wurde beträchtlich von ihr beeinflußt und begann, meine Eltern mit dem, was ich dort aufgelesen hatte, zu konfrontieren.*

Das stieß bei meinem Vater, der dem strikt antizionistischen »Centralverein deutscher Staatsbürger jüdischen Glaubens« angehörte, der damals einflußreichsten jüdischen Organisation in Deutschland, auf stärksten Widerspruch, und die Auseinandersetzungen am Familientisch wurden – *besonders in den Jahren 1912 und 1913* – heftig.

Im Bücherschrank meiner Eltern gab es, außer einigen hebräischen Büchern aus der Erbschaft der Urgroßeltern, besonders des sehr frommen *Großvaters meines Vaters* David Schlesinger, *der noch ethische Literatur auf hebräisch gelesen hatte,* auch einige hebräische *Gebetbücher*, die irgendwo in den hinteren Reihen lagen. Sonst entsinne ich mich nur an zwei damals sehr bekannte jüdische Belletristika, den »König der Schnorrer« von Israel Zangwill *(dessen deutsche Übersetzung vielleicht in unserem Druckhaus gedruckt worden war)* und die Sammlung »Jüdische Witze«, *deren Herausgeber, wenn ich mich nicht täusche,* Herrmann Noël *war*. Ich fand dieses Buch großartig, es *war geschmackvoll geschrieben und* scheint mir noch heute als eine der am besten formulierten Sammlungen im Medium der deutschen Sprache denkwürdig, [turmhoch manchen heutigen greulichen Erzeugnissen dieses Genres überlegen, bei denen ein Leser, der mit jüdischen Dingen vertraut ist, aus Staunen und Ärger nicht herauskommt.]

Mein Bruder Werner hatte, als er 1912 *sechzehnjährig* wieder nach Berlin zurückkam, auch eine kurze Periode, in der ihn, ohne daß er sich übrigens tiefer damit einließ, der politische Aspekt des Zionismus anzog. Gerade durch ihn, der nicht lange danach Ende 1912 zur Sozialdemokratischen Arbeiterjugend überging, wurde ich mit einem Kreis von ähnlich gerichteten jungen Leuten bekannt, die sich auch schon während ihrer *vier* letzten Schuljahre *an verschiedenen Oberschulen* der Zionistischen Bewegung angeschlossen hatten. *Dieser Kreis, der sich »Jung Juda« nannte, war von den zionistischen Studentenvereinigungen hervorgerufen worden, die dort Kandidaten werben wollten, die sich ihnen nach dem Abitur anschließen würden. Eine Zeitlang gingen wir beide dorthin, aber dann* schrieb ihnen mein Bruder einen Brief, er habe einen weiteren, umfassenderen Wirkungskreis gefunden und könne sich bei ihnen nicht mehr betätigen.

Statt dessen kam es zwischen uns manchmal zu tätlichem Handgemenge, weil er mich *in jugendlicher Begeisterung* zwingen wollte, sozialistische Reden an ein imaginäres Publikum, die er sich ausdachte und von einem Stuhl aus an mich halten wollte, anzuhören, ein Unternehmen, dem ich mich heftig widersetzte. Er pries mir *außerdem* die Schriften von Bebel und Kautsky, die »Lessinglegende« von Franz Mehring und verschiedene Broschüren, von denen ich Konrad Haenischs Anthologie proletarischer Lyrik und Adolf Hoffmanns damals ungeheuer populäres Heft »Die Zehn Gebote und die besitzenden Klassen« – *gewiß eine der gelungensten Propagandabroschüren, die ich je las* – mehr als dreißig Jahre aufbewahrt habe, bis ich mich entschloß, ohne sie auszukommen. Der Historische Materialismus, dessen handgreiflichste Formen meinem Bruder so einleuchteten, daß er sie mir am liebsten einprügeln wollte, lag nun sehr weit ab von den historischen und philosophischen Interessen und Tendenzen, die meine eigene Entwicklung entschieden. Schon in seinem 18. Jahr fand seine Berliner Betätigung ein Ende. Ein Setzer aus unserer Druckerei legte 1913 meinem Vater, bevor er ins Kontor kam, einen Ausschnitt aus dem »Vorwärts« auf den Tisch, wo über ein Auftreten meines Bruders *(des »Genossen Werner Scholem«)* in der Arbeiterjugend berichtet wurde. Diese aus dem eigenen Betrieb kommende, offenbar ironisch gemeinte Glossierung des »Arbeitgebers« und Kapitalisten erbitterte meinen Vater sehr. Mit Schwierigkeit einigte man sich darauf, daß mein Bruder, der es gerade bis Prima gebracht hatte, Berlin verließ und in Hannover auf das »Gildemeistersche Institut«, eine, wie man damals sagte, »Presse« zur Vorbereitung aufs Abiturium als Externer ging, wo er ein Jahr lang mit Ernst Jünger zusammen die Bank drückte, *der dann einer der besten Schriftsteller der deutschen Rechten wurde.* Sehr viel später habe ich von Jünger erfahren, daß die Figur meines Bruders, mit dem er sich oft unterhalten hatte, noch sechzig Jahre nachher Eindruck bei ihm hinterlassen hat.

Man kann vielleicht sagen, daß die ganz verschiedenen Entwicklungen, die wir vier Brüder in diesen folgenden Jahren nahmen, für die Welt des jüdischen Bürgertums typisch waren und zeigten, wie wenig doch eine anscheinend gemeinsame Umwelt für den Weg junger Menschen im Einzelfall bedeutet. *Bei Wahlen stimmte mein Vater wie die meisten Juden Deutschlands für den linken Flügel der Liberalen.* Mein ältester Bruder Reinhold, der zur Zeit dieser Auseinandersetzung gerade seinen einjährigen Militärdienst in einem Telegraphenbataillon abdiente, entwickelte sich viel eher nach rechts und akzentuierte die assimilatorische Tendenz stärker als mein Vater. *Er wollte mit Leib und Seele Deutscher sein, und nicht nur, weil wir in diesem Land Bürgerrechte erhalten hatten.* Später wurde er Mitglied der Deutschen Volkspartei, *die eine Partei der Mitte auf der Schwelle zwischen Liberalismus und Konservatismus war. Vermutlich* wäre er, wenn die Deutschnationalen Juden als Mitglieder begrüßt hätten, dort eingetreten. Als wir ihn, der 1938 nach Australien ausgewandert war, kurz nach seinem 80sten Geburtstag in Zürich wiedersahen, fragte meine Frau, die sich in deutschen Verhältnissen nicht auskannte, was er denn eigentlich sei. Er sagte, vielleicht etwas überspitzt: Ich bin Deutschnationaler. Was, sagte sie, und das nach Hitler? Ich werde mir doch meine Anschauungen nicht von Hitler vorschreiben lassen, erwiderte er. Sie blieb sprachlos. Dabei hatte ich sie vorher inständig gewarnt, nie eine politische Unterhaltung mit ihm anzufangen, weil sie nur ins Leere führen würde und jeder die Grenzen des andern achten müsse. Mein zweiter Bruder vervollständigte das Bild, war zeitweise Mitglied des »Demokratischen Klubs« und ging in den Spuren meiner Eltern, vor allem meiner Mutter, das heißt, er wollte vor allem Ruhe haben und so wenig wie möglich sich festlegen. Dabei waren wir vier nur sechs Jahre auseinander.

In dem oben erwähnten Kreis der »Jung Juda« bin ich zwischen 1912 und 1917 und auch später noch, soweit ich in Berlin war, sehr engagiert gewesen. Die meisten von uns sind Anfang der zwanziger Jahre nach Israel gegangen und gingen noch in Deutschland zur landwirtschaftlichen Vorbereitung auf den Markenhof bei Freiburg i. Br. *Der jüdische Besitzer des Gutes stand* der Berufsumschichtung, die die Zionisten *in Deutschland theoretisch* propagierten, *obwohl nur wenige die Parole auch in die Praxis umsetzten,* mit Sympathie *gegenüber. Auf dem Markenhof kamen noch einige junge Männer und Frauen aus Galizien, der Bukowina und der Tschechoslowakei hinzu.* Sie bildeten später den Gründungskern des nach schweren Jahren blühenden Kibbuz Beth-Sera im Jordantal, mit dessen Mitgliedern ich jahrelang, mit manchen bis heute, in enger Verbindung blieb. *Zu Beginn ihrer Zeit im Lande hieß die Kwuzah »Kwuzah Markenhof«, und Joseph Baratz aus Degania nannte sie »unsere Jeckes«. Einige aus dieser Gruppe wurden später im arbeitenden Land Israel berühmt, so Benjamin Freund, Alex Prag, Arie und Jehuda Karmel, Zipporah Deutsch und Scheindel Kahana.*

Aber zurück zur »Jung Juda«. Diese Gruppe bestand teilweise aus Kindern derselben assimilierten Schicht, aus der ich kam, aber auch aus Söhnen noch ganz oder halb gesetzestreuer Familien, wozu noch eine Anzahl schon in Deutschland aufgewachsener Söhne ostjüdischer Eltern trat. Vor allem waren Jungen aus den letzten Klassen des Sophiengymnasiums *in Stadtmitte*, das einen besonders hohen Prozentsatz jüdischer Schüler hatte, vertreten. Die ostjüdischen Mitglieder erregten mein ganz besonderes Interesse. *In der Schule, die ich besuchte, gab es fast keine Ostjuden, und den einen, dessen Eltern wirklich beide aus Galizien kamen, lernte ich erst im letzten Schuljahr kennen. Unsere Freundschaft scheiterte nach Jahren daran, daß sein Zynismus über den Zionismus siegte.*

Nicht nur *ich, sondern auch sehr viele meiner Altersgenossen fühlten sich zu den Ostjuden hingezogen, und dies aus einem einfachen Grunde.* Je mehr wir in unseren eigenen *assimilierten* Familien auf Ablehnung ostjüdischer Art *und Verachtung für alles, was Ostjuden und ihre Lebensweise anging,* stießen, *eine Verachtung,* die manchmal sehr flagrante Formen annahm, desto stärker zog uns gerade dieses Wesen an. Es ist nicht übertrieben, wenn ich sage, daß es damals, besonders in den Jahren des Ersten Weltkrieges und kurz nachher, bei den Zionisten geradezu so etwas wie einen Kult alles Ostjüdischen gab. Wir alle hatten die ersten beiden Bücher Martin Bubers über den Chassidismus gelesen, »Die Erzählungen des Rabbi Nachman« und »Die Legende des Baalschem«, die wenige Jahre *vor dem Krieg* erschienen waren und Buber sehr berühmt gemacht hatten. In jedem Juden aus Rußland, Polen, Galizien, der uns begegnete, sahen wir etwas wie eine Inkarnation des Baalschem und jedenfalls des unverstellten und uns faszinierenden jüdischen Wesens. In meinem Leben haben diese ostjüdischen Kontakte und Freundschaften eine große Rolle gespielt.

Ein Zweig der »Jung Juda« tagte in einem Café am Bahnhof Tiergarten, wo die Schüler aus Westberliner höheren Schulen ihre Aussprachen hatten und Vorträge veranstalteten, darunter auch *die* Diskussion mit dem Kreis um Gustav Wynekens *Monatsschrift* »Der Anfang« im Spätherbst 1913. *Die meisten Mitglieder dieses Kreises waren Juden, die mit der Lehre Wynekens über die »Jugendkultur« und den Aufstand gegen die Schulen und die Eltern sympathisierten. Es gab kaum eine gemeinsame Basis zwischen uns, aber die Sprecher beider Lager waren übereingekommen, daß es richtig sei, unsere Meinungsverschiedenheiten zu klären. So kam der Diskussionsabend zustande, bei dem* ich Walter Benjamin zum erstenmal als Hauptredner *des anderen Lagers* gesehen und gehört habe.

Um 1912 hatte sich ein weiterer Zweig der »Jung Juda« aus dem Zentrum und den *nördlichen* Teilen Berlins konstituiert, der in einem großen Hinterzimmer des »Hotels zur Goldenen Gans« alle vierzehn Tage Vorträge veranstaltete. Aus Rücksicht auf die hier noch zahlreicher als im Westen vertretenen Kinder traditionell eingestellter Familien war *für die Zusammenkünfte* das eine der beiden streng koscheren Hotels im Zentrum von Berlin gewählt worden, das nur ein paar Minuten von der Alten Synagoge lag. Die Redner waren *auch hier* überwiegend Studenten, die in uns – *wie schon erwähnt – ihren* Nachwuchs sahen. Man sprach über Bücher von jüdischem Interesse, die von sich reden machten, wie zum Beispiel Arthur Schnitzlers »Weg ins Freie«, wohl der erste Roman eines bedeutenden Prosaisten, in dem die Krise des deutschsprachigen Judentums in seiner Wiener Erscheinungsform mit erstaunlicher Vorurteilslosigkeit und Schärfe beschrieben und zur allgemeinen Diskussion gestellt wurde. *Tatsächlich habe ich im Zuge der Diskussionen jener Jahre auch einige Ro-*

mane und Erzählungen von literarischem und sachlichem Rang gelesen, die sich mit dem Leben der Juden und den Problemen der Assimilation aus unterschiedlichen und einander widersprechenden Blickwinkeln befaßten. Zwei Schriftsteller möchte ich hier erwähnen, die vielleicht in ihren »allgemeinen« Werken, was das Literarische betrifft, nicht sehr bedeutend waren, aber doch eine große Kraft entwickelten, wenn es darum ging, die Licht- und Schattenseiten des jüdischen Milieus zu beschreiben, wie sie es in ihrer Jugend in Galizien und London erlebt hatten. Heute sind die Werke von Karl Emil Franzos, der für Emanzipation, Aufklärung und Germanisierung der ostgalizischen Juden kämpfte, vergessen. Die Ideologie seiner Bücher war keineswegs nach meinem Geschmack, aber seine Fähigkeit, das Leben, das er einst selbst geführt hatte, höchst konkret vor Augen zu stellen, war anregend und spannend. Sein Buch über die Juden in Czortkow »Die Juden von Barnow« ist gerade das Gegenteil der Schilderungen, die Agnon von den Juden in Buczacz liefert (das nicht weit von Czortkow liegt), und spiegelt den Unterschied zwischen zwei Generationen und zwei einander absolut entgegengesetzten Zielsetzungen. Ich habe »Und das Krumme wird gerade« von Agnon nur drei Jahre nach dem Buch von Franzos gelesen und mich damals in aller Unschuld gefragt: ist es denn möglich, daß beides wahr ist? Und erst im Laufe der Zeit habe ich verstanden, daß die Wahrheit gerade in diesem Widerspruch liegt. Den »Pojaz«, den Franzos in seiner Jugend schrieb, der aber erst nach seinem Tode gedruckt wurde, war der erste »jüdische« Roman, den ich gelesen habe, und so wie er im Jahre 1913 tiefen Eindruck bei mir hinterließ, beeindruckte er mich wieder als großes Werk aufgeklärter Belletristik, als ich ihn nach mehr als sechzig Jahren noch einmal las. Der zweite Schriftsteller, den ich in diesem Zusammenhang rühmen muß, ist Israel Zangwill, dessen Beschreibungen des jüdischen Lebens im Londoner East End mir in ihrer Lebendigkeit trotz (oder gerade wegen) ihrer Polemik lieb und teuer wurden.

Es gab *bei »Jung Juda«* auch Rezitationen, so etwa aus den Gedichten, besonders den »Hebräischen Balladen« der Else Lasker-Schüler, die damals (1913) gerade erschienen waren und von denen einige zu ihren schönsten und unvergeßlichsten Sachen gehören. [(Von den wenigen Zeilen des melancholisch-stolzen Gedichts »Mein Volk« existiert eine wunderbare hebräische Übersetzung.)] Oder es wurden Geschichten der großen *jiddischen* Erzähler vorgelesen, *und viele kamen – besonders in den ersten Jahren des Krieges, um im Rahmen von Vorträgen die Erzählungen von Peretz und Scholem Alechem auf jiddisch aus dem Munde von Studenten zu hören, die aus Litauen und Weißrußland stammten. Der Hauptredner bei solchen Auftritten war Salman Rubaschow (Schasar), dessen großartiger Vortrag die Herzen erwärmte.*

Vorgänge des jüdischen Lebens wie der im Herbst 1913 die Gemüter ungeheuer aufregende Ritualmordprozeß gegen Mendel Beilis, einen kleinen Angestellten einer Ziegelei, auf Befehl des Zaren in Kiew veranstaltet, veranlaßten *auch in unserem Kreis* Diskussionen und Analysen ihrer Implikationen. Damals nahm ich auch, wohl das einzige Mal in *Berlin*, an einer riesigen, *von den Zionisten organisierten* Volksversammlung teil, auf der einige der größten Volksredner jener Tage, Juden und Nichtjuden, gegen den schmachvollen Prozeß protestierten. *Noch heute erinnere ich mich an Dr. Heinrich Loewe, der seine Rede mit gewaltiger Stimme begann, indem er auf hebräisch und deutsch die wahrhaft treffenden Worte der Schrift zitierte: »Steh nicht still bei dem Blut deines Nächsten!«*

Für mich brachte *dieses Ereignis* einen Entschluß mit sich, mit dem ich auch bei meinen damaligen und späteren Genossen so gut wie allein blieb: ich begann, alte und neue antisemitische Literatur zu lesen, zuerst in Verbindung mit jenem Prozeß und dann antijüdische Schriften überhaupt und Zeitschriften wie Theodor Fritzschs »Der Hammer«, in dem zwanzig Jahre vor Hitlers Machtantritt schon alles propagiert wurde, deutlich und unmißverständlich, was die Nazis dann in die Tat umsetzten. Mir wurde schon früh, nachdem ich mich tiefer mit dieser Art Schriften eingelassen hatte, die Sinnlosigkeit apologetischer Auseinandersetzung klar, soweit sie sich nicht auf so bestimmt umrissene Phänomene wie die Ritualmordbeschuldigung bezog. Überhaupt entwickelte sich in mir eine frühe Abneigung gegen apologetische Aktivitäten von jüdischer Seite. Die Haltung der Zionisten dazu leuchtete mir ein und hat indirekt sicher auch meine spätere Arbeit beeinflußt, die sich ja – *ohne darauf zu schielen, was die Gojim sagen werden* – der sachlichen Erforschung und Analyse von Gebieten zugewandt hat, die der jüdischen Geschichtsschreibung unter dem Gesichtspunkt apologetischer Interessen eher widerhaarig erscheinen mußten. Das freilich konnte ich damals noch nicht wissen.

Aber viel größere Ansprüche an meine Freizeit als all dies stellten meine Studien des Hebräischen und der biblischen und nachbiblischen Urquellen, die sich, besonders von *1914* an bis zu meiner Auswanderung hinzogen. Ich hatte großes Glück, *denn in* der Gruppe »Jung Juda« *gab es einige, die aus orthodoxen Familien stammten und wußten, wo man von guten Lehrern lernen konnte. Anfang 1913 erzählte mir Alfred Rabau – der viele Jahre später einer der Vorsitzendes des »Makkabi« wurde –, daß nach Pessach 1913 in einer Religionsschule nicht weit von unserer Wohnung eine Klasse für Fortgeschrittene eröffnet werde, wo man sowohl Mischna als auch Talmud und sogar Raschis Kommentar zum Wochenabschnitt der Tora lernen würde.*

Es klingt unglaublich, wenn ich sage, daß vor dem Ersten Weltkrieg die große und reiche jüdische Gemeinde zu Berlin sich beharrlich weigerte, auch nur in einer der von ihr unterhaltenen Religionsschulen die Einrichtung einer solchen Klasse zu erlauben. Als ein solcher Antrag wieder einmal durchfiel, entschloß sich eine kleine Zahl von Lehrern der traditionellen Richtung, [an der Religionsschule in der Annenstraße, weniger als zehn Minuten von unserer Wohnung entfernt,] eine solche Klasse auch ohne jede Bezahlung von irgendeiner Seite zu eröffnen.

So fanden *einige von uns* [in dem Rabbiner einer kleinen orthodoxen Privatsynagoge in der Dresdenerstraße] einen geradezu idealen Lehrer, dem mindestens ich Unendliches verdanke, *was aber gewiß auch für andere aus unserem Kreis gilt, für Harry Heller und Schlomo Krolik etwa, die im Laufe der Jahre ebenfalls zum Unterricht kamen. Unser Lehrer und Meister war* Dr. Isaak Bleichrode (1867-1954), ein Urenkel des Rabbi Akiba Eger, wahrscheinlich des größten Talmudgelehrten *und der Autorität auf dem Gebiet des Talmud, die* Deutschland *in der ersten Hälfte* des 19. Jahrhunderts hatte. *Dr. Bleichrode* war ein stiller, *gesetzestreuer und wahrhaft gottesfürchtiger* Mann von ungewöhnlich gelassenem und freundlichem Wesen. Merkwürdig an ihm war nach außen nur, daß er nie geheiratet hat, was an einem Rabbiner sehr ungern gesehen wird. Er hatte eine große Jugendliebe, und als er sie, die aus reicher Familie stammte, nicht bekommen konnte, faßte er den Entschluß, ledig zu bleiben. Er war keineswegs das, was man einen großen Gelehrten nennen würde, aber er war, auch in seinen Schranken, die erste wahre Verkörperung eines »Schriftgelehrten«, der ich begegnet bin, und ich habe an ihm, wenn ich mich so ausdrücken darf, erschaut, was das ist. Er war ein wunderbarer Lehrer, der eine Seite Talmud klarmachen konnte, und kam uns, die zum Teil aus ganz unfrommen Familien stammten, mit offenem Herzen und ohne Einschränkungen entgegen. *Er verkörperte durch sein Leben, was jüdische Lebensweise ausmacht, aber* er machte nie irgendeinen Versuch, unsere Lebenshaltung zu beeinflussen, und verließ sich auf das »Licht der Tora«, das er uns entzündete. Gerade wir waren seine besten Schüler, und vielleicht entzündete sich gerade an uns sein pädagogischer Genius. *Mit fünfundsechzig Jahren kam er nach Jerusalem und nahm an meinen Vorlesungen über den Sohar teil. Als meine Schüler sich über den bescheidenen alten Herrn wunderten, konnte ich ihnen sagen: was Mein ist und was Euer – das ist Sein.*

Wenn ich mich frage, ob ich eigentlich je das hatte, was man in meiner Beziehung zum und Erfahrung des Jüdischen ein Erlebnis nennen dürfte, so weiß ich nur eine Antwort. Das war die Erschütterung im Frühjahr 1913, als ich an einem Aprilsonntag bei Bleichrode die erste Seite des Talmud im Original lesen lernte *(»Von wann an liest man das Schema' am Abend?« und Raschis Kommentar dazu)*, und später, am gleichen Tag, die Erklärung Raschis [des größten aller jüdischen Kommentatoren] zu den ersten Versen der Genesis. Es war meine erste traditionelle und direkte Begegnung nicht mit der Bibel, sondern mit jüdischer Substanz in der Tradition. Jedenfalls hat diese Begegnung meine Bewunderung für das Jüdische und meine Hinneigung dazu mehr als jede andere, die ich dann später auf diesem Gebiet gehabt habe, bestimmt. Wir lernten damals jeden Sonntag vormittag fünf bis sechs Stunden, und bald lud mich Bleichrode ein, an einem »Schiur« (Lehrstunde) teilzunehmen, den er zweimal wöchentlich abends zwei Stunden lang in seiner Wohnung für einige Mitglieder seiner Gemeinde veranstaltete und wo wir den ganzen Talmudtraktat »Beza«, wie das Stichwort hieß, »lernten«. Den Talmud studierte man nicht, man »lernte« ihn. So habe ich bei

Bleichrode vier Jahre lang *Kapitel aus dem Traktat »Schabbat« und dem Traktat »Gittin«* gelernt und bekam bald auch noch mehr Gelegenheiten, *bei verschiedenen Rabbinern* an solchen Kursen, in denen ein bestimmter Talmudabschnitt mit Raschis Kommentar und *den Tosafisten* [den dazu gehörigen weiteren Diskussionen der französischen Rabbiner des 12. und 13. Jahrhunderts] gelesen wurde, teilzunehmen.

Es gab damals eine Zeit, *besonders zwischen 1913 und 1915*, in der ich neben der Schule noch fünfzehn Stunden wöchentlich Hebräisch gelernt habe. Ich kann nicht mehr sagen, ob es meine Begeisterung war, die mir diese Anstrengung leicht machte, oder ob es der Inhalt jener unvergeßlichen Stunden war, der meine Begeisterung hervorrief. Es erübrigt sich zu erzählen, daß ich weder damals noch später je auch nur einen Pfennig dafür bezahlt habe. Keiner meiner frommen Lehrer hätte irgendeine Bezahlung dafür angenommen, einen jungen Menschen »lernen« zu lehren.

Gewiß war die Begegnung, die ich in diesen Jahren meiner Jugend mit dem Judentum hatte, und von der ich wohl sagen darf, daß sie meinen Geist und meine Phantasie gleicherweise beflügelte, weit von dem Bild entfernt, das sich nach fünfzig- bis sechzigjähriger Beschäftigung mit so vielen Aspekten dieses Phänomens herausgebildet hat. Was mich damals faszinierte, die Kraft einer jahrtausendealten Tradition, war stark genug, mein Leben zu bestimmen und mich von der lernenden zur forschenden und reflektierenden Vertiefung in sie zu veranlassen. Aus dieser Vertiefung heraus aber verwandelte sich, für mich fast unmerklich, das lebendige Bild dieser Tradition entscheidend *und nahm andere Formen an*, so daß ich Mühe habe, meine ursprüngliche Intuition von ihr zu rekonstruieren. Was ich damals ergreifen zu können glaubte und worüber ich in meiner Jugend manche Hefte vollgeschrieben habe, verwandelte sich in diesem Griff, und aus dem Be-Griff, den ich anstrebte, wurde etwas, was sich, je älter ich wurde, desto nachdrücklicher den Begriffen versagte, weil es ein geheimes Leben freigab, das auf Begriffe zu bringen ich als unvollziehbar erkennen mußte und das nur noch in Symbolen darstellbar erschien. Aber nicht von dieser späteren Seite meiner Bemühungen, von der meine Schriften handeln, kann hier die Rede sein.

Um noch einmal auf meine Beschäftigung mit dem Talmud und verwandter Literatur zurückzukommen, waren es drei Dinge, die mich besonders beeindruckten. Da war einmal die, den Leser zuweilen fassungslos lassende Redlichkeit, mit der hier Überlieferungen aufbewahrt wurden, die eine spätere Redaktion eher zensuriert hätte. *(Wären Leute wie die rabbinischen Häupter unserer Generation die Redaktoren des Babylonischen Talmud gewesen, so hätten sie uns vermutlich einen großen Teil desselben vorenthalten.)* Die völlige Unbefangenheit, mit der hier alle Verhältnisse des Lebens behandelt wurden, faszinierte mich. Dazu trat der Lakonismus, den man mich im Lateinunterricht so zu bewundern gelehrt hatte und den ich in diesen hebräischen und aramäischen Texten der Mischna, des Babylonischen Talmud und der Midraschim noch viel ausgeprägter wiederfand. Die Wortkargheit dieser Rabbinen und ihre unbedingte Treffsicherheit im Ausdruck zog mich mehr an als die der Lateiner. Dazu kam dann dieser sich über so viele Jahrhunderte hinziehende, nicht abbrechende Dialog der Geschlechter, dessen Protokoll der Talmud bildet. Hier herrschte wirklich jenes »dialogische Leben«, das der spätere Buber so nachdrücklich in den Mittelpunkt seiner Philosophie gestellt hat, ohne doch, paradox genug, von diesem echtesten Zeugnis, das sich ihm in der jüdischen Tradition dafür anbot und für das er unbegreiflicherweise blind blieb, Kenntnis zu nehmen. Das Kontinuum der »Lehre«, auf das hier alle Äußerungen der »Weisen« und ihrer Schüler projiziert wurden, war ein letzten Endes nicht eigentlich historisches Medium – dazu lagen ihm zu offenkundig religiöse und metaphysische Voraussetzungen zugrunde, die mich später viel beschäftigen sollten –, hatte aber eine eigene Würde und, wie ich bald zu spüren bekam, Problematik. Ich habe das, wenn ich meine Aufzeichnungen aus jener Zeit nachlese, in den Jahren jugendlicher Rezeption natürlich nicht so scharf aussprechen können, aber es waren doch diese Elemente, die mich veranlaßt haben, die klassischen Dokumente des rabbinischen Judentums mit Ehrfurcht zu lesen.

So traten in diesen Jahren neben die ausgebreitete Lektüre deutscher Literatur, wo mich Jean Paul, Lichtenberg, Mörike, Paul Scheerbart und George besonders anzogen, in immer steigendem Anspruch Bibel, Talmud und Midrasch, Texte, an denen mich die normativen Aspekte nicht weniger tief als ihre imaginativen ansprachen. Die vielen Stunden, in denen ich mit den Diskussionen der Halachisten und der Apophthegmata der Aggadisten bekannt wurde, haben mich gründlich beeinflußt, obwohl ich mich bei naher Bekanntschaft mit der orthodoxen Lebensform nach starkem Schwanken, das Jahre gedauert hat, zu ihr *als Maßstab meiner Lebensführung* nicht entschließen konnte. *Ich will um der Wahrheit willen gestehen, daß die genaue Lektüre zahlreicher Kapitel des »Kizzur Schulchan Aruch« von Salomon Ganzfried**, *der mir als Wegweiser empfohlen worden war, viel dazu beigetragen hat.* Jedenfalls bekam die Vokabel von den Schriftgelehrten, die in der nichtjüdischen Literatur einen leicht höhnischen Beiklang hatte, für mich in den eindrucksfähigsten Jahren einen sehr positiven Sinn. Auf der Suche nach der meinem Gesellschaftskreis verlorengegangenen Tradition, die mich mit großer Magie anzog, erschienen mir die Schriften *dieser ersten Toragelehrten* unendlich reich und lebendig und hielten in meinem Bewußtsein den Vergleich mit der so ganz anderen Welt jener deutschen Autoren, freilich auf sehr verschiedenen Ebenen, aus.

In diesen Jahren des Schwankens schloß ich mich Ende 1913, mit noch einigen anderen aus der »Jung Juda«, einer neu gegründeten *Berliner* Jugendgruppe der »Agudath Israel« an, in deren Vorstand ich sogar, ich weiß nicht mehr durch welches Manöver *meiner zionistischen Freunde*, hineingewählt wurde. Die Aguda war eine 1911 gegründete Konkurrenzorganisation der Orthodoxie zum Zionismus, die aber damals noch nicht die später eingeschlagene streng klerikale und antizionistische Richtung genommen hatte. *Ihre Gründer waren Vertreter der Orthodoxie, die zum größten Teil aus Mitteleuropa kamen – in Polen breitete sich die Organisation vor allem in den Jahren des Ersten Weltkriegs aus.* Ihr Programmsatz »Lösung der jüdischen Gesamtheitsaufgaben im Geiste der Tora« war eine *(sprachlich gemäßigte)* orthodoxe Imitation des 1897 formulierten »Basler Programms« des Zionismus, das die »Errichtung einer öffentlich-rechtlich gesicherten Heimstätte in Palästina« als Ziel definiert hatte. Mir gefiel

* Stark gekürzte Bearbeitung des »Schulchan Aruch« aus dem 19. Jahrhundert. (A. d. Ü.)

auch die neue Formulierung der Aguda, da der »Geist der Tora« mir durchaus sympathisch war. Diese Formulierung war aber ein Stück orthodoxer Diplomatie, denn sie meinte gar nicht den »Geist der Tora«, sondern viel präziser den Buchstaben des »Schulchan Aruch«. Das konnte in meinem Fall nicht lange gutgehen. *Es gab aber einstweilen guten und konkreten Grund, sich* dieser Gruppe *anzuschließen, da* sie ein reges Programm intensiver Kurse zum Studium hebräischer Quellen aufstellte *und ich dies verlockend fand.* Man konnte sich dort mindestens fünf Tage der Woche zwischen 3 und 9 an einer ganzen Reihe solcher Kurse beteiligen, die von Studenten und Rabbinatskandidaten *des (von Esriel Hildesheimer gegründeten) Rabbiner-Seminars*, zum Teil ausgezeichnet, gegeben wurden. Einer von ihnen, *der* Jurist *Arthur Rau, der dann einer der Direktoren der israelischen Nationalbank wurde,* lernte mit uns *den* kurzen Talmudtraktat *»Chagiga«* auf hebräisch *(aber natürlich in aschkenasischer Aussprache). Soweit ich mich erinnere, war für mich damals gerade das Attribut der Behendigkeit bestimmend.*

Der Zionismus, obwohl er als gefährlich empfunden wurde, war doch geduldet. Unser Vorsitzender *war* Leo Deutschländer, *ein absolut vernünftiger Mann, der kurz vor dem Rabbinatsexamen stand – mit einem Wortspiel bezeichnete man einen solchen Rabbinatskandidaten damals als »Erev Rav«** – *und* mir erklärte, der Zionismus sei wie die Asche der Roten Kuh [die nach dem 4. Buch Mosis einen wesentlichen Teil des Rituals zur Reinigung von durch Berührung von Leichen Verunreinigten zur Zeit des Tempels bildete]. Denn wie diese bringe der Zionismus zwar zustande, die Unreinen zu reinigen, zugleich aber die Reinen, die sich damit befassen, zu verunreinigen! Das hieß: wir »Assimilanten« würden dadurch auf den Weg der Tora gebracht werden, die Frommen aber eher in Gefahr geraten, durch den dort herrschenden modernen Geist davon abzufallen. In der Tat hat die Aguda die ganze Jugendgeneration, mit der ich dort zusammentraf, an den Zionismus verloren. *In den zwanziger Jahren begegnete ich einigen meiner Freunde aus der Aguda in den Reihen des Zionis-*

* Aus Ex. 12, 38: »ein großes Gemeng«, zugleich spielerische Verbindung des Wortes »Erev« (Vorabend) mit »Rav« (Rabbiner), analog etwa zu »Erev Schabbat« (Vorabend des Sabbat). (A. d. Ü.)

mus, und darunter waren außer Deutschländer alle Mitglieder des ehemaligen Vorstandes. Deutschländer selber, ein ungewöhnlich fähiger und außerordentlich gebildeter Mann, hat nach dem Ersten Weltkrieg das Mädchenschulwesen *»Beth Ja'akov« der Aguda in Polen* aufgebaut. *Noch heute besitze ich ein Bulletin der Aguda vom April 1914, das von den Vorstandsmitgliedern, darunter auch mir, unterzeichnet ist, und einer der Unterzeichnenden, mein Freund Dr. Aharon Wiener, sitzt in Jerusalem nur drei Minuten von mir entfernt als Mitglied des Misrachi.*

Ich blieb nur etwas über ein halbes Jahr in der Aguda, was aber genügte, um mich in dieser Zeit zum erstenmal in ein Mädchen zu verlieben. Sie war die Tochter eines frommen Schneiders aus Kalisch, also russische Bürgerin. Ein sehr schönes Mädchen, verband sie auf eine mir damals noch nicht verständliche Weise Koketterie mit Frömmigkeit. Ich ging ihretwegen am Sabbat sogar zum Nachmittagsgebet in die Alte Synagoge, wo sie fast allein im Glanze ihrer Locken in der ersten Reihe der Frauengalerie sich im Gebet wiegte; denn nachher gingen wir spazieren. Ich schrieb ihre Schulaufsätze, aber als ich ihr ein Jahr später im Treptower Park einen Kuß geben wollte, zierte sie sich unerträglich. So kamen wir auseinander. 25 Jahre später sah ich sie unter meiner Hörerschaft, als ich einen hebräischen Vortrag in Tel-Aviv hielt. Nachher kam sie heran und sagte: Ich bin Jetka. Sie war inzwischen eine begehrte englische Rednerin und ein Stern der zionistischen Frauenorganisation geworden. *Sie hatte kein glückliches Leben. Ich habe sie noch einmal auf der Straße in Tel-Aviv gesehen, bevor sie wenige Monate später an Krebs starb.*

Ich habe von den jüdischen Antiquaren erzählt, bei denen ich nicht selten saß, aber nicht viel weniger wühlte ich oft in den Schätzen eines kleinen Antiquariats in der Prinzenstraße, zwei Minuten von Dr. Bleichrodes Wohnung entfernt. Dort erstand ich für ein Spottgeld Schriften von Jean Paul, Theodor Hippel und Johann Georg Hamann. Andere Jagdgründe meiner schier unersättlichen Lern- und Lesegier waren *in den folgenden Jahren* die Bücherwagen neben der Universität, wo man bis in die ersten *Jahre nach dem Ersten Weltkrieg* noch die ausgefallensten und merkwürdigsten Hefte oder auch Wälzer für ein Nichts kaufen konnte. So erwarb ich dort für sage und schreibe fünfzig Pfennig

Lichtenbergs pseudonym erschienene Satire auf Lavaters Bekehrungsversuch an Moses Mendelssohn »Timorus, Vertheidigung zweyer Israeliten, die durch die Kräftigkeit der Lavaterischen Beweisgründe und der Göttingischen Mettwürste bewogen, den wahren Glauben angenommen haben« (1773), das noch jetzt bei mir steht und von dem zu meinem nicht geringen Wohlgefallen *vor wenigen Jahren* ein Exemplar für fünfzehnhundert DM angeboten wurde.

Wie begeistert war ich, als ich damals in einer frühen Edition Lichtenbergs las: »Unter allen Übersetzungen meiner Werke, die man unternehmen wollte, erbitte ich mir ausdrücklich die hebräische!« Und wie traf mich die kalte Dusche, als ich Jahre später in der kritischen Leitzmannschen Ausgabe dieser »Sudelhefte« fand, daß meine Begeisterung auf einem Druckfehler beruhte und es vielmehr heißen mußte: »... verbitte ich mir ...«, und dabei hatte die falsche Lesart so viel besser zu dem Tenor seiner Schriften gepaßt, wie er mir damals klang. Die bösen Akzente seiner späten, ziemlich judenfeindlichen Äußerungen kamen mir erst später zum Bewußtsein.

Auf der geschichtlichen Ebene war der Erste Weltkrieg natürlich das wichtigste Ereignis meiner Jugend. Es ist heute schwer vorzustellen, wie tief jedermann, auch wenn er diesen Ereignissen ganz negativ gegenüberstand, davon betroffen wurde. Um mich herum schlugen die Wellen der Kriegsbegeisterung hoch, *auch in unserem Haus.* Nur mit meinem Bruder Werner, mit dem ich viele Briefe wechselte und der gegen Ende 1914 mit dem Notabiturium aus Hannover zurückkam, um in Berlin seine Einberufung zum Militär abzuwarten, fand ich mich in gemeinsamer Opposition zu allem, was da vorging. *Mein Bruder, der damals neunzehn war,* gehörte von vornherein zu der Minderheit der sozialdemokratischen Partei, die dann in Liebknecht, Rosa Luxemburg, Ledebour und Haase ihre Symbolfiguren fand. Von meinem Bruder erfuhr ich, daß in einem Restaurant in der Hasenheide in Neukölln alle vierzehn Tage eine illegale Versammlung dieser Minderheit stattfand, bei der einer aus ihrer Führungsgruppe einen Vortrag hielt und die Vorgänge im sozialistischen Lager der beiden Kriegsparteien beleuchtete. *Das sozialistische Lager war damals in Befürworter und Gegner des Krieges gespalten, und es gab gewaltige*

Spannungen. Ich schloß mich ihm auf diesen Besuchen an, auf denen auch illegale Broschüren über die Kriegsschuld und dergleichen verteilt wurden, und beteiligte mich im April 1915 auch aktiv an deren Verbreitung, zuletzt an der des einzigen erschienenen, sofort verbotenen Heftes der Zeitschrift »Die Internationale«. Erst als mein Bruder eingezogen wurde, hörte ich mit den Besuchen in der Hasenheide auf.

Freilich machten *jetzt* die marxistischen Lehren, die *mein Bruder* mir nun freundschaftlich ohne Gewaltgebrauch anpries, weit weniger Eindruck auf mich als die Schriften der Anarchisten, von denen ich damals, wohl unter dem Eindruck der Ereignisse, nicht wenige las, soweit sie in der Stadtbibliothek von Berlin vorhanden waren. Da gab es zuerst ein auffällig ruhig und nüchtern geschriebenes Buch eines Professors Paul Eltzbacher über den Anarchismus in seinen verschiedenen Richtungen und die erste kurze Biographie Bakunins von Nettlau, von denen ich zur Lektüre von Peter Kropotkin und Gustav Landauer, aber auch von Proudhon und Elisée Réclus überging. Ihr Sozialismus hatte mir mehr zu sagen als der angeblich wissenschaftliche *Sozialismus von Marx*, dessen Überzeugungskraft bei mir versagte. Gustav Landauers »Aufruf zum Sozialismus« machte nicht nur auf mich, sondern auf eine nicht geringe Zahl junger Zionisten starken Eindruck, wie auch die persönliche Erscheinung Landauers, der damals öfters in zionistischen Kreisen Vorträge hielt und den ich Ende 1915 und im folgenden Jahr auch mehrfach gesprochen habe. Ich hatte damals schon versucht, die drei starken Bände von Fritz Mauthners »Beiträge zu einer Kritik der Sprache« zu verstehen, auf die mich ein älterer Mitschüler hingewiesen hatte, und Landauer, der ein großer Verehrer und auch Mitarbeiter Mauthners war (obwohl er sich über dessen Haltung im Krieg sehr scharf ablehnend äußerte), regte mich an, seine eigenen Betrachtungen und Schlußfolgerungen aus Mauthners Theorien zu lesen, die er in seinem Buch »Skepsis und Mystik« niedergelegt hatte. Durch Landauer geriet ich auch in persönliche Verbindung mit dem Pelzgroßhändler Bernhard Mayer, dessen Büros direkt gegenüber unserer Druckerei in der Beuthstraße lagen. Mayer, ein sehr erfolgreicher Kaufmann, der später noch viele Jahre in der Schweiz lebte und eine große Rolle als Mäzen von Künstlern, Schriftstellern und verfolgten Politikern spielte, war schon lange ein überzeugter Anarchist und Schüler Kropotkins. In Berlin hielt er sich, der *lange in Brüssel gelebt hatte und es* nur des Kriegsausbruches wegen verlassen hatte, nur etwa zwei Jahre auf, in denen er mir weitere anarchistische Literatur in die Hände drückte. Landauer und er waren sehr bewußte und stolze Juden und diskutierten gern mit Zionisten, besonders wenn sie dem Krieg und allem, was damit zusammenhing, ablehnend gegenüberstanden. Mayer wurde in seinen späteren Jahren, ohne seine Überzeugung aufzugeben, geradezu ein Patron des Zionismus. Die gesellschaftlichen und moralischen Vorstellungen von Anarchisten wie Tolstoi und Landauer haben in einflußreichen Gruppen, die aus Rußland und deutschsprachigen Ländern kamen, beim Aufbau des neuen Lebens im Lande Israel eine nicht zu unterschätzende Bedeutung gehabt. Meine eigene Entwicklung bewegte sich in den Jahren, von denen hier die Rede ist, stark in dieser Richtung, obwohl mir die Realisierungsmöglichkeit einer anarchistischen Gesellschaft immer zweifelhafter wurde. Die Annahmen über die Natur des Menschen, auf denen alle anarchistischen Lehren beruhen, waren – ich würde sagen, leider – allzu großen philosophischen Zweifeln ausgesetzt.

In diesem Zusammenhang ist auch zu sagen, daß ich mich dem Zionismus nicht zuwandte, weil mir die Errichtung eines jüdischen Staates (die ich in Diskussionen verteidigte) als Hauptziel der Bewegung dringlich und durchaus einleuchtend war. Diese Seite der Sache hat für mich wie für viele andere bis zur Vernichtung der Juden durch Hitler nur eine sekundäre oder auch gar keine Rolle gespielt. Der rein politische und völkerrechtliche Aspekt der Bewegung war für so viele, die sich ihr anschlossen, nicht ausschlaggebend. Sehr einflußreich waren dagegen Tendenzen, die die Besinnung der Juden auf sich selbst, auf ihre Geschichte und eine mögliche Wiedergeburt geistiger und kultureller, aber auch gesellschaftlicher Natur gerichtet waren. Wenn irgendeine Aussicht auf eine wesentliche Erneuerung bestand, in der das Judentum das ihm innewohnende Potential voll realisieren würde, so glaubten wir, könne das nur dort geschehen, wo der Jude sich selbst, seinem Volk und seinen Wurzeln begegnen würde. Die Haltung zur religiösen Überlieferung spielte herein, vielleicht fast noch mehr als bei jenen anderen Tendenzen, und zwar in einer ausgesprochen dialektischen Funktion. Denn von vornherein erzeugte der Widerstreit zwischen dem Streben nach Fortsetzung, Wiederbelebung der traditionellen Gestalt des Judentums und dem bewußten Aufstand gegen eben diese Tradition, freilich innerhalb des jüdischen Volkstums und nicht durch Entfremdung und Abkehr von ihm eine dem Zionismus zentrale, unentrinnbare Dialektik. Losungen wie »Erneuerung des Judentums« oder »Wiederbelebung der Herzen« verdeckten diese Dialektik nur verbal, die bei jedem Versuch, sie im konkreten Vollzug des Aufbaus einer neuen jüdischen Gemeinschaft mit Inhalt zu erfüllen, aufbrechen mußte und in der Tat die innere Geschichte der zionistischen Bewegung seit meiner Jugend bis zu diesen Tagen weitgehend bestimmt hat, *ja noch immer mächtig ist.*

Der wichtigste Sprecher eines kulturellen und gesellschaftlich, nicht vordergründig politisch bestimmten Zionismus war in diesen Jahren der hebräische Essayist Ascher Ginsberg in Rußland, der unter dem Pseudonym »Achad Ha'am« (»Einer aus dem Volke«) sehr berühmt geworden ist. Seine Essays wurden gerade damals zum Teil auch ins Deutsche übersetzt, und schon ihr Titel »Am Scheidewege« zielte auf die eben angedeutete Dialektik. Kontinuität oder radikaler Neubeginn – jeder Versuch der Vermittlung mußte fragwürdig bleiben. Unter den deutschsprachigen Zionisten war der einflußreichste Verfechter eines radikalen Neubeginns zweifellos Martin Buber, der dem Achad Ha'amismus in seinen »Reden über das Judentum« eine stark religiös-romantische Richtung gab, in der die im Formalen erstarrte ›Religion‹ der schöpferischen, in Wahrheit zentralen ›Religiosität‹ gegenübergestellt wurde. Buber hat diese, in Deutschland damals überhaupt recht beliebte Antithese später aufgegeben und neue Wege begangen, die aber zu einem Verständnis des starken Echos, das er mit jenen Reden in der zionistischen Jugend weckte, nichts beitragen können. Er fand nicht wenige Jünger, die seine Losung von einem »Urjudentum«, das es aus der Erstarrung des Rabbinismus wieder herauszuholen gelte, aufnahmen. Manche Veröffentlichungen in diesem Geiste, vor allem das 1913 erschienene, von Buber inspirierte Sammelbuch »Vom Judentum« erregten heftige Kontroversen.

Ich war nicht reif genug, um die Fronten und die unter so vielen Formeln versteckten Alternativen deutlich zu erkennen und habe etwa zwei Jahre gebraucht, um all diese Eindrücke aufzunehmen, und es brodelte da vieles in mir durcheinander. Bestimmend blieb aber der Wunsch, die Quellen der jüdischen Tradition mir vertraut zu machen. Buber imponierte mir sehr, aber schließlich definierte ich mich als Anhänger Achad Ha'ams, obwohl mir seine von Herbert Spencer übernommene agnostische Philosophie ganz gleichgültig blieb. Es war sein großer moralischer Ernst, der mich überzeugte.

Ich habe erzählt, wie ich der Aguda beigetreten und wie ich sie wieder verlassen habe. Doch immerhin *kann man sagen*, daß die Aguda eine stärkere Anziehungskraft auf mich ausgeübt hatte als die zionistischen Studentenverbände, die in *den Mitgliedern der »Jung Juda«* ihren natürlichen Nachwuchs sahen. Es gab damals noch zwei solcher Gruppen, die sich erst Anfang 1914 endgültig vereinigten. Beide luden uns im Herbst 1913 und im Frühjahr 1914 zu ihren Antrittskommersen ein. Auf mich machte, was ich da an studentischem »Comment« zu sehen und hören bekam, als Exempel gerade jener Assimilation, mit der ich nichts zu tun haben wollte, – *und dann auch noch als zionistisches Ereignis* –, einen so empörenden Eindruck, daß ich, mit noch drei oder vier von uns, den Entschluß faßte, mit derartigen Organisationen auf gar keinen Fall je etwas zu tun zu haben. Diesen Entschluß habe ich auch durchgeführt und galt seitdem bei den von mir mit so schmählicher Verachtung Bedachten als verstiegener Sektierer und asozialer Typ.

Ähnlich verlief auch der Versuch, mich für den jüdischen Wanderbund »Blau-Weiß« zu gewinnen, dem sich ein Teil meiner Jugendfreunde anschloß. Das war eine zionistische Version des »Wandervogels«, die deutsche Romantik mit neujüdischer verband. Ich lief zwar gern durch die schöne Umgebung von Berlin, tat das aber am liebsten allein oder zusammen mit Erich Brauer, einem Freund aus der »Jung Juda«, einem Graphiker, der später Ethnologe wurde und ein grundlegendes Werk über die Ethnologie der jemenitischen Juden geschrieben hat. In Rudeln und unter Absingung der Lieder des Zupfgeigenhansels oder des jungjüdischen Liederbuches, das auch einige zionistische, ja sogar hebräische und jiddische Lieder enthielt, *darunter »Ha-Tikwa«, »Techesaqna« (»Kraft, stärke die Hand unserer Brüder«), »Se'u Ziona*

Nes wa-Degel« (»*Traget gen Zion Fahne und Banner*«) *u. ä.*, durch die Landschaft zu ziehen – danach stand mein Sinn nun gar nicht. Nach zwei, wie man das nannte, Probefahrten kam ich nicht wieder. *Das war 1915*. Meine zwischen 1915 und *1918* geschriebenen frühesten Aufsätze spiegelten meine Ablehnung der Kriegsstimmung und meine Polemik gegen das, was sich damals jüdische Jugendbewegung nannte, wider.* Meine Forderung, die jungen Juden sollten vor allem einmal Hebräisch lernen, war zwar ideologisch einwandfrei, verlangte aber mehr Opfer und Anstrengung als jene Zeremonien und Landschaftserlebnisse der Studenten und Wanderer. *Mein Eifer und meine scharfe Zunge riefen zornige Reaktionen hervor*. In den Antworten an mich hieß es, ich sei wohl willensstark, aber total unkünstlerisch und ein rein intellektueller Typ, *und nicht jeder Kopf halte das aus*. Nun ja; da war nichts weiter zu sagen.

* *Mein Artikel »Die jüdische Jugendbewegung« erschien in der von Buber herausgegebenen Zeitschrift »Der Jude« Anfang 1917. Die Hauptpunkte des Artikels hat (in der hebräischen Übersetzung von Adi Nachmani) S. H. Bergmann mit einigen Erläuterungen zum Hintergrund in »Schdemoth« 50, Winter 1973, S. 107-110 veröffentlicht.*

Student in Berlin
(1915-1916)

Die »Jung Juda« stand wie ich überwiegend im kriegsfeindlichen Lager. *In den ersten Monaten wurde stürmisch über den Krieg diskutiert, und zwischen den Befürwortern des Krieges (einige meldeten sich sogar freiwillig zum Militär) und den Kriegsgegnern gingen harte Worte hin und her. Die Kriegsbegeisterten – heute kann man sich kaum vorzustellen, wie groß die Begeisterung sogar in zionistischen Kreisen war – beschuldigten uns der Feigheit, Drückebergerei und mangelnden Loyalität, was wir ihnen mit gleicher Münze zurückzahlten. Zur Partei der Kriegsbegeisterten gehörte damals auch Martin Buber, der auf einer Chanukka-Veranstaltung der Zionisten in Deutschland eine Rede hielt, in der er den Krieg der Makkabäer mit dem Krieg verglich, den die Deutschen damals führten. Das bewirkte bei mir innerlich den ersten Riß zwischen mir und ihm.*

Meine nicht verborgen gebliebene kriegsfeindliche Gesinnung und Betätigung führte bald zu einer Krise. *Anfang Februar* 1915 erschien in der »Jüdischen Rundschau«, *dem Organ der Zionistischen Organisation in Deutschland,* ein in vollster Bubertät – wie die Ergüsse und Buber-Imitationen seiner Jünger damals hießen – prangender Aufsatz »Wir und der Krieg«, der in dem Satz gipfelte: »So kam es, daß wir in den Krieg zogen, nicht obwohl wir Juden, sondern weil wir Zionisten waren.« Das brachte mich aus dem Häuschen. Ich verfaßte einen Brief an die Redaktion, in dem ich aufs heftigste gegen dieses Elaborat protestierte und verlangte, daß, solange unter den herrschenden Zensurbedingungen eine völlig verschiedene Meinung nicht öffentlich vertreten werden könne, auch keine den Krieg verherrlichenden Aufsätze in einer zionistischen Zeitschrift erscheinen dürften, und legte meine und meiner Gesinnungsgenossen Stellung zu diesem Kriege dar. (Ich habe den Text des Briefes noch in meinem Tagebuch, das ich intermittierend während *der Kriegsjahre* führte, aufbewahrt.)

Fünfzehn aus unserer Gruppe unterschrieben diesen Protest, *der beim Vorstand der Zionistischen Organisation in Deutschland großes Entsetzen hervorrief, da man befürchtete, daß unser Auf-*

tritt die zionistische Bewegung in große Schwierigkeiten bringen könnte. Der Vorsitzende der Organisation, Dr. Arthur Hantke – einer der fünf Mitglieder der zionistischen Exekutive, der innerlich dachte wie wir – lud zwei der Unterzeichnenden zu sich und bat uns eindringlich, mit allen Schritten vorsichtig zu sein, damit wir weder uns selbst noch die Organisation ins Unglück stürzten.

Unbesonnenerweise hatte ich, weil mein Freund und Mitschüler Edgar Blum unterschreiben wollte, *den Brief* in meiner *Schulmappe. Nun hatten meine Ansichten über den Krieg, die ich auf alle mögliche Weise, wenn auch nicht direkt, zum Ausdruck brachte, schon seit einiger Zeit Verdacht erregt, und einer meiner Mitschüler spionierte mir nach.* In einer Pause, *in der* ich auf dem Schulhof spazierenging, *durchwühlte er meine Mappe und* las diesen Brief. *Er* hatte freilich nicht die Zeit, ihn abzuschreiben, aber genug Grund, mich *wegen subversiver Propaganda an der Schule* zu denunzieren. Das führte zu einer Schuluntersuchung gegen mich *und brachte aufregende Wochen, aber* der Direktor, ein Mann von *geradlinigem und* vornehmem Charakter setzte sich *ebenso wie mein Mathematiklehrer und mein Französischlehrer* gegen eine direkte Relegation *mit entsprechender Urkunde* ein. *Sie erreichten, daß ich,* ein Jahr vor dem Abiturium, *ein normales Abgangszeugnis erhielt, in dem lediglich stand, daß ich das Gymnasium verlassen würde, um mich »privat fortzubilden«.* Jedenfalls ließ mir dieses relativ liberale Verhalten die Möglichkeit, diese Prüfung als Externer vor einer Kommission zu machen. *Schon* im Oktober 1915 meldete ich mich dazu beim Provinzialschulkollegium und wurde ans Königstädtische Realgymnasium überwiesen. Als die *Tage der schriftlichen* Prüfungen vorüber waren und ich im Korridor vor dem Lehrerzimmer auf das Resultat der mündlichen Prüfung wartete, kam der Deutschlehrer heraus und sagte: »Wir haben ein Problem mit Ihnen. Sie sind doch offenbar ein begabter Mensch und haben alles sehr glatt bestanden« – ich hatte meinen Aufsatz bei ihm über das Thema schreiben müssen: ›Keine Eiche fällt beim ersten Streiche‹! – »Warum aber haben Sie eigentlich vor der Oberprima Ihre Schule verlassen, um sich, wie es auf dem Abgangszeugnis heißt, ›privat fortzubilden‹?« Ich war verlegen und druckste herum, da ich ja, ohne meine Chancen zu ruinieren, nicht gut sagen konnte, daß ich wegen Bekundung unpatriotischer Gesinnung hatte gehen müssen.

So schaute ich sehr verlegen vor mich hin. »Ach, ich verstehe«, sagte der Lehrer und klopfte mir wohlwollend auf die Schulter, »eine Mädchengeschichte«, und ging befriedigt ins Konferenzzimmer zurück. Ein Mädchen verführt zu haben war nur eine Art Kavaliervergehen, und so kam ich zu meinem Abiturium.

Mein Vater war begreiflicherweise über meinen Herauswurf und dessen Gründe sehr aufgeregt. Er hätte nun genug von mir und würde mich nach Stettin oder Greifswald zu einem »Heringsbändiger« (berlinisch für Lebensmittelgeschäft) in die Lehre schicken. Mein Onkel Theobald und meine Tante Käthe Schiepan-Hirsch verwandten sich für mich, und einer ihrer Freunde, der von dem großen Krach hörte, erinnerte sich, *daß er einmal von der* Existenz eines *interessanten* Paragraphen im Statut der Berliner Universität *gehört hatte; er ging hin, prüfte die Sache und* enthüllte ihr *das »Geheimnis«* der sogenannten Kleinen Matrikel. *Meine Tante ging daraufhin zu meinem Vater und erklärte ihm, daß Böses Gutes hervorgebracht habe und ich nicht nur unbeschadet davonkommen würde, sondern im Gegenteil ein Jahr gewonnen hätte. Es handelte sich um* eine Bestimmung, wonach jemand, der Primareife nachweisen konnte, zur ordentlichen Immatrikulation als Student für vier, eventuell sogar für sechs Semester zugelassen wurde, freilich nur in der philosophischen oder landwirtschaftlichen Fakultät. Er hatte alle Rechte, nur durfte er in keine Examina gehen. *Bestand er aber inzwischen das Abiturium, konnten diese Jahre sogar auf die Studienzeit angerechnet werden. Natürlich hatten die preußischen Behörden nicht an mich gedacht, als sie diese Vergünstigung hundert Jahre vor meiner Zeit einführten, sondern an* die Söhne der preußischen Junker, die das väterliche Gut zu übernehmen hatten und mit geistigen Gütern vielleicht nicht ebenso reich ausgestattet sein würden. Als ordentliche Hörer in den erwähnten Fakultäten konnten sie einiges für ihre allgemeine *Bildung (in Geschichte, Philosophie und politischer Ökonomie)* oder *für ihre* berufliche Bildung tun, vor allem aber – und das war offenkundig der Sinn der Sache – gleichberechtigt in ein Studentenkorps eintreten und dort gesellschaftlichen Schliff und Beziehungen erhalten. Den Behörden war *natürlich* nichts daran gelegen, einem *Paragraphen* weite Publizität zu verschaffen, *der zwar in einem Rechtsstaat allgemein formuliert war, doch nur eine kleine Schicht privilegieren sollte.*

Es war zwar im Universitätsstatut definiert, wer aber las schon solche Statuten? Wäre die Existenz der Kleinen Matrikel gebührend bekannt geworden, hätte wohl – *besonders in Berlin* – eine beträchtliche Anzahl begabter junger Juden mit sechzehn Jahren und der Primareife die Schule verlassen, die Universitäten gestürmt und den Lernstoff der letzten zwei Schuljahre zum Abiturium sich spielend in sechs bis neun Monaten angeeignet, *was ihnen einen großen Vorsprung gegenüber den anderen Studenten verschafft hätte. In Wirklichkeit* habe ich nie einen anderen Juden getroffen, der von diesem Statut gewußt oder gar Gebrauch gemacht hätte.

Unter meinen nichtjüdischen Mitschülern habe ich, vor allem in den letzten zwei oder drei Jahren, nur drei Beziehungen gehabt, die man im Grunde Freundschaften nennen könnte. Von antisemitischen Rüpeleien habe ich in den Schuljahren viel weniger gelitten als unter den Hänseleien meiner weitabstehenden Ohren wegen, eines Erbes, das fast allen Scholems seit drei oder vier Generationen gemeinsam war. Mein Vater hatte daraus wenigstens insofern einen Vorteil gezogen, indem er durch langes Training es fertig gebracht hatte, mit den Ohren zu wackeln, *ein Kunststück, das den Leuten gefiel, mir aber* leider nie gelungen ist. Mit zwei der erwähnten Mitschüler verband mich die Neigung zum Schachspiel und eine undefinierbare menschliche Sympathie. Sie teilten meine Stellung zum Kriege nicht, verhielten sich aber kameradschaftlich, und ich verlor sie erst aus den Augen, als sie eingezogen wurden. Der eine, Rudolf Ziegler, schrieb mir fünfzig Jahre später über den Verlag einen Brief, ob ich vielleicht der Scholem sei, von dem er in Berlin die Aufsatzsammlung »Judaica« gekauft habe, was ihn an seinen schon in der Schule so für alles Jüdische begeisterten Schulfreund erinnert habe. *Er erzählte mir von seinem Leben in der Nazizeit, und* ich hätte ihn gern wiedergesehen, aber bevor ich das nächste Mal nach Berlin kam, starb er. Von dem zweiten, Rudolf Korte, der Chemiker wurde, erzählten mir meine älteren Brüder, die mit ihm geschäftlich zu tun hatten, er habe sich *bis zu ihrer Emigration aus Deutschland* außerordentlich anständig benommen. Am nächsten stand mir aber Erwin Briese, der Sohn eines kleinen Zahntechnikers nicht weit von uns am Märkischen Park, dessen Eltern sich das Schulgeld für ihren Sohn buchstäblich abhungerten. Briese, ein sehr breit gebauter und hochgewachsener junger Mann von rauhen Sitten, aber weichem Wesen, schloß sich mir besonders an. Er war vielseitig interessiert und der einzige in diesem Kreis, der meine Stellung zum Weltkrieg teilte. Während des Schulverfahrens gegen mich, *als ich den Unterricht schon nicht mehr besuchte*, kam er täglich zu mir, um sich über alles auszusprechen und mir auch Ratschläge zu geben. Er sagte oft, er sei nicht stark genug von Charakter, um sich dem Militärdienst zu entziehen, obwohl er völlig sicher sei, daß er fallen würde. Er hat recht behalten.

In den letzten Jahren vor meinem Abgang von der Schule hatte ich eine starke Neigung und gewisse Begabung für Mathematik entwickelt. *Mein Freund Edgar Blum war weitaus begabter als ich und wäre, wenn er nicht im Krieg gefallen wäre, sicher ein großer Mathematiker geworden. Jedenfalls richtete sich unser verehrter Lehrer Franz Goldscheider mit seinen Belehrungen im Grunde an uns beide und wandte an den Rest der Klasse nicht ein Sechstel der pädagogischen und fachlichen Anstrengungen, die er uns widmete. Außerdem riet er uns zu Büchern, die wir lesen sollten, um besser voranzukommen. Er war es, der mich darin bestärkte, Mathematik an der Universität als Hauptfach zu wählen,* während er Philosophie, mein erstes Nebenfach, verachtete und schon in seinen Unterrichtsstunden keine Gelegenheit vorübergehen ließ, höhnische Bemerkungen über die Einbildungen der Philosophen anzubringen, *besonders über Hegel.* Er machte mir gegenüber niemals eine Anspielung auf die Vorgänge, die zu meiner Entfernung aus der Schule geführt hatten, gab mir aber regelmäßig den Stoff und die spezifischen Aufgaben bekannt, die ich für die Oberprima und das Schlußexamen aufzuarbeiten haben würde – *und dies zu einer Zeit, da meine Kenntnisse schon weit über das schulische Niveau hinausgingen.* Auch meine jüdischen Interessen überging er schweigend, obwohl ich sie – ich wußte, daß er ein getaufter Jude war – manchmal gleichsam beiläufig erwähnte.

An diesem Studium habe ich mehr als vier Jahre festgehalten und es auch, zwar nicht mit dem Doktorat, aber mit dem Staatsexamen abgeschlossen. An einigen meiner Lehrer, vor allem Frobenius, Knopp und Hermann Amandus Schwarz, einem der Hauptschüler von Weierstraß, lernte ich *in den ersten fünf Semestern, die ich in Berlin verbrachte,* was mathematische Eleganz bedeutet. Ich pflegte ihre Vorlesungen zu Hause schriftlich genau auszuarbeiten. *Die meisten habe ich aufbewahrt, und* die vierstündige Vorlesung von Frobenius zur Einführung in die höhere Algebra, könnte ich, wie sie vor mir liegt, noch heute vortragen. Unvergeßlich ist mir die erste Vorlesung bei Schwarz, der gleichsam in Fortsetzung meines Lehrers Goldscheider den Kursus nicht etwa mit einer Definition der Mathematik begann, sondern mit folgendem Satz: »Philosophie ist der systematische Mißbrauch einer zu diesem Zweck eigens erfundenen Terminologie.« Ich habe erst viel später herausbekommen, daß dieser großartige Satz, der viel zu schön war, um wahr zu sein, nicht von ihm stammte, sondern schon etwa 25 Jahre älter war. Daß die Mathematik bei solcher Definition besser wegkam, liegt auf der Hand. Ich kam freilich bald dahinter, daß es keineswegs an Philosophien der Mathematik der gegensätzlichsten Tendenzen fehlte, sowohl von großen Mathematikern und kleinen Philosophen als auch von großen Philosophen und kleinen Mathematikern. *Zeitgenössische* Autoren, die in beidem gleich groß waren, sind mir jedenfalls nicht untergekommen. Bertrand Russell blieb ein Grenzfall.

Trotz meines großen Interesses für Mathematik blieb mir nicht verborgen, daß meine Stärke nicht in mathematisch-produktiver Arbeit liegen würde. Das wurde mir überwältigend klar, als ich in meinem fünften Semester im *Frühjahr* 1917 an einem Seminar über Algebra bei den gerade neu berufenen Professoren Erhard Schmidt und Issai Schur, bedeutenden Mathematikern, teilnahm. Immer wenn ein Problem auftrat, das uns und auch den Professoren zu schaffen machte, und wir nicht richtig wußten, wie weiterzukommen, wandte sich einer der Professoren in dem amphitheatralisch aufgebauten Raum des mathematischen Seminars an einen ganz unscheinbaren jungen Mann, der in den obersten Reihen saß: »Ja, Herr Siegel, was sagen denn Sie dazu?« Herr Siegel hatte fast immer eine Lösung. Ich sah, was ein erstrangiger Mathematiker ist und wie wirkliche mathematische Phantasie arbeitet. Carl Ludwig Siegel, später einer der größten Mathematiker meiner Generation, war das Signal für mich, daß ich niemals das leisten würde, was von einem authentischen Mathematiker erwartet werden darf. Dennoch blieb ich bei diesen Studien der Mathematik und Physik, weil ich hoffte, vielleicht als Mathematiklehrer an einer hebräischen Schule in Palästina einen Platz zu finden.

Ich ergänzte meine Studien in diesen Jahren durch Anschaffung einer ziemlichen mathematischen Bibliothek. Zahlentheorie, Algebra und Funktionentheorie waren mir besonders lieb. So wohnten in diesen Jahren zwei Seelen, ach, in meiner Brust.

Mein Vater war von diesen Neigungen nicht angetan. Auch in meiner Gegenwart beschwerte er sich gern: »Mein Herr Sohn betreibt lauter brotlose Künste. Mein Herr Sohn interessiert sich für Mathematik, für reine Mathematik. Ich sage zu meinem Herrn Sohn: Was willst du? Als Jude hast du keine Chance auf eine Universitätslaufbahn. Du kannst keine bedeutende Stellung bekommen. Werde Ingenieur und geh auf die Technische Hochschule, da kannst du soviel Mathematik in deinen Mußestunden machen, wie es dir paßt. Nein, mein Herr Sohn will nicht Ingenieur werden, nur reine Mathematik. Mein Herr Sohn interessiert sich für Jüdischkeit. Ich sage zu meinem Herrn Sohn: Bitte, werde Rabbiner, da kannst du soviel Jüdischkeit haben wie du willst. Nein, mein Herr Sohn will auf gar keine Weise Rabbiner werden. Brotlose Künste.« Das war die Stellung meines Vaters, der 1925, wenige Monate, bevor ich in Jerusalem für diese jüdischen brotlosen Künste an die Universität berufen wurde, starb.

So verschiedene Neigungen, wie ich sie hier geschildert habe, mußten mich schon früh auf philosophische Interessen und Betrachtungen führen. Der »Kleine Schwegler«, wie der Reclamband einer kurzen *und sehr verbreiteten* Geschichte der Philosophie allgemein hieß, und Wilhelm Wundts »Einleitung in die Philosophie« waren die ersten Schriften, auf die ich noch in der Sekunda stieß. Kant war mir noch nicht verständlich, aber eine ganze Zahl der Schleiermacherschen Übersetzungen platonischer Dialoge weckten mich auf. Ich begann zu bedauern, *daß ich auf einem Realgymnasium war, wo man neun Jahre hindurch vier Stunden in der Woche Latein lernte, aber kein Griechisch. Dies* habe ich in München *in einem ausgezeichneten zweijährigen Kursus* erst 1919 und 1920 nachgeholt. Während ich in der Mathematik einige bedeutende Lehrer fand, habe ich nichts dergleichen in der Philosophie gehabt. Die Philosophen der Berliner Fakultät ließen mich kalt. Ich muß gestehen, daß ich mich über eine Vorlesung Ernst Cassirers über die Vorsokratiker ganz besonders ärgerte, weil er an allen Punkten, wo es mir interessant zu werden schien, abbrach und sagte: das würde uns zu weit führen. Adolf Lasson, der »letzte Hegelianer« an der Berliner Universität, der 40 Jahre vorher der Klassenlehrer meines Vaters am Luisenstädtischen Realgymnasium gewesen war, hielt noch mit 83 Jahren eine rhetorisch ungewöhnlich lebhafte, aber unüberzeugende öffentliche Vorlesung über Hegel. Er hatte noch eine größere Hörerschaft, während in der Vorlesung des ebenso alten Astronomen Wilhelm Förster, des Begründers der »Gesellschaft für ethische Kultur«, der philosophischen Vorläuferin des Monismus, nur ein paar Menschen saßen. Gerade diese Vorlesung über Kepler war durch das Ethos und die, ich möchte sagen, tiefe Frömmigkeit dieses Atheisten vielleicht die eindrucksvollste, die ich an dieser Institution gehört habe. Aber immerhin habe ich dort angefangen, Kant lesen zu lernen.

Als ich auf die Universität kam, war Georg Simmel, ihr hervorragendster philosophischer Dozent, gerade ein Semester vorher nach Straßburg berufen worden, nachdem er über dreißig Jahre hindurch trotz seines großen Rufes kein Ordinariat in Deutschland hatte erlangen können. Denn, wie er in einem später berühmt gewordenen Brief schrieb, »hebraeus sum«, und das bei einem Mann, dessen Eltern schon vor 1850 das Judentum verlassen hatten, der aber doch, obwohl allem Jüdischen total entfremdet, weit und breit als geradezu die Quintessenz eines Talmudisten galt. Als er von der Heidelberger Fakultät endlich doch einmal an erster Stelle auf eine Berufungsliste gesetzt wurde, intervenierte ein einflußreicher *antisemitischer* Berliner Historiker bei der Frau des (als liberal geltenden) Großherzogs von Baden, daß der hochangesehene Heidelberger Lehrstuhl nicht von einem solchen durch und durch jüdischen Kopf verunziert würde. Buber, der ein Schüler und großer Verehrer Simmels war und ihm manchmal vorstellte, ein Mann wie er müsse doch daran interessiert sein, daß Menschen seines Typus nicht verschwinden sollten, fand kein Echo bei ihm, obwohl es Simmel, wie jedem andern, doch hätte auffallen müssen, daß die produktiven Geister, die auf seine Denkart ansprachen, fast ausschließlich Juden waren. Buber erzählte mir viel später, in den vielen Jahren, in denen er mit Simmel umging, habe er nur ein einziges Mal zu seiner nicht geringen Überraschung das Wort »wir« in jüdischem Zusammenhang aus seinem Munde gehört. Das war, als Simmel nach der Lektüre von Bubers erstem chassidischen Buch, den »Erzählungen des Rabbi Nachman«, nachdenklich und langsam sagte: »Wir sind doch ein sehr merkwürdiges Volk.«

Wohl aber habe ich einen großen Philosophen, der zugleich eine große menschliche und jüdische Figur war, in Berlin gehört, zwar nicht mehr seine Vorlesungen über Religionsphilosophie, die er mit über siebzig Jahren an der Lehranstalt (später Hochschule) für die Wissenschaft des Judentums in der Artilleriestraße hielt, aber doch einige seiner Vorträge aus dem Themenkreis seiner im Entstehen begriffenen »Religion der Vernunft aus den Quellen des Judentums«. Das geschah im Rahmen der öffentlichen »Montagsvorlesungen« dieses Instituts, die eine große Zuhörerschaft anlockten. Hermann Cohen, von dem ich spreche, das Haupt der Marburger Schule im Neukantianismus, war eine ehrfurchtgebietende Figur, ob man nun mit seinen Ansichten übereinstimmte oder nicht. Ungewöhnlich klein, aber mit einem außer jeder Proportion dazu stehenden großen Kopf, war er nach gewöhnlichen Begriffen häßlich. An ihm habe ich zum erstenmal begreifen gelernt, welche Schönheit in einem häßlichen Kopf zum Ausdruck kommen kann. In seinem hohen Alter sprach er mit einer leidenschaftlichen Fistelstimme. Eigentlich ragte er nur mit seiner Stirn über das Rednerpult hinaus; nur wenn er von Zeit zu Zeit gewisse Begriffe zum Guten oder Bösen hervorstieß, wie etwa »Prophetismus« oder den ihm besonders verhaßten »Pantheismus«, erschien plötzlich für die Dauer eines Satzes der ungeheure Kopf über dem Pult und strahlte Leidenschaft aus, ein denkwürdiger Anblick.

Von Cohen stammt das tiefste Wort, das je ein Gegner des Zionismus über diese Bewegung gesagt hat. *Cohen war mit Rosenzweigs* allzu tolerantem Verhältnis zum Zionismus *unzufrieden. Im Jahre 1914 fragte ihn Rosenzweig, was er denn eigentlich gegen den Zionismus habe. Cohen* flüsterte ihm, die Stimme (wie Rosenzweig schrieb) zu einem donnernden Flüstern dämpfend, gleichsam als Geheimnis die Worte zu: »Die Kerle wollen glücklich sein!« Ich habe viele Schüler Cohens gekannt. In seinem Alter war er allen, auch seinen Gegnern, eine wahrhaft biblische Gestalt. *Er war der erste moderne Philosoph, dessen dreibändiges systematisches Werk ich gründlich zu lesen versuchte, eine Auf-*

gabe, mit der ich lange gekämpft habe und nicht immer erfolgreich, zumal ich mich gezwungen sah, ausgerechnet als Mathematiker die mathematischen Kapitel seiner Bücher vollkommen abzulehnen.

Cohen gab in seinem Hause ein Privatseminar über Maimonides' »Führer der Verwirrten«. Sein letzter Schüler war im Winter 1917/18, an dessen Ende Cohen starb, mein Jugendfreund Harry (Aharon) Heller, *der mir viel über die Diskussionen zwischen dem Alten und seinen Schülern, von denen viele begabte Ostjuden waren, erzählte. Heller, dessen Eltern aus Galizien kamen, begann damals mit seinem Studium der Medizin und wurde schließlich einer der hervorragendsten Herzspezialisten unseres Landes. Er war die ganzen Jahre hindurch aktives Mitglied der »Jung Juda« und auf Grund seiner vorzüglichen Eigenschaften in den Jahren 1917-1924 eine zentrale Gestalt in unserem Kreis.*

Wenn ich einen Widerstreit in mir auszufechten hatte, so war es der zwischen meiner mathematischen und meiner jüdischen Seele. Die Richtung meines Lebens aber war in jenen Jahren, vor allem von 1916 an, schon eindeutig bestimmt, da ich mir vorgenommen hatte, meine Zukunft – *so ich angesichts des tobenden Krieges eine Zukunft hatte* – mit dem Aufbau eines neuen jüdischen Lebens im Lande Israel zu verbinden. Zion war für mich ein Symbol, das unseren Ursprung und unser utopisches Ziel in einem eher religiösen als geographischen Sinne verband. Ich betrachtete meine nächsten Jahre vor allem als Lehrjahre zur Vorbereitung auf mein Leben dort und suchte daher keine Verwurzelung in Deutschland, nachdem die Fragwürdigkeit der jüdischen Situation in diesem Lande sich mir in immer stärkeren Konturen abzuzeichnen begonnen hatte. *Das erste Kriegsjahr und die Enttäuschung über die »Kriegsliteratur«, die damals aufblühte, taten das ihre, um mein Gefühl der Fremdheit gegenüber der Welt, die mich umgab, zu vertiefen.*

So sah ich also etwa aus, als ich im Juli 1915 gegen Ende meines ersten Semesters Walter Benjamin kennenlernte, über dessen Beziehungen mit mir ich hier nicht handeln will, da ich ein Buch darüber geschrieben habe, *in dem ich die ganze Entwicklung im einzelnen schildere.* Ich will aber einiges über die Bedeutung sagen, die diese *sich in den folgenden fünf Jahren entwickelnde und festigende* Freundschaft, die wichtigste meines Lebens, für mich gehabt hat. Gewiß spielte gerade meine leidenschaftliche Bindung an das Jüdische in deren Entwicklung eine zentrale Rolle. Benjamin hat diese Bindung, so paradox das bei seiner ziemlich totalen Unwissenheit in jüdischen Dingen scheinen möchte, niemals in Frage gestellt. *Er war weit davon entfernt, mich von diesen Neigungen abbringen zu wollen, fand sie im Gegenteil sehr interessant, ja tendierte dazu, mich darin noch, wenn man so sagen dürfte, zu bestärken, da ich seine Adresse für alle Fragen auf diesem Gebiet wurde.*

Als ich ihn kennenlernte, hatte er, der bei aller metaphysischen Aufgeschlossenheit fast richtungslos lebte, nur einen Stern, auf den sein Kompaß zeigte und den ich bald erkennen konnte. Das war der späte Hölderlin, an den ich erst durch ihn geraten bin. Philosophische und literarische Interessen verbanden uns, aber die Fragen, die er, wenn ich – *gleich bei unseren ersten Begegnungen* – von Jüdischem erzählte, in seinen gänzlich originellen und unerwarteten Variierungen und Formulierungen an mich stellte, regten mich außerordentlich an und erzwangen bei mir eine viel intensivere Konzentration, als ich sie im Kreise meiner zionistischen Jugendfreunde aufzubringen hatte. Meine engsten Freunde aus der »Jung Juda« *waren* der 1918 *drei Monate vor Kriegsende* gefallene Harry Heymann, Walter Czapski, *Harry* Heller, Schlomo Krolik, Erich Brauer und *Kehat* Türkischer *(man sprach seinen Vornamen aschkenasisch Kohos aus). Zwischen uns allen bestand herzliches Einvernehmen. Unsere* jeweiligen Interessen *waren zwar verschieden*, aber in *unseren* zionistischen Überzeugungen und Entscheidungen *waren wir* so einig, daß wir uns einander bestätigten und nur selten Fragen grundsätzlicher Natur noch oder wieder zur Diskussion gelangten. Die uns gemeinsame Stellung zum Kriege war damals – *vor allem von 1914 bis 1917* – ein in seiner Stärke gar nicht zu überschätzendes emotionelles Band. *Manche Verbindungen wurden nach dem Krieg schwächer oder brachen sogar ab.* Alle kamen früher oder später ins Land Israel. *Über Hellers* Lauterkeit und starke Intelligenz *habe ich schon gesprochen, aber als er ins Land kam, wich* das Band zwischen uns einer unheimlichen Entfremdung *seinerseits, die ich nicht aufzulösen vermochte. Sie blieb mir eines der Rätsel meines Lebens.*

Benjamin war einfach von anderem Kaliber. Ich hatte 1915 bei meinen Besuchen mit meinem Bruder in der Hasenheide, von denen ich oben erzählt habe, zum erstenmal einen Dichter kennengelernt, in der Gestalt von Helmut Schönlank, dem Sohn eines bekannten sozialdemokratischen Führers und Enkel eines Rabbiners. In Benjamin traf ich zum erstenmal einen Menschen von durchaus ursprünglicher Denkkraft, die mich *auf neuer Ebene und in neuer Tiefe* unmittelbar ansprach und bewegte. *Jeder fand im anderen einen Gesprächspartner, und unsere Gespräche waren außerordentlich lebendig.* So haben wir wahrscheinlich jeder zur Entwicklung des anderen das Seine beigetragen. *Es gab zwischen uns Höhen und Tiefen, und in den acht Jahren, bevor ich nach Palästina ging, entstand eine Freundschaft, die bis zu seinem Tod gedauert hat, und darüber hinaus.*

Mit *Erich* Brauer gab ich 1915 und 1916 drei Hefte einer in unserer Druckerei (ohne Wissen meines Vaters *unter Mithilfe eines Angestellten*) lithographisch hergestellten Zeitschrift mit dem symbolischen Titel »Die blauweiße Brille« heraus, *die in kleiner Auflage erschien. Darin schütteten wir uns das Herz aus über den Krieg und die Situation in der zionistischen Jugend und* bezogen Front gegen die Verwirrung, *die im zionistischen Lager wegen des Krieges herrschte. Wir verbreiteten die Zeitschrift durch die Mitglieder der »Jung Juda«, und natürlich ernteten wir bald Spott und Widerspruch wegen unseres »subversiven« Auftretens. Brauer schrieb in dem damals modischen expressionistischen Stil, während ich an traditionellen Formen der Dichtung und der Prosa festhielt (damals war ich achtzehn Jahre alt). Mir fehlte es nicht an Pathos und polemischer Schärfe, und so wurde ich, ohne mir dessen bewußt zu sein, ein junger Autor.*

Die »Blauweiße Brille« war es, die mich in persönliche Beziehung zu Martin Buber brachte. Wir hatten *gleich im ersten Heft im Spätsommer 1915* eine Karikatur und eine Parodie auf ihn veröffentlicht, wenn man die Verbreitungsweise unserer paar Exemplare so benennen kann. Buber reagierte überraschend: er lud uns ein, ihn zu besuchen. *In der Tat hatte ich mich* über seine Haltung im Kriege, besonders über einen Aufsatz, *in dem er sich begeistert über das blitzartige Erwachen äußerte, das der Krieg bringen würde*, weidlich geärgert. Dieser *Aufsatz war* im »Neuen Merkur« *erschienen*, einer recht guten Monatsschrift, *die Efraim Frisch, Jude aus Galizien wie Buber selbst*, herausgab. *Und ich hatte* auch den Artikel seines (inzwischen längst schon von ihm abgefallenen und zu einer zionistisch-politischen Gegenpartei übergelaufenen) Jüngers Heinrich Margulies, durch den ich die Treppe heraufgefallen war, nicht vergessen, den ich Buber einigermaßen grollend vorwarf. Buber war damals genau doppelt so alt wie ich. Er benahm sich großartig und ging auf meine Reden – Brauer, der ein sehr scheuer Mensch war, verhielt sich *fast* ganz schweigend – ernsthaft und nicht ohne anzudeuten, daß er seine Stellung *ändern könnte*, ein. Er machte auf mich als Person einen großen Eindruck, den die weiteren Begegnungen, zu denen es *in den folgenden Monaten* kam, bestärkten. *Ich war überrascht, daß sich Buber ausgerechnet durch mein Studium des Talmud, von dem ich ihm erzählte, beruhigen ließ. Es überzeugte ihn anscheinend davon, daß er einen ernsthaften jungen Mann vor sich hatte.*

Er erzählte auch von der im Erscheinen begriffenen, von ihm herausgegebenen Zeitschrift »Der Jude« – vor *fünfundsechzig* Jahren in den Ohren von Jud und Christ ein nicht wenig Stolz verratender Name. Buber nahm damit den Titel einer im Kampf um die Judenemanzipation achtzig Jahre früher berühmt gewordenen Zeitschrift wieder auf. Während aber Gabriel Riesser und seine Autoren für die Emanzipation der Juden als Deutsche *(jüdischer Religion)* kämpften, kämpfte »Der Jude« Bubers, sicher die beste jüdische Zeitschrift in deutscher Sprache, die überhaupt existiert hat, für die Emanzipation der Juden als Juden, als Volk unter den Völkern. Buber lud mich *bald* ein, an der Zeitschrift mitzuarbeiten, wo denn auch *seit dem ersten Jahr* bis zum letzten Band mehrere meiner Jugendarbeiten stehen – *Artikel und Rezensionen*, darunter meine ersten Aufsätze über Kabbala *(vor 60 Jahren!)* und eine Anzahl Übersetzungen hebräischer Poesie und Prosa, *so die Übersetzung von Bialiks wichtigem Essay »Halacha und Aggada«, die Buber von mir erbeten hatte. Seinerzeit habe ich, ebenfalls für Bubers Monatsschrift, auch die scharfe Kritik J. Ch. Brenners an diesem Essay übersetzt, doch diese Übersetzung ist nie erschienen.*

Ich habe Buber, auch wenn ich in *zahlreiche* Differenzen mit ihm geriet, *je weiter ich mich in die Originalquellen vertiefte*, stets als Person aufs höchste geachtet, ja verehrt. *Er war völlig undogmatisch und hatte für andere Meinungen ein offenes Herz.* In den Jahren bis zu meiner Auswanderung kam ich mit ihm noch oft zusammen, und er verfolgte meinen Weg *mit Aufmerksamkeit und Sympathie.* Seine Schwächen konnten mir nicht entgehen, aber die Erinnerungen an die vielen Gespräche, die ich über den Chassidismus und die Kabbala mit ihm hatte, als ich mich dem Studium aus den Originalquellen zuwandte, und die Erwartungen, die er offenkundig auf mich setzte, hielten der großenteils ablehnenden Kritik Walter Benjamins die Waage.

In diesen Kriegsjahren, besonders 1916 und 1917, in denen ich relativ viel herumkam, ereignete sich nicht wenig. Meine Studien und zionistischen Aktivitäten brachten mich mit neuen Menschen aus sehr verschiedenen Kreisen zusammen. *Im Winter 1915/16 beteiligte ich mich an den Aktivitäten einer kleinen Gruppe von Studenten und Akademikern, die öffentlichen Widerstand gegen die viel diskutierte Absicht, schon an der Schule militärische Erziehung einzuführen, organisieren wollte. Albert Baer, ein zionistischer Rechtsanwalt, der sein Büro gerade eröffnet hatte und in der »Jung Juda« aktiv war, stellte die Verbindung zwischen uns her. Alle anderen Mitglieder der Gruppe waren antimilitaristisch gesinnte Deutsche, darunter interessante Persönlichkeiten. Sie suchten Kontakt zu Männern mit Einfluß in der breiten Öffentlichkeit, die gegen diese Absichten, die schließlich nie verwirklicht wurden, auftreten würden. Es gab damals – sogar mitten im Krieg – noch starke liberale Kräfte. Einige Jahre nach dem Krieg wechselte einer aus der Gruppe, Wolfgang Breithaupt, die Seite, wurde zu einem rechten Nationalisten und veröffentlichte ein Buch, in dem er seinen ehemaligen Freunden Verrat vorwarf, ihre Namen nannte und von unseren Treffen berichtete, doch er täuschte sich in meiner Identität. An meinen Vornamen konnte er sich nicht erinnern, aber mein Bruder Werner hatte sich inzwischen im politischen Leben als Kommunist im Deutschen Reichstag einen Namen gemacht, und so dachte Breithaupt, daß er seinerzeit mit ihm zusammengearbeitet habe und verwechselte uns bei seiner Denunziation. Mein Bruder, der damals seinen Militärdienst abgeleistet hatte, wußte nichts von der Gruppe und verstand den Angriff nicht, während ich längst in Palästina saß.*

Im Sommer 1916 war ich längere Zeit nicht in Berlin, sondern in Heidelberg und Oberstdorf im Allgäu, weil unser Hausarzt, der jüngste Bruder meines Vaters, behauptete, ich sei *wegen meiner großen Anstrengungen beim Studium* neurasthenisch. [Diese Diagnose entsprach ungefähr dem bekannten Berliner Spruch, der damals umlief: Haste nie und raste nie, dann haste nie Neurasthenie.] Vielleicht beeinflußte ihn auch meine zweimal erfolgte Zurückstellung vom Militär *aus eben diesem Grunde. In Wirklichkeit fühlte ich mich gesund, aber ich nutzte die »Ferien« ausgezeichnet.*

Im Wintersemester 1915/16 hatte ich eine große Vorlesung des *von Heidelberg* nach Berlin neuberufenen Ernst Troeltsch *gehört*, der von der theologischen in die philosophische Fakultät übergewechselt war, sich aber mit einer Religionsphilosophie einführte. *Er galt als der Experte schlechthin für die Soziallehren der verschiedenen christlichen Kirchen, und man setzte nicht wenige Hoffnungen auf ihn. Mich ging* das Thema immerhin dringlich an, *außerdem galt er als ausgezeichneter Redner.* Zufällig kam ich neben eine etwa 35jährige Dame zu sitzen, die mich weniger durch ihre ins Auge springende dunkle Schönheit und *elegante* Haltung aufmerken ließ als durch die mit großer Schrift leidenschaftlich, unter Gebrauch unendlich vieler Ausrufungszeichen und Fragezeichen hingeworfenen Anmerkungen und Proteste gegen Troeltschs etwas allzu glatte, freilich »hochgebildete« Darlegungen, *die zeigten, wie bewandert er in religiöser Poesie vom Buch der Psalmen bis zu Rainer Maria Rilkes »Stundenbuch« war, aus der er häufig vorlas und über die er tiefe Forschungen anstellte.* Ihr Gesichtsausdruck spiegelte ihre heftigen Emotionen ebenso gut wider wie ihre expressionistischen schriftlichen Explosionen, in die zu schielen ich mir nicht verkneifen konnte. So kamen wir miteinander ins Gespräch. Es war Grete Lissauer, die Frau eines im Heeresdienst stehenden Extraordinarius der Medizin in Königsberg, eine leidenschaftliche Pazifistin und sehr aufgeweckte Frauenrechtlerin, mit der ich *in den sechs Wochen, die ich* im folgenden Sommer in Heidelberg *verbrachte*, viel zusammen war. *Sie war dorthin gezogen, um in der Nähe ihrer zwölfjährigen Tochter zu sein, die ein sehr »progressives« Internat besuchte, dessen Schüler zum großen Teil Juden waren. Unsere Gespräche waren intensiv und sehr lebhaft. Durch sie kam ich zum ersten Mal an die Bücher Henri Bergsons und seines Waffenträgers in deutscher Sprache, Graf von Keyserling. Frau Lissauer schleppte mich auch in die Vorträge des neo-vitalistischen Philosophen Hans Driesch, der in zwei Vorträgen über zwei einander völlig entgegengesetzte und widersprechende Themen sprach: im ersten Vortrag befaßte er sich mit dem Rationalisten Descartes, im zweiten mit dem Wesen des Organischen und den Grundlagen der Lehre, die Driesch selbst vertrat.*

Der Jude Heidelbergs in jenen Jahren war weder der anti-zionistische Rabbiner der Stadt noch einer ihrer jüdischen Professoren, die assimiliert, konvertiert oder Halbjuden waren, davon gab es dort sehr viele, sondern ein fünfunddreißigjähriger Gelehrter, der zurückgezogen lebte und von den wenigen, die ein lebendiges jüdisches Wort suchten, in seinem bescheidenen Zimmer mit Eifer aufgesucht wurde. Ich spreche von Salman Rabinkow, der für alle, denen es vergönnt war, ihn in seiner Abgeschiedenheit zu besuchen, eine unvergeßliche Gestalt blieb. Rabinkow war die vollkommene Verkörperung eines Vertreters der »mündlichen Lehre«. Er schrieb keine Bücher oder Artikel und hinterließ der Nachwelt keine Werke – alles bei ihm war mündlich. Viele Jahre, nachdem ich ihm begegnet war, hat er einmal – soviel ich weiß – etwas Schriftliches veröffentlicht, aber es gelang nicht besonders und hatte nicht den lebendigen Glanz, der von der Rede dieses Mannes ausging, wenn er in seinem von Tabakrauch erfüllten Zimmer saß und einen Talmudabschnitt über Rechtsfragen auf seine Weise erklärte. Ein Meister des Talmud aus chassidischer Familie, der das System des Baal Schem-Tov mit dem System Hermann Cohens, seines philosophischen Helden, im Inneren zusammenbrachte, gewann er die Herzen. Er beachtete streng die Gebote, besaß einen freien Geist und ein offenes Herz – die Gestalt eines großen Lehrers. Fast zwanzig Jahre wohnte er in Heidelberg. Es wäre übertrieben zu behaupten, daß man ihm »zuströmte«, um einen Vortrag über den Traktat »Baba Meziʿa« zu hören, aber er war berühmt, und es war ein Vergnügen, diesem originellen Denker zuzuhören. Als Jahre später die Hebräische Universität in Jerusalem eröffnet wurde, gab es einige Verständige, die vorschlugen, ihn als ersten Professor für Talmud nach Jerusalem zu holen, da sie Großes von der lebendigen Lehre dieses in seiner Zeit einzigartigen Menschen erwarteten, doch seine Kan-

didatur wurde zugunsten der offiziellen Repräsentanten der Wissenschaft vom Judentum zurückgewiesen. Er hatte ja nichts veröffentlicht.

Grete Lissauer machte mich mit einigen jüdischen Studentinnen bekannt, die aus ganz assimilierten, teilweise schon getauften Familien kommend ihr jüdisches Herz entdeckt hatten, ohne recht zu wissen, was sie damit anfangen sollten. Da war Toni Halle, deren Vater einer der ganz wenigen ungetauften höheren Richter in Preußen war und die ziemlich am Ende ihres Germanistikstudiums stand, der es *aber* mit der Sache der jüdischen Assimilation nicht mehr ganz geheuer war. Sie nahm an einem Seminar von Jaspers teil, *dessen Stern damals noch nicht aufgegangen war* und der sich in Vorbereitung seiner Psychologie der Weltanschauungen, *die ihn berühmt machen sollte*, gern über die entlegensten geistigen Phänomene informieren ließ. Ich fragte sie, was sie da mache. »Ich schreibe eine Seminararbeit über den Chassidismus.« Mit etwas gespielter Naivität fragte ich weiter: Was wissen Sie denn darüber? »Aus Bubers Büchern, natürlich.« Sonst nichts? »Ja, was gibt es denn sonst?« So begann unsere Freundschaft. Ich brachte sie dazu, Hebräisch aufzunehmen; sie kam nur wenige Jahre nach mir ins Land und wurde, obwohl ihre hebräische Syntax einigermaßen kläglich blieb, eine der angesehensten und einflußreichsten Lehrerinnen des Landes und Begründerin *eines der hervorragendsten* progressiven Gymnasien, *des bekannten »Neuen Gymnasiums« in Tel-Aviv.*

Aus extrem assimilierten Verhältnissen kam eine andere Bekannte, Käthe Holländer, die ebenfalls einige Jahre älter war als ich. Grete Lissauer hatte sie mir noch in Berlin vorgestellt und sagte mir: Sehen Sie sie an, sie ist doch eine geborene Beduinin, nur europäisch falsch angezogen. *Ihr Großvater war einige Jahre Arzt in Südafrika gewesen, und als er nach Deutschland zurückkam, ließ er seine Familie taufen: seine Frau, die eine Tochter des (radikal reformerischen) Eisenacher Rabbiners Mendel Hess war, und seinen sechsjährigen Sohn, der Käthe Holländers Vater wurde. Auch ihre Mutter kam aus einer Familie, deren Mitglieder zum größten Teil konvertiert waren. Ihr Vater war Lehrer an einem Gymnasium in Naumburg, einer Stadt, in der es von Antisemiten wimmelte. Sie wuchs ganz als Christin auf. Dennoch fühlte sie sich in der evangelischen Kirche nicht zu Hause, wozu ihre*

Begegnungen mit dem Antisemitismus wohl beitrugen, und nicht lange, bevor ich sie kennenlernte, war sie zum großen Mißfallen ihrer Eltern zum Judentum zurückgetreten. Sie studierte Mathematik *wie ich* und ging *nach dem Krieg* als Lehrerin *nach* Litauen *an das hebräische Gymnasium in Mariampol, wo die meisten Lehrer den Abschluß einer deutschen Universität besaßen. Dort* begegnete sie dem Dichter *Jacob Koplewitz, der später unter dem Namen Yeshurun Keshet bekannt wurde,* heiratete ihn *und hatte mit ihm einen Sohn.* Auch sie kam *noch vor Hitler* nach Israel, *aber die Beziehung ging bald, im Grunde schon während ihrer Schwangerschaft, auseinander, und ihr Mann verließ sie.* Aus den Erzählungen dieser und anderer Kolleginnen, die aus Milieus stammten, in denen die Assimilation schon bis an ihre Grenzen und über sie hinaus *bis zur Taufe* geschritten war, habe ich viel gelernt, *und ich begriff die Situation der Juden in Deutschland.* Eine dritte Studentin, die ich bei Grete Lissauer traf, stellte einen anderen Typus dar. Valeria Grünwald aus Erfurt hatte Eltern, die beide aus Ungarn gekommen waren und das durch deutschen Überpatriotismus auszugleichen suchten, wogegen die beiden Töchter revoltierten. Dies waren meine ersten hebräischen Schülerinnen.

Grete Lissauer selber schwebte eher in den höchsten Sphären zwischen den Idealen der Menschheit und einem starken Gefühl jüdischen Stolzes. *Man muß zugeben, daß eine solche Mischung damals häufiger war als heute vermutet, wenn über die letzte Generation der Juden in Deutschland gesprochen wird.* Solange ich sie kannte, schrieb sie an einem fünfjambigen Drama – im klassischen Metrum des deutschen Schauspiels –, dessen Heldin Aspasia, die Geliebte des Perikles, war und in dem sie in dieser klassischen Figur ihr eigenes Wunschbild und dessen Spannungen darstellen wollte. An manchen Abenden, an denen wir nachher lange am Schloßberg spazierengingen, las sie *ihren Besuchern* daraus vor, *und statt die Romantik der Landschaft auszukosten, diskutierten wir über erhabenste Dinge und über die Rätsel der Vorzeit.* Bei ihr habe ich auch zum ersten Mal einen Juden getroffen, der aus Überzeugung katholisch geworden war. Das wußte ich aber damals, als ich persönlich mit ihm umging, gar nicht. So las ich Max Fischers erstes Buch, das gerade erschienen war, »Heinrich Heine der deutsche Jude«, mit starkem Interesse als die

Analyse eines Deutschen, der sich über die Juden überhaupt und über die Figur von Heine ernstlich Gedanken gemacht hatte, und staunte über die Einsicht, die ein Deutscher hier auch in der Kritik bewies. Drei Tage vor meiner Abreise aus Heidelberg verriet er mir, daß er Konvertit sei und aus der Situation eines jüdischen Konvertiten heraus geschrieben habe. Grete Lissauer ist Mitte der zwanziger Jahre als gläubige Kommunistin in Moskau gestorben.

Von Heidelberg aus besuchte ich mehrfach Buber, der gerade *von Berlin* nach Heppenheim übersiedelt war, und verhandelte mit ihm über die ersten Hefte des »Juden«, gegen die ich viel vorzubringen hatte – *besonders, was die Position zum Krieg betraf. Andererseits gab es dort beeindruckende Artikel, so die »Briefe aus Palästina« von A. D. Gordon, die das Denken der zentralen Gestalt des »Ha-poʿel ha-zaʿir« zum ersten Mal den deutschsprachigen Lesern zugänglich machte, oder die schönen Veröffentlichungen von Arno Nadel zu jiddischen Volksliedern.* Einmal zog ich mir den Zorn Bubers und seiner Frau zu, die mir sonst wohlgesinnt war (und blieb), als ich beim Kaffee eine vorlaute, abfällige Bemerkung über Georg Simmel machte, der im Hause Buber sehr viel galt.

Bei einem dieser Besuche erzählte mir Buber, daß sich eine Reihe junger Männer und Mädchen aus Berlin, die starkes jüdisches und soziales Interesse hätten, nach Beratungen, an denen auch er *in den Monaten vor seinem Wegzug aus Berlin* intensiv teilgenommen habe, zum Aufbau eines »Jüdischen Volksheims« entschlossen habe. Dies würde im Lauf des Sommers eröffnet werden, und zwar im sogenannten Scheunenviertel am Alexanderplatz in der Dragonerstraße, in der und deren Nachbarschaft sehr viele Ostjuden, darunter auch viele Flüchtlingsfamilien aus den Kriegsgebieten *Polens und Galiziens* wohnten. *Die Gründer* seien Zionisten, die unterm Einfluß der Gedanken der russischen »Narodnaja Wolja« über das »ins Volk gehen« *aus den achtziger Jahren des vorigen Jahrhunderts* stünden und gerade in diesem Viertel, wo Armut, Prostitution *und Verbrechen* lebensbestimmende Faktoren waren, ihre Arbeit aufnehmen wollten, von der sie sich *nicht nur* Hilfe *für die Bedürftigen, sondern auch* gegenseitige Befruchtung *zwischen den beiden so unterschiedlichen jüdischen Schichten* versprachen. Es sei vielleicht wichtig, *sagte Buber*, daß auch ich mich dort beteilige. *Auf alle Fälle sollte ich mir die Sache durch den Kopf gehen lassen und* mir das doch nach meiner Rückkehr nach Berlin näher ansehen. Der Leiter sei der *schon fortgeschrittene Medizinstudent* Siegfried Lehmann, der in der jüdischen Studentenschaft als, wie man das nannte, »Kulturzionist« (im Gegensatz zum politischen Zionismus) sehr bekannt war. Lehmann hatte enge Beziehungen mit der »Freien Studentenschaft« unterhalten, *als auch Walter Benjamin dort aktiv war, und zwar besonders* mit dem sozialpolitisch ausgerichteten Flügel, der, mit Ernst Joël an der Spitze, ähnlichen Tendenzen huldigte und in einem Charlottenburger Arbeiterviertel ein Siedlungsheim unterhielt, in dem zum Beispiel jene Diskussion mit Kurt Hiller stattgefunden hatte, auf welche meine Bekanntschaft mit Walter Benjamin zurückging. *Lehmanns »Volksheim« war nach dem Muster jener Einrichtung geschaffen worden. Es war Lehmanns erster Versuch in diesem Bereich, und durch ihn kam er nach dem Krieg zu seiner weitreichenden sozialen Tätigkeit.*

Die ostjüdischen Kinder, deren sich vor allem die Gruppe der *freiwilligen* Helferinnen annahm, waren an den Abenden natürlich dort nicht zu sehen, *denn ihre Eltern holten sie ab, wenn sie von der Arbeit kamen.* Aber abends trafen sich dort die Helfer und Helferinnen mit Freunden der Sache zu *Beratungen,* Vorträgen und Aussprachen. Die Freunde der Sache – das waren vor allem einige der in Berlin studierenden oder schon arbeitenden, zum Teil sehr eindrucksvollen Mitglieder der russisch-jüdischen Intelligenz, *die den »Poʿale Zion« oder dem »Bund« angehörten.* Die Volksheimleute waren fast ausschließlich mehr oder weniger nationaljüdisch eingestellte Westjuden, die *zum Zionismus tendierten, aber* über jüdische Dinge nur recht embryonale Kenntnisse hatten. *Dagegen waren sie* von Hingabe an ihre *soziale* Arbeit, von der sie auch noch keinen genauen Begriff hatten, erfüllt. Im Rahmen jenes Kultus der Ostjuden, von dem ich schon gesprochen habe, standen die jüdischen, großenteils hochgebildeten Exulanten aus Rußland, bei denen sie sich Rat holen konnten, hoch im Ansehen. Diese ihrerseits, deren bemerkenswerteste Figuren ich *aus der »Jung Juda« oder der Universität zum Teil* kannte, erfüllten ihre Funktion gern, nicht zum letzten, weil viele der Mädchen von großer Anmut, ja Schönheit waren. An deren

Spitze stand als unbestrittene Zentralfigur eine schon etwas ältere, auf die Dreißig zugehende, höchst eindrucksvolle Person. Das war Fräulein Gertrude Welkanoz, schlechthin Gertrude genannt, ein Mädchen von einer völlig natürlichen Würde und Autorität, die einzigartig war. Sie schien mir die einzige ausgebildete Sozialarbeiterin, *doch darin irrte ich mich, denn von Beruf war sie Angestellte bei einer großen Bank, und tatsächlich gab es unter den Freiwilligen keine einzige professionelle Mitarbeiterin. Ihre großen Kenntnisse waren* aber nichts, gemessen an dem ungeheuren Einfluß, ja Zauber, den sie menschlich auf alle diese Mädchen ausübte. Ich betrachte es als einen der großen Verluste der Aufbauarbeit in Israel, daß diese Frau durch ihre persönlichen Lebensumstände – sie heiratete einen entschiedenen Nichtzionisten, den Antiquar *Dr.* Ernst Weil – nicht ins Land kam.

Als ich *im September 1916* zum erstenmal ins Volksheim kam, bot sich mir ein seltsames Bild. Die Helfer und Besucher saßen auf den Stühlen; am Boden höchst malerisch um Gertrude, die Röcke hochästhetisch drapiert, saßen die jungen Mädchen, unter denen, wie wir jetzt wissen, Franz Kafkas Braut Felice Bauer war. *Kafka hatte sie energisch dazu ermuntert, am Volksheim mitzuarbeiten. Die Zusammenkunft war literarisch.* Siegfried Lehmann las aus Franz Werfels Dichtungen, und ich höre noch in meiner Erinnerung das »Gespräch an der Mauer des Paradieses«, *das sicher nicht zu seinen schlechtesten Gedichten gehört.* Aber ich war schockiert. Was mich umgab, war eine Atmosphäre ästhetischer Ekstase, wohl das letzte, was zu finden ich hergekommen war. Am Schluß wurde mitgeteilt, *Dr.* Lehmann würde demnächst einen Vortrag »Das Problem der jüdisch-religiösen Erziehung« halten. Ich war ebenso gespannt wie skeptisch, was er wohl zu diesem Thema zu sagen haben würde.

Inzwischen ging ich noch einmal hin, und wieder mißfiel mir die Atmosphäre und eine durchaus ernsthaft gemeinte Diskussion über die mir eher als Witz erscheinende Frage, ob man in den Räumen des Volksheims eine Reproduktion eines berühmten Gemäldes der Jungfrau Maria aufhängen könne. Und das in einem Heim, in dem Kinder armer, aber strikt orthodoxer ostjüdischer Familien, deren Eltern nachmittags dorthin kommen würden, um sie abzuholen, den Tag verbringen sollten. Unter den Anwesenden befand sich Dr. Jacob Grommer, ein Mathematiker hohen

Ranges, etwa 35jährig, der einige Jahre vorher an Elephantiasis erkrankt war, dadurch ein unheimlich entstelltes quadratisches Gesicht von hohem Ernst bekommen hatte und fast unfähig war, sich mit seiner Stimme verständlich zu machen. *Er war* ein ungewöhnlich hochgewachsener Mann. In seiner Jugend *war er* ein talmudisches Wunderkind gewesen, bevor er sich der Mathematik zuwandte, wo Großes von ihm erwartet wurde. Durch seine Erkrankung, die zum Stillstand gekommen war, war er weitgehend auf sich selbst verwiesen, aber irgend etwas zog ihn ins Volksheim, wo *seine Persönlichkeit und* sein tiefes jüdisches Wissen geachtet wurden. Einige, mit rauher, fast unverständlicher Stimme gesprochene Sätze von ihm machten der gespenstischen Diskussion ein Ende.

Ich ging zu Lehmanns Vortrag, der mich besonders scharf zum Widerspruch gereizt hat, weil ich darin den Unernst spürte, der sich in diesem Kreise in Ausdeutungen der Ausdeutungen Bubers über den Chassidismus gefiel, ohne irgend etwas vom historischen Judentum zu wissen, wie ich das damals in meinem Tagebuch formulierte. Eine Woche später fand dann dort eine sehr erregte Aussprache über diesen Vortrag statt, die sich vor allem zwischen Lehmann und mir abspielte und in der ich, zu Lehmanns begreiflicher Erbitterung, die Forderung aufstellte, man möge doch, statt sich mit solchem Unfug und literarischem Geschwätz zu befassen, lieber Hebräisch lernen und zu den Quellen gehen. Diese Diskussion führte zu einem erbitterten Briefwechsel zwischen Lehmann und mir und zum Bruch zwischen mir und dem Volksheim. Ich besitze diesen Briefwechsel, *der in meinem Leben die äußerste Grenze meiner Annäherung an das orthodoxe Judentum bezeichnet* [und den Walter Benjamin 1923 in seiner geplanten Zeitschrift »Angelus Novus« veröffentlichen wollte] noch jetzt. Was ich nicht wissen konnte, war, daß Kafkas Verlobte ihm über Lehmanns Vortrag und die folgende leidenschaftliche Debatte berichtete. Wie beschreibe ich mein Erstaunen, als fünfzig Jahre später Kafkas Briefe an Felice Bauer veröffentlicht wurden und ich dort las, daß Kafka sich entschieden auf meine Seite stellte: »Die Debatte, von der Du erzählst, ist charakteristisch, ich neige im Geiste immer zu Vorschlägen wie denen des Hr. Scholem, die das Äußerste verlangen und damit gleichzeitig das Nichts. Man muß eben solche Vorschläge und ihren Wert nicht an der tatsächlichen Wirkung messen, die vor einem liegt. Übrigens meine ich das allgemein. Der Vorschlag Scholems ist ja an sich nicht unausführbar.« Es bedurfte eines ironischen Protestes von mir, um meine Identifizierung mit dem seinerzeit schon verstorbenen, etwas berühmteren jiddischen Klassiker Scholem Alechem zu rektifizieren. Lehmann hat sich später große Verdienste in sozialer Arbeit in Kowno und Israel erworben, wo er das Kinderdorf Ben Schemen begründete und bis zu seinem Tode leitete. Als Theoretiker einer jüdischen Erziehung blieb er aber bis zuletzt unklar und noch immer in die alte Bubersche »Religiosität« ohne Religion versponnen.

Nicht lange nachdem Kafka diesen Brief geschrieben hatte, las ich in dem Almanach »Der jüngste Tag« Kafkas Legende »Vor dem Gesetz«, die auf mich und viele meiner Generation größten Eindruck machte und mich veranlaßte, den spärlichen Veröffentlichungen Kafkas, die vor seinem Tod erschienen, soweit wie möglich auf der Spur zu bleiben.* In der modernen Literatur jedenfalls hat das Werk Kafkas mir dann mehr bedeutet als jedes andere.

In diesem Winter lernte ich, durch Walter Benjamin vermittelt, noch einen *interessanten* Menschen kennen, mit dem ich bis zu meiner Auswanderung viel verkehrt und den *und dessen Frau* ich auch mit den Anfangsgründen des Hebräischen vertraut gemacht habe. Das war Erich Gutkind (1877-1965). *Er* war der Sohn eines der reichsten Juden von Berlin, dessen Villa gegenüber der von Rathenau lag, wo Gutkinds Mutter wohnte, *solange ich noch in Berlin war*. Aus mir nie klar gewordenen Gründen hatte Gutkind von diesem großen Reichtum schon nichts mehr abbekommen. Er war eine ganz mystisch gestimmte Seele, der *in vielen Jahren zahlreiche* Wissenschaften studiert hatte, um deren geheimes Zentrum zu finden, ohne irgendeine lebendige Berührung mit Jüdischem und fast bis an die Schwelle der Konversion zum Katholizismus gelangt. Wenige Jahre vor dem *Ersten* Weltkrieg hatte er einen mystischen Traktat »Siderische Geburt« veröffent-

* Auf hebräisch wurde der Titel des Almanachs verändert zu »Almanach der neuen Jugend« – in Wirklichkeit lautete der Titel: »Vom jüngsten Tag. Ein Almanach neuer Dichtung«. Der Almanach erschien in Leipzig bei Kurt Wolff, 1916. (A.d.Ü.)

licht, der von seinem Streben ein deutliches Zeugnis gibt und dessen Aufnahme zeigte, daß er mit diesem Versuch, die moderne Wissenschaft in eine mystische Dimension einzubauen, nicht allein stand. Er war ein Mann der Superlative, auch im Gespräch, und seine *apokalyptische*, schwärmerische *und großartige* Ausdrucksweise, die sich mündlich seltsam mit berlinischen Colloquialismen verband, nahm seinen Seiten viel von der Deutlichkeit, die hier vonnöten gewesen wäre.

Gutkind war das wohl am wenigsten bekannte Mitglied des Forte-Kreises *(der nach dem italienischen Ort Forte dei Marmi benannt wurde, wo sich die Mitglieder der Gruppe nach zahlreichen Vorbereitungen schließlich treffen sollten). Es handelte sich um eine* kleine Gruppe von Männern, wie Frederik van Eeden, Buber, *Gustav Landauer*, Walther Rathenau, Theodor Däubler, *Henri Borel*, Christian Florens Rang und noch anderen, die *ein oder zwei Jahre vor dem Weltkrieg* den Gedanken gefaßt hatten, der kaum glaublich scheint, wenn ich ihn nicht aus dem Munde von so verschiedenen Menschen wie Buber und Gutkind fast mit gleichen Worten bestätigt bekommen hätte: daß es einer kleinen Gruppe von Menschen, die eine gewisse Zeit zusammen aus dem reinen Geist leben und ohne jede Zurückhaltung in einen schöpferischen Gedankenaustausch, ja mehr, in eine pneumatische Gemeinschaft treten würden, vielleicht gelingen könne, um es esoterisch aber doch deutlich zu sagen, die Welt aus den Angeln zu heben *und die europäische Kultur an ihren Wurzeln zu verändern*. Gutkind zeigte mir die umfangreichen Korrespondenzen der in Aussicht genommenen Teilnehmer an diesem Versuch einer Revolution aus der Kraft des reinen Geistes und behauptete, der *grandiose* Plan wäre gar nicht (wie heute in der Literatur behauptet wird) durch den Ausbruch des Ersten Weltkrieges verhindert worden, sondern schon im wesentlichen *während einer von einem großen Teil der Mitglieder (und ihren Frauen)* gemeinsam verbrachten Woche in Potsdam im April 1914 aufgeflogen. Er erzählte merkwürdige Dinge von diesem geistesaristokratisch-anarchistischen Kreis.

Als ich Gutkind und seine Frau kennenlernte, hatte er sein Judentum wiederentdeckt, besser gesagt: er wollte aus einem überwältigenden Gefühl der Zugehörigkeit in diese ihm bis dahin verschlossen gebliebene Welt eindringen. Er wohnte in Nowawes, nahe am Neubabelsberger See, und ich habe ihn dort öfters besucht und auch einige Monate Hebräisch gelehrt. Mir wurde bald einsichtig, daß er den Ansprüchen, die er stellte, nicht entsprach und in mystischer Rhetorik steckenbleiben würde, aber er gefiel mir als Mensch sehr. Wir faßten viel Zutrauen zueinander. Vom ersten Gespräch mit ihm bis in sein höchstes Alter stand er in einem intensiven Ringen um das Problem des religiösen Rituals, über das wir viele Auseinandersetzungen hatten, *da die Zahl der Rituale, die mir einleuchtend und annehmbar erschienen, begrenzt war.* Es war eine Frage, die Benjamin nicht interessierte, während sie für Gutkind immer zentraler wurde und ihn am Ende seines Lebens fast ins Lager der Lubawitscher Chassidim in Brooklyn führte. Kurz nach dem Ersten Weltkrieg übernahm er zu meiner größten Überraschung (ich war damals in der Schweiz) die Leitung des Jüdischen Volksheims, was aber sehr bald zu einem Aufstand der Mitarbeiter gegen ihn führte, die von seinen Reden über die Notwendigkeit *der Einhaltung der Gebote* auch in ihrer Arbeit nichts wissen wollten.

[Er war aufs engste mit Rang befreundet, der ihm in vielem, vor allem auch in der gnostischen Grundhaltung verwandt, nur freilich geistig weit überlegen war. Gutkind war es auch, der Rang und Walter Benjamin, die sich später so eng befreundeten, zusammenbrachte.]

Gutkind war im Grunde ein revolutionärer Gnostiker, und als ich mich der Erforschung der Kabbala zuwandte, die mehr als nur einen gnostischen Kern besitzt, interessierte er sich sehr für meine Studien und wurde später durch meine Bücher nicht wenig beeinflußt. In seiner *reichen* Bibliothek habe ich auch von vielen merkwürdigen mystischen Schriften Kenntnis erlangt, ohne daß ich behaupten könnte, sie alle gelesen zu haben. Meine philosophische Bildung verdankt aber dieser Bibliothek eine wirkliche Bereicherung durch das gar nicht unebene mehrbändige alte Werk von Jaesche über den philosophischen Pantheismus, das schon so gut wie vergessen war. *Gutkinds Bibliothek ging zum größten Teil verloren, als sie nach der Ermordung seines Schwagers, der Vorsitzender der Gesellschaft für deutsch-sowjetische Freundschaft war, bei Hitlers Machtantritt fliehen mußten. Dank seiner alten freundschaftlichen Verbindungen zu dem bekannten Schriftsteller*

Upton Sinclair fand er in New York Zuflucht vor Hitler, *und* jedesmal, wenn ich *in den folgenden Jahren* nach New York kam, habe ich ihn in seiner *bescheidenen* Wohnung hoch oben im Master-Hotel am *Hudson* besucht. *Erst nach Hitler hat er auf englisch zwei Bücher von tiefer jüdischer Inspiration veröffentlicht, darunter das Buch »Choose Life. The Biblical Call to Revolt« (1952). Dieses Buch ist einer der interessantesten Versuche, biblische Konkretion an unsere heutige Welt zu binden, und es ist kein Wunder, daß ein solcher Versuch im wesentlichen in Richtung auf eine Anti-Theologie steckenblieb, deren theologische Tendenzen nicht realisiert werden durften. Soviel ich weiß, hinterließen diese Bücher und auch seine Aufzeichnungen, die aus seinem Nachlaß unter dem Titel »The Body of God. First Steps Toward an Anti-Theology« (1969) veröffentlicht wurden, keine Spuren in der Literatur zum Judentum, und dreißig Jahre der Suche nach dem eigenen Weg in New York waren voll der Mühe gewesen.*

Während des Ersten Weltkrieges hielten sich an der Berliner Universität einige Studenten aus Palästina auf, die gute Verbindungen zur zionistischen Jugend unterhielten. Zum Teil waren darunter die ersten Absolventen des Hebräischen Gymnasiums in Tel-Aviv, und zum Teil kamen sie aus dem Lehrerseminar des »Esra«. Gut kannte ich den schönen und hochgewachsenen Alexander Salzmann – er wurde später Regierungsarzt in Tel-Aviv und hieß Malchi –, Israel Reichert, den Botaniker und Aktivisten des ersten »Ha-poʿel ha-zaʿir« in Deutschland, Jaʿakov Lubman-Chaviv, Sohn eines bekannten Mitglieds des »Bilu« aus Rischon le-Zion, und – last but not least – Zilah Feinberg (Schoham) aus Chadera, die Schwester von Avschalom Feinberg, des Aktivisten des »Nili«, eine schöne und sehr wache junge Frau. Alle habe ich später bei verschiedenen Gelegenheiten im Land wieder getroffen. Eines war ihnen gemeinsam: sie sprachen ein ausgezeichnetes und wirklich schönes Hebräisch, dem man mit Vergnügen lauschte. Sie gehörten zur ersten Generation, in der das Hebräische aus dem Buch in die gesprochene Sprache hinüberwanderte; und obwohl sie alle auch Jiddisch und noch eine weitere Sprache, meist Russisch, sprachen, waren sie doch genauestens auf die semitische Syntax und die schöne Wortwahl bedacht – ihre Lehrer hatten ihnen natürlich beigebracht, darauf bedacht zu sein! –, die man erstrebte, bevor eine Generation nach ihnen jener Prozeß des Niedergangs einsetzte, durch den das gesprochene Hebräisch zu einer indoeuropäischen Sprache wurde. Diese hat heute unter denen, die zweisprachig aufwuchsen, Anwälte wie Sand am Meer, und wir alle sind durch ihren Einfluß verdorben. In jenen glücklichen Jahren, als auch ich hebräisch nach der Grammatik zu sprechen begann, korrigierte man noch unsere Fehler beim Sprechen, besonders bei Satzbau und Präpositionen, und ich erinnere mich an jene Zeiten wie an einen »Garten Eden« des Hebräischen vor der Sünde, vom Baum der Erkenntnis der Sprachen zu essen. Meine Bekannten konnten die Syntax eines jiddischen, deutschen oder russischen Satzes von der eines hebräischen Satzes unterscheiden, und ihnen danke ich es, daß sie mir die Zunge lösten und ich anfing, die Sprache der Quellen, neuer wie alter, die ich gelesen hatte, in eine gesprochene Sprache zu verwandeln. Es gab nur wenige »Jeckes«, die mit ihnen ein hebräisches Gespräch anknüpfen wollten, und sie waren sehr freundlich. Sie waren es auch, die uns halfen, vom aschkenasischen Akzent, in dem wir die ganzen Jahre über gelernt hatten, zum sephardischen (oder was man damals für sephardisch hielt) überzuwechseln. Alexander Salzmann las mit uns »neue« Literatur, das hieß Feierberg und Gnessin, und er erzählte uns viel von seinem chassidischen Elternhaus in der Ukraine und von den biblischen Studien bei Dr. Mossinson in Tel-Aviv. Inzwischen trennen uns von dieser Zeit mehr als zwei Generationen, und wenn ich heute Briefe lese, die ich vor sechzig Jahren auf hebräisch geschrieben habe, geschieht dies mit einem lachenden und einem weinenden Auge: lachend wegen des Fortschrittes unserer Sprache und weinend über den Preis, den wir dafür bezahlt haben.

Pension Struck
(1917)

Eine große Krise entwickelte sich zwischen meinem Vater und mir Anfang 1917. Mein Bruder Werner war *nach mehr als zweijährigem Militärdienst* im serbischen Feldzug *im Sommer* 1916 am Fuß verwundet worden und lag ziemlich lange im Lazarett in Halle an der Saale. *Ende des Jahres war er* schon fast wiederhergestellt, obwohl er noch etwas hinkte, und *nutzte seine reichlich vorhandene freie Zeit dazu*, in dieser Stadt, *in der die meisten Sozialdemokraten zum linken antimilitaristischen Flügel gehörten*, Verbindungen zu Gleichgesinnten aufzunehmen. Am 27. Januar, dem offiziellen Feiertag des Kaisergeburtstags, nahm er *in Uniform* an einer Antikriegsdemonstration der äußersten Linken teil und wurde verhaftet. Zuerst *wollte man ihn wegen Landesverrats anklagen – nach dem für ihn geltenden Militärgesetz eine besonders schwere* Anschuldigung, die erst später in die der Majestätsbeleidigung umgewandelt wurde.

Schon zwei Tage *nach seiner Verhaftung* ließ er mir Nachricht zukommen. *Einer* seiner Vertrauten *rief mich an, vereinbarte ein Treffen mit mir, und erzählte, was sie aus Halle erfahren hatten.* Als ich hörte, er säße wegen Landesverrat, war mir sofort klar, daß es bei uns zu Hause hoch hergehen würde. Ich nahm alle meine Papiere, vor allem *aber die Hefte, die* meine Tagebücher *aus der Kriegszeit enthielten*, und brachte sie zu meinem Freund *Harry* Heller. *Walter Benjamin war in diesem Monat in Berlin, aber unter komplizierten Umständen, da er einem Einberufungsbefehl nicht nachgekommen war, und es war unmöglich, zu seinem nervlich angespannten Zustand noch mit Material beizutragen, das gefährlich werden konnte, während Hellers Wohnung ganz ungefährlich war.* Zwei weitere Tage später erhielt mein Vater die offizielle Mitteilung der Behörde, daß sein Sohn verhaftet und wegen Landesverrat vor ein Kriegsgericht kommen würde. Es gab eine fürchterliche Szene am Mittagstisch. Als ich gegen eine seiner Behauptungen leisen Einspruch erhob, bekam er einen Wutanfall. Er hätte nun genug von uns beiden. Sozialdemokratie und Zionismus – alles dasselbe, *kriegsgegnerische und* deutschfeindliche Umtriebe, die er in seinem Haus nicht weiter dulden würde. Er wolle mich nicht weiter sehen. *Ich stand auf und ging auf mein Zimmer.* Einen Tag später erhielt ich von ihm einen eingeschriebenen Brief, in dem er mich aufforderte, am 1. März sein Haus zu verlassen und zu sehen, wie ich weiterkäme. Er lehne ab, irgend etwas mit mir zu tun zu haben und sei gesetzlich, da ich im zwanzigsten Lebensjahr sei, nicht weiter zu meinem Unterhalt verpflichtet. Er würde mir am 1. März hundert Mark zahlen, und damit basta.

Die Aufregung war groß. Ich war entschlossen, dem Hinauswurf Folge zu leisten und mich auf keine Vermittlungsversuche, die *sicher* kommen würden, einzulassen. *In der Familie, dem Kreis meiner Freunde* und der Redaktion der »Jüdischen Rundschau« wurde das alles schnell bekannt. Der Chefredakteur der »Rundschau« war damals Dr. Max Meyer, ein *engagierter* bayrischer *Zionist*, dessen Anschauungen weitgehend mit den meinen konform waren, und der auch zu den wenigen Menschen gehörte, die tief ins Hebräische eingestiegen waren. *Er war der Sohn reicher Eltern und hatte einige Jahre zuvor dasselbe erlebt wie ich jetzt. Als er nach Berlin kam, befreundeten wir uns und lasen gemeinsam hebräische Poesie.* Vor allem *aber* kam die Nachricht auf diese Weise auch zu meinem Freund Salman Rubaschow, von dem ich noch erzählen werde. Er sagte: Ein Märtyrer des Zionismus! Es muß etwas geschehen! Er traf sich mit mir: Keine Sorge, Sie müssen in die Pension ziehen, wo ich wohne. Ich werde veranlassen, daß Sie einen besonders billigen Preis und ein gutes Zimmer bekommen. Das war mir natürlich recht.

So kam ich in die Pension Struck am Schmargendorfer Ende der Uhlandstraße, wo ich bis zu meiner *Einberufung* zum Militär gewohnt habe, *die mich Anfang März erreichte (und ausgerechnet zur Infanterie). Es war* die einzige Zeit, die ich im Berliner Westen verbracht habe, *einer Welt, die vom Schauplatz meiner Kindheit und Jugend sehr verschieden war, und zwar nicht nur, was den Lebensstil und die Häuser, sondern auch, was die Berliner Mundart betraf, die dort gesprochen wurde.*

Fürwahr ein merkwürdiger Platz, *die Pension Struck*! Die Pensionsmutter, eine entfernte Verwandte des *bekannten* Radierers Hermann Struck, führte ein streng koscheres Haus für eine rein ostjüdische Klientele, der an der Beobachtung der Speisegesetze schon längst nichts mehr gelegen war *und die sich dennoch an einem koscheren Ort »zu Hause« fühlte*. Sie bestand überwiegend aus jener russisch-jüdischen Intelligenz, die ich teils aus der »Jung Juda«, teils aus dem Jüdischen Volksheim schon persönlich kannte. *Hinzu kamen einige wenige Juden aus Galizien.* Ein junges Mädchen aus einer frommen süddeutschen Gemeinde und ich waren die einzigen deutschen Juden dort. Bei Tisch hörte man Deutsch mit *slawischem* Akzent – *zu Ehren der Frau Struck*, Jiddisch und Hebräisch durcheinander. *Oft kamen Gäste, die einmal dort gewohnt hatten und dem Geist der Gruppe noch nahestanden, so Josef Salzmann, ein großer Kaufmann und Mitglied der »Poʿale Zion«, sein Bruder Motia, Dr. Jacob Grommer, der Mathematiker, und Chajim Aharon Krupnik. Sie alle und auch Bewohner der Pension wie Chajim Berlin (später Medizinprofessor in Tel-Aviv), Zwi Kitain (später Arzt in Hebron und Tel-Aviv), M. E. Zhernensky (M. E. Jacques, den ausgezeichneten hebräischen Schriftsteller, der das »koschere« Mädchen aus Deutschland, die in der Pension lebte, geheiratet hat) und Guste Strumpf (später Rechev), eine der ersten Frauen bei »Solel Boneh«, habe ich später im Lande wiedergesehen, und ihre Gestalten haben sich meiner Erinnerung eingeprägt.*

Mehrere der Gäste gehörten zu den Anhängern der sozialistisch-zionistischen Partei der »Poʿale Zion«, die ihren Zionismus *sozusagen auf die Grundlage einer marxistischen Analyse der jüdischen Gesellschaft gestellt* hatten. Die Atmosphäre war *überhaupt* rein zionistisch, da es unter den Zionisten aber natürlich schon sehr verschiedene Strömungen gab, zum Beispiel Verteidiger und Gegner des Jiddischen, fehlte es *bei Tisch* keineswegs an lebhaften politischen und *ideologischen* Auseinandersetzungen. *Zhernensky, der aus Litauen kam und an der Jeschiwa in Slobodka studiert hatte, sprach ein reines und prachtvolles Hebräisch, wie ich es bis heute nicht wieder gehört habe, war jedoch zu meinem Bedauern wenig gesprächig. Er war höflich, aber verschlossen. Ich habe oft versucht, ihn durch Sätze, die seinen Widerspruch reizen mußten, zum Sprechen zu bringen, um dieses wundervolle Hebräisch und seine Ansichten über Bücher und Schriftsteller zu hören, also alles, was Jahre später in seinen Reiseberichten und ausgezeichneten Übersetzungen aus dem Russischen Ausdruck fand. Er stand dem Geist der »Poʿale Zion« zwar recht fern, mied aber Diskussionen. Jedenfalls* ergab dieses Gemisch *auf gemeinsamer Grundlage* eine höchst anregende Gesellschaft.

Natürlich war die Pension Struck ideal, um die Echos des großen und entscheidenden Ereignisses des Jahres 1917, der Russischen Revolution, aufzufangen, deren erste Anzeichen damals zu uns drangen. Von Mitte März bis Mitte Juni war ich Zeuge der gewaltigen Aufregung, die die Bewohner der Pension in den ersten Phasen der Revolution ergriff, da sie wie gesagt zum größten Teil russische Juden waren. Zunächst herrschte noch eine gewisse Unsicherheit darüber, welche Richtung die stürmischen Ereignisse nehmen würden, die aber der Begeisterung wich, als die liberale erste Regierung auftrat und vor allem, als Mitte Mai die sozialdemokratische Regierung unter Kerenski gebildet wurde. Die Abschaffung sämtlicher antisemitischer Gesetze und Verordnungen, die für Millionen russischer Juden die Befreiung brachte, veränderte die Situation völlig, und Hochgefühl kam auf. Mit dem Fall des Zarentums verschwand die Feindschaft gegenüber Rußland wie über Nacht, und es herrschte höchster Optimismus. Im April und Mai kamen genauere Informationen darüber, wie sich die jüdischen Massen, nachdem ihnen volle Freiheit nach allen Seiten gewährt worden war, auf Grund ihrer verschiedenen Anschauungen organisierten, und es zeigte sich, daß der Zionismus, der mehr und mehr hervortrat, eine mächtige Kraft war. Ich erinnere mich noch an den Jubel, als Rubaschow – vor allem im Mai – die ersten Ausgaben jiddischer und hebräischer Zeitungen in die Pension brachte, die über Stockholm an den Herausgeber der »Rundschau« gelangt waren, und von den Bewohnern der Pension nachts verschlungen wurden. Es herrschte das Gefühl eines neuen Frühlings in der Welt. Wir führten endlose Diskussionen über die Aussichten auf Beendigung des Krieges, denn bald wurde klar, daß dies die entscheidende Frage war, vor der die neue Regierung stand, und daß sie über das Schicksal der sich ausweitenden Revolution in hohem Maße entscheiden würde. Rubaschow erzählte von den ersten Schritten zu einer Organisation namens »He-Chaluz« in Rußland und zu einer großen Einwanderungsbewegung, die, wie viele hofften, mit Kriegsende einsetzen würde. Man muß bedenken, daß es noch keine Balfour-Erklärung gab, und daß man auch in Deutschland politisch einiges unternahm, um das deutsche Außenministerium zu Erklärungen und vor allem zu konkreten Schritten bei der türkischen Regierung zu bewegen, die die Tore des Landes öffnen sollte. Von den Bolschewiken war keine Rede, und selbst als Lenin Ende April nach Rußland zurückkehrte und die Aktivität der Bolschewiken die Öffentlichkeit zu beschäftigen begann, dachte keiner im Ernst daran, daß ausgerechnet sie, die bei allen Wahlen eine kleine Minderheit geblieben waren, imstande sein würden, die Herrschaft zu übernehmen. Nicht die Bolschewiken, sondern die Menschewiken waren für die Zionisten ein Problem, denn zu ihren bekanntesten Köpfen gehörten einige sehr einflußreiche Juden, die, wie man wußte, eingeschworene Gegner sämtlicher zionistischer Richtungen, besonders aber der »Poʿale Zion« waren. So war die Stimmung, als ich die Pension verließ. Doch welche Wendung hatten die Dinge genommen, als ich Rubaschow nach der bolschewistischen Revolution im folgenden Winter wiedersah. Ich fand ihn erschüttert über die Schrecken der Ereignisse, von denen ein Mann wie er nichts Gutes erwarten konnte. Er sagte zu mir: »Alle Hoffnungen, die wir auf die März-Revolution gesetzt haben, waren umsonst«, und er hat recht gesehen.

Als der einzige »richtige« Berliner wurde ich *in der Pension* sehr freundschaftlich behandelt, aber doch so einigermaßen wie ein bunter Hund angestaunt. Es war schon die Zeit der großen Lebensmittelnot (das Ende des berüchtigten Kohlrübenwinters), aber Frau Struck war eine jüdische Witwe, die hauszuhalten verstand. *Wir überließen ihr alle Lebensmittelkarten (die es schon seit längerer Zeit gab), und als angenehme Überraschung stand* im Vorratsschrank von Zeit zu Zeit noch eine Torte, die spät in der Nacht ihre Bestimmung erfüllte. Denn nicht wenige aus diesem Kreis liebten nächtliche Diskussionen, die sich oft bis zwei Uhr morgens hinzogen.

Der lebendige Mittelpunkt der Pension Struck war der 27jährige Salman Rubaschoff (oder Rubaschow), später als Schneur Salman Schasar Staatspräsident von Israel. Rubaschoff – von ihm hat Arthur Koestler den Namen des Helden seines *berühmten* Romans »Darkness at Noon« über die Moskauer Prozesse genommen – stammte aus einer sehr angesehenen, *dem Chabad-Chassidismus nahestehenden,* aber schon mit der Aufklärung liebäugelnden Familie in *Weißrußland*. Schon mit sechzehn Jahren war er das Wunderkind der »Poʿale Zion« *und übersetzte das Grundsatzpapier der Bewegung »Tokhnitenu« (»Unsere Plattform«) in klangvolles Hebräisch*. Seine Leidenschaft galt allem Jüdischen, vor allem aber der jüdischen Geschichte. *Er hatte ein paar Jahre in Rußland studiert, besonders an der »Akademie« des Baron David Günzburg, der ersten akademischen Institution für Judaistik in Europa, die nicht der Rabbinerausbildung diente,* und war 1912 nach Deutschland gekommen, um bei Friedrich Meinecke in Freiburg sich als Historiker auszubilden. Bei Kriegsausbruch als feindlicher Ausländer interniert, wurde er wie alle anderen russischen Juden schon 1915 freigelassen, nachdem die jüdischen Organisationen in Deutschland die *zuständigen Behörden* überzeugt hatten, daß diese russischen Juden weit größere Gegner des russischen Regimes seien als Deutschlands, ja »de facto« ausgesprochen deutschfreundlich – *was unter den damaligen Umständen auf die meisten zutraf*. So kam Rubaschow nach Berlin, wo er sich nur zweimal wöchentlich bei der *nahegelegenen Polizeistation* zu melden hatte, und wurde der Spezialist für alle jüdischen Angelegenheiten in der »Jüdischen Rundschau«, da er Hebräisch, Jiddisch und Russisch fließend beherrschte. Daneben entfaltete er eine rege Tätigkeit bei der zionistischen Studentenjugend, den »Poʿale Zion« und dem im *Parterre des Volksheims* untergebrachten »Jüdischen Arbeiterbildungsverein Perez«, in dem *die »Poʿale Zion« und die Bundisten* für die Dauer des Weltkriegs einen Burgfrieden geschlossen hatten *und Jiddisch die gemeinsame Sprache beider Parteien war. So wie er nach seiner Arbeit in der Redaktion einen freien Abend hatte, ging er dorthin und hielt einen Kurs über die Geschichte des Volkes Israel von Adam oder unserem Vater Abraham – ich war nicht dort – bis zur Gegenwart. Und viele warteten dort trotz seiner häufigen Verspätungen auf ihn, denn es lohnte sich.*

Zum ersten Mal habe ich ihn 1916 gehört, als er zur »Jung Juda« kam, um über den einige Monate zuvor verstorbenen Scholem Alechem zu sprechen und uns seine Gestalt und sein Werk vor Augen zu führen. Sein Ruf als hinreißender, oft ekstatischer Redner, der nicht seinesgleichen hatte, *eilte ihm voraus. Er sprach mit chassidischer Begeisterung, selbst wenn es um Themen ging, die vom Chassidismus weit ab lagen. Für viele meiner Generation in*

Deutschland bedeutete sein Auftreten eine echte Entdeckung, denn so sprach kein anderer Redner zu uns – und er hat diese Redeweise bis an sein Lebensende beibehalten. Er fing ganz leise an, um nach zwei oder drei Minuten plötzlich in eine Art Trance zu verfallen, in der er mit großem Stimmaufwand und einer Gestikulation, die fast mehr sagte als seine Worte, in dramatisch hinströmenden Sätzen, selbst wenn es 1 bis 2 Stunden dauerte, seine Rede zu Ende brachte. Danach war er total erledigt und erholte sich in einem Café oder in der Küche der Pension Struck in langsam wieder anschwellenden Diskussionen. Er war ein Phänomen. Und das merkwürdigste: er hatte etwas zu sagen. *Bei ihm wurden die Worte lebendig, er schöpfte sie aus echter Kenntnis der jüdischen Welt, und inspiriert wie sie waren, rissen sie die Zuhörer mit.* Ob er über die Geschichte der Bibelkritik sprach, über irgendein Thema aus der jüdischen Geschichte, vor allem auch über die der jüdischen Arbeiterbewegung, oder über die Aufgaben, die uns beim Aufbau einer neuen Gesellschaft in Palästina nach dem Kriege bevorstehen würden – es hatte Substanz. *Besonders gern sprach er über Menschen*: über hebräische oder jiddische Dichter und Prosaisten *der letzten beiden Jahrhunderte oder über Gestalten der Geschichte, und mit seiner gewaltigen Kraft ließ er vor seinen Hörern ganze Gebäude und Welten erstehen.* In drei Sprachen habe ich ihn Vorträge halten gehört, und es war jedesmal erstaunlich. Sein Eindruck in Deutschland war überwältigend, aber, um die Wahrheit zu sagen, im Lande Israel kam seine eben geschilderte Erscheinung als Redner – *so habe ich später erfahren* – nicht an. Die aus Osteuropa kommenden Juden, *wie auch viele andere*, vertrugen das nicht. Vielleicht hatten sie ähnliche Redner schon in ihren Ursprungsländern gehört – *ich bin mir dessen nicht sicher; jedenfalls war man* allergisch *gegen* Rhetorik *und nahm sie nicht immer beifällig auf.*

Die Pension Struck war auf zwei Stockwerke verteilt, und wir wohnten jetzt auf dem unteren Stockwerk Zimmer an Zimmer. Vor elf Uhr morgens war Rubaschow nicht zu gebrauchen. Er ging spät nachts zu Bett, las oder schrieb Gedichte und erschien erst gegen Mittag auf der Redaktion der »Rundschau«. Aber beim Mittagessen oder abends blühte er auf. *Er bekam Briefe und alle möglichen Sonderdrucke aus Palästina und mir wurde erzählt, daß seine Verlobte, die mit ihm in den Kursen des Baron Günz-*

burg studiert hatte, schon vor dem Krieg ins Land eingewandert sei, und daß sie beide auf das Ende des Krieges warteten, um zu heiraten. (Es war Rachel Kaznelson, eine Verwandte Berls, die ich erst neun Jahre später kennenlernte. Ich staunte nicht wenig, als ich in ihr einen Charakter entdeckte, der dem Schasars völlig entgegengesetzt war: pedantisch und verschlossen, ernsthaft und allen Ergießungen gänzlich abgeneigt.)

Kaum stand fest, daß ich in die Pension Struck übersiedeln würde, machte *Rubaschow* sich Sorgen, wie ich nun durchkommen solle. *Meine Mutter, die sehr unter dem Bruch litt, unternahm es, mir heimlich zu helfen, obwohl die Atmosphäre zu Hause sehr angespannt war, und auch mein Onkel und meine Tante ermutigten mich, meine Studien fortzusetzen, doch in der Hauptsache kam die Rettung von Rubaschow.* Er kam zu mir und sagte: »Wir haben die Lösung gefunden! Gerade ist in New York die zweite verbesserte Auflage des Gedenkbuchs für die vor dem [Ersten] Weltkrieg in Palästina auf der Wacht der jüdischen Siedlungen Gefallenen, die alle der zionistischen Arbeiterbewegung angehörten, erschienen, und wir haben ein Exemplar bekommen. Jetzt haben einige Genossen, die 1915 von den Türken ausgewiesen wurden, weil sie keine ottomanischen Bürger werden wollten, es auf jiddisch sehr erweitert herausgegeben. Sie sind der Mann, der *eine Auswahl daraus* ins Deutsche übersetzen muß! Buber wird die Vorrede schreiben (bei Buber hieß so etwas »Geleitwort«). Wir haben schon einen Verlag, *den »Jüdischen Verlag«*, und *sein Leiter*, Dr. Aron Eliasberg, wird Ihre Übersetzung honorieren, so daß *die Pensionskosten drei Monate lang zum größten Teil gedeckt sind.*« Dies Buch war in einer viel kleineren Fassung schon *1912* in Jaffa auf hebräisch erschienen *und war in der Hauptsache nichts anderes als eine literarische Anthologie. Eine stark veränderte jiddische Fassung erschien zweimal – 1916 und 1917 – in New York mit jeweils wechselnden Herausgebern. Die Redaktion der ersten (kurzen) Fassung lag unter anderem bei* Jizchak Ben-Zwi; *unter den Redakteuren der zweiten erweiterten Ausgabe, in der Jizchak Ben-Zwi nicht mehr auftauchte, war* David Ben-Gurion, *und der einzige, der an beiden Fassungen mitgewirkt hatte, war Alexander Chaschin – alle drei* außerhalb des Kreises der Partei der »Poʿale Zion« ganz unbekannte *Personen. Tatsächlich stammten die meisten Aufsätze aus dem Band von 1917, den Rubaschow mir gab, von Ben-Zwi und Ben-Gurion*, (*die* sich für mehrere Aufsätze verschiedene Pseudonyme zugelegt *hatten*). *Rubaschow schlug vor, manche Erinnerungen wegzulassen.*

Sein Angebot war verlockend, aber ich hegte auch meine Zweifel. Ich sagte zu Rubaschow: Aber wie soll ich denn aus dem Jiddischen übersetzen? »Was, Sie haben doch gerade erst vor *zwei Monaten* den Alexander Eliasberg [Arons Vetter] in der »Jüdischen Rundschau« wegen seiner schaurigen Übersetzung aus dem Jiddischen vernichtet!« Ja, sagte ich, das ist doch etwas anderes. »Unsinn«, sagte Rubaschow, »Sie können Hebräisch, das weiß ich, und können also die ursprünglich hebräisch geschriebenen Aufsätze aus dem Original übersetzen. Daß Sie Deutsch können, brauchen Sie mir nicht zu beweisen. Mittelhochdeutsch haben Sie auf dem Gymnasium gelernt, wozu haben Sie mir denn Walther von der Vogelweide deklamiert!? Und die slawischen Worte fragen Sie eben mich; dazu wohnen wir ja nebeneinander. Da haben Sie also Ihr Jiddisch.«

So widmete ich denn fast drei Monate lang täglich drei Stunden dieser Arbeit, meiner ersten, 1918 anonym erschienenen Buchveröffentlichung: »Jiskor – ein Buch des Gedenkens an gefallene Wächter und Arbeiter im Lande Israel. Deutsche Ausgabe.« [Mit dem Wort »Jiskor« »Er – nämlich Gott – gedenke« beginnen die Gebete bei den Gedenkfeiern für die Verstorbenen in der Synagoge.] Ich sagte, anonym erschienen. Ich war noch sehr jung, leidenschaftlich und wahrscheinlich etwas töricht. Als mich einige recht militaristisch klingende Sätze in manchen Beiträgen stark ärgerten, schrieb ich Buber, ich könne es nicht mit meinem Gewissen vereinbaren, solche Sachen mit meinem Namen als Übersetzer herausgehen zu lassen. *Man kann wohl sagen, daß ich ein Dummkopf war. Meine Weigerung erregte auch berechtigten Ärger, doch man einigte sich darauf, daß ich als N. N. firmieren sollte.* Das Buch enthielt einige großartige Aufsätze *von Ben-Gurion*, J. Ch. Brenner, [einem der bedeutendsten Köpfe des russischen Judentums und der jüdischen Arbeiterbewegung im Lande Israel, der 1921 während der Mai-Unruhen von Arabern ermordet wurde,] *und Rabbiner Benjamin*. Es stand dort aber auch eine Menge sentimentalen Zeugs, das sehr erfolgreich auf die Tränendrüsen vieler Leser und Leserinnen gewirkt hat, denn das Buch fand sowohl in der deutschen als *auch später* in der polnischen Ausgabe zahlreiche Leser. *Bis heute kann ich mich an den Schlußsatz erinnern, der damals zu einem geflügelten Wort wurde, und von dem ich nicht weiß, ob er seinerzeit tiefe Wahrheit oder anmaßender Kitsch war: »Auf dem Weg von der Siedlung zu den Gräbern liegt das neue Geheimnis des Landes Israel verborgen!« Als ich Rubaschow einige Jahre später fragte, wo Alexander (Chaschin), der diesen Satz geschrieben hatte, sei, antwortete er: »Er ist zu den Bolschewiken nach Rußland gegangen.«* [So wurde ich der erste deutsche Übersetzer David Ben-Gurions, dem ich das an seinem 85. Geburtstag zu seiner Überraschung erzählt habe.]

Vor dem Erscheinen des »Jiskor« gab es freilich noch einen Zwischenfall. Victor Jacobson, ein Mitglied der fünfköpfigen zionistischen Exekutive, der in Kopenhagen *versuchte*, die Verbindung zwischen London und Berlin aufrechtzuerhalten, *kam mit einer besonderen Erlaubnis des deutschen Außenministeriums häufig nach Berlin. Dort* hörte er von dem Plan der Veröffentlichung und kam zu Rubaschow. Dies Buch dürfe auf keinen Fall erscheinen. *Er habe es gesehen, und* es würde uns in große politische Schwierigkeiten mit den türkischen Behörden bringen, die zwar nicht jiddisch läsen, von einer deutschen Ausgabe aber schnell Kenntnis erhalten würden. Außerdem sei es – was ja auch meine eigene Meinung war – stellenweise zu blutrünstig. Man diskutierte fruchtlos hin und her und einigte sich darauf, die Sache vor Buber zu bringen, dessen zionistische Autorität damals beträchtlich war. Als beide ihm ihre Gründe für und gegen das Erscheinen vorgetragen hatten, stand Buber auf, blickte nach oben und sagte nur: »Ich habe einen Auftrag.« So erschien das Buch.

Rubaschow war zwar *ein Mann der »Poʿale Zion«, ein treuer Schüler Ber Borochows, und bestand auf einer borochowistischen Analyse der jüdischen Geschichte, die sich der Kategorien des Klassenkampfs bedient (und mich nicht überzeugte),* stand aber *wunderbarerweise* selbst damals auf gutem Fuß mit Gott. Wo die Religion nicht mehr als Mittel zur Unterdrückung und Ausbeutung der Massen benutzt werden könne, würde sie erst ihrer wahren Bestimmung in einer befreiten Gesellschaft gerecht werden. Von einigen seiner Vorträge und Kurse, *die er in diesen Jahren in Deutschland und Österreich hielt*, aufgeregt, erwarteten viele ein neues Verständnis für die messianischen Bewegungen im Judentum, das er eröffnen würde. Ich selbst habe *seine Kurse nicht besucht, aber von ihnen gehört und seine ersten gedruckten Schriften gelesen – und auch ich habe,* als meine Forschungen mich viele Jahre hindurch auf dieses Gebiet brachten, lange gewartet, ob er die auf ihn gesetzten Hoffnungen mit einem Werk erfüllen würde, bevor ich meine eigenen umfangreichen Arbeiten *über die sabbatianische Bewegung* zu publizieren begann. Aber sein politischer Ehrgeiz stand seinem wissenschaftlichen im Wege und verhinderte ihn an voller Entfaltung. Er schrieb eine Reihe schöner, ja ergreifender Essays über Vorgänge und Personen der jüdischen Geschichte und besonders aus der Arbeiterbewegung. Aber er schrieb eher als sozialistischer Romantiker denn als Forscher.

Im Mai 1917 *beendete ich die Übersetzung des Buches »Jiskor« und* bekam einen Gestellungsbefehl zum 18. Juni. *Inzwischen lud mich Motia (Mordechai) Salzmann, den ich schon als Besucher der Pension Struck vorgestellt habe, in seine nahegelegene Wohnung ein. Er sagte, er habe viel über mich und meine Geschichte gehört (sicher hatten ihm sein Bruder und Salman Rubaschow manches erzählt), und es sei schade um die Zeit, die ich für meinen Unterhalt aufwenden müßte. »Ich bin ein wohlhabender Mann, und mir wird nichts fehlen, wenn ich dafür Sorge trage, im Gegenteil, es wird mir eine Freude und ein Vergnügen sein, wenn ein junger Mann wie Sie sich in seinem Studium frei entfalten kann.« Er schlug mir vor, keine weitere Arbeit zu übernehmen, sondern von ihm für die nächsten drei Jahre ein hohes Stipendium anzunehmen. (Er war Großkaufmann und hielt sich damals hauptsächlich in Kopenhagen und zum Teil in Berlin auf.) Sein großzügiger Vorschlag berührte mich sehr. Ich dankte ihm aber und sagte, daß ich das nicht annehmen könne, da ich für meine Zukunft lernen müsse, auf eigenen Füßen zu stehen. Außerdem stehe so oder so meine Einberufung zum Militär bevor, und wer wüßte schon, was morgen sei. (Zehn Jahre später traf ich Motia Salzmann und seine Frau in Paris, als ich schon Dozent an der Hebräischen Universität war, und die Freude auf beiden Seiten war groß.)*

So schwer es ihm gefallen sein muß, um fünf Uhr morgens aufzustehen, ließ Rubaschow es sich nicht nehmen, mich *am 18. Juni als Zeichen melancholischer Freundschaft* zur Kaserne in der General-Pape-Straße zu begleiten, *wo ich erfahren sollte, wohin die Rekruten gebracht würden.* Am Kasernentor umarmte er mich nach russischer Weise und küßte mich auf beide Wangen. Er drückte mir etwas kleines Schwarzes in die Hand und sah mir wehmütig nach. Was er mir in die Hand gedrückt hatte, war eine Miniaturausgabe des hebräischen Textes der Psalmen, in die er *vor dem Tor* den Psalmenvers hineingeschrieben hatte: »Gott schütze dich vor allem Bösen, er schütze deine Seele.« Dies ganz kleine, schwarze Büchelchen hat mich seitdem, und bis heute, auf allen meinen Wegen und Reisen begleitet. Fünfzig Jahre später waren wir beide nach lebenslangen Beziehungen wieder Nachbarn in derselben Straße in Jerusalem geworden, und am Ende unserer sehr verschiedenen »Karrieren« erfüllten wir nachbarliche und nicht ganz unähnliche repräsentative Funktionen, von denen uns in der Pension Struck in Berlin nichts träumte: er als der dritte Präsident des Staates Israel und ich als der dritte Präsident der Israelischen Akademie der Wissenschaften.

Anfang Januar 1917 knüpfte ich engere Beziehungen zu einem Mann, der große Sympathien bei mir weckte. Max Strauß war ein ungewöhnlich begabter, sehr sensibler und großartig aussehender junger Rechtsanwalt noch unter dreißig. Ich würde sagen, daß sein großartiges Aussehen ihn ruiniert hat, denn er hatte es überall zu leicht und brauchte sich nicht anzustrengen, *außerdem war er im Grunde jemand, der die Dinge aus der Distanz beobachtete und sich von Ambitionen nicht fortreißen ließ.* Als meine scharfe Polemik gegen den damals als Übersetzer aus dem Russischen sehr bekannten Alexander Eliasberg erschien, der sich eine Übersetzung aus dem Jiddischen geleistet hatte, der ungefähr alles fehlte, *da er ein Ignorant war,* rief mich Max Strauß an, machte mir große Komplimente und lud mich ein, ihn zu besuchen, da er selber mit einer diffizilen Übersetzungsaufgabe beschäftigt sei. Ich ging hin und fand, sehr erfreut, etwas wie einen ganz nahen Gesinnungsgenossen in vielem, was Zionisten damals beschäftigte, und dazu einen freundlichen und angenehmen Menschen. Er neigte denselben radikalen Auffassungen über das Judentum in

Deutschland und seine Zukunft zu, aber er vertrat sie *in maßvoller Sprache ohne polemische Note* mit einer mir unerreichbaren Gelassenheit und Vornehmheit, die ihm die scharfen Zusammenstöße ersparte, die meinen Weg *in Deutschland* bezeichneten. Drei Monate vor Kriegsausbruch war er *direkt nach seiner Hochzeit* nach Palästina gegangen, in der Absicht, dort zu bleiben, aber der Kriegsausbruch hatte *auch* ihn zur Rückkehr gezwungen. Er hatte mehrere Jahre ziemlich ordentlich Hebräisch gelernt, fühlte sich aber besonders in rabbinischem Hebräisch nicht sicher und konsultierte gern Menschen, die ihm darin über waren. Sein deutsches Sprachgefühl war außerordentlich, und er hatte den Plan gefaßt, Agnons erstes Buch, die 1912 in Jaffa erschienene Erzählung »Und das Krumme wird gerade«, *die ihm vielleicht schon dort in die Hände gefallen war*, so zu übersetzen, daß der Tonfall und die Struktur des Agnonschen Hebräisch möglichst erhalten bleiben sollte. Stücke daraus, die schon publiziert worden waren, hatten auch meine Aufmerksamkeit erregt, *und jetzt bat er mich, die fertige Übersetzung zu lesen und zu einigen Stellen, die ihm Schwierigkeiten bereitet hatten, Stellung zu nehmen. Zwischen Januar und April unterhielt ich zu ihm und zu Walter Benjamin sehr enge Beziehungen,* und der Herauswurf aus dem väterlichen Haus brachte *uns einander* noch näher. *Benjamin verließ Berlin nach seiner Hochzeit Mitte April, und wir trafen uns erst ein Jahr später in der Schweiz wieder. Nach seinem Fortgang lernte ich bei Strauß noch zwei Menschen kennen, die mich unter ganz verschiedenen Gesichtspunkten interessierten: seinen Bruder, den Dichter Ludwig Strauß, und S. J. Agnon. Ludwig Strauß war ein deutscher Lyriker und überzeugter Zionist. Er hatte den gleichaltrigen Benjamin schon 1912 kennengelernt und auch in enger Verbindung mit dessen Freund Fritz Heinle gestanden, der eine Woche nach Kriegsbeginn Selbstmord beging. Strauß und Heinle hatten dieselbe Klasse eines Aachener Gymnasiums besucht, und Strauß erzählte von ihm, während Benjamin um Heinle eine Mauer ehrfürchtigen Schweigens errichtet hatte. Strauß interessierte sich sehr für meine Beziehungen zu Benjamin, verbarg mir jedoch, daß er schon in den Jahren 1912-1913 Diskussionen und einen Briefwechsel mit Benjamin über den Zionismus geführt hatte, der bis heute aufbewahrt blieb, und den ich erst sechzig Jahre später gelesen habe. Als wir uns kennenlernten, erzählte er mir, daß er gerade mit dem Entwurf einer säkularen »Ethik« befaßt sei, und schlug mir vor, ihn zu lesen und ihm meine Meinung zu sagen. Das war die erste einer ganzen Reihe von Diskussionen, die ich im Laufe meines Lebens mit Kollegen und Freunden, die eine gültige atheistische Ethik aufstellen wollten, geführt habe, aber keine einzige schien mir philosophisch überzeugend zu sein. Obgleich unsere persönlichen Verbindungen mit den Jahren schwächer wurden, las ich weiterhin seine Gedichte, und als er wegen Hitler ins Land kam, erstaunte er mich sehr, da er als einer der ganz wenigen auch im Hebräischen eine eigene dichterische Sprache und einen eigenen Stil fand. In Deutschland gründete er am Ende des [Ersten] Weltkriegs als einer der ersten (mit Chajim Arlosoroff, Israel Reichert und Georg Landauer) einen »Zweig des Ha-po'el ha-za'ir« und dessen Monatszeitung »Die Arbeit«, doch sein Weg im Land führte ihn zum »Ha-schomer ha-za'ir«. Zwischen 1917 und 1920 wechselten wir einige, auch längere, Briefe.*

Max Strauß erzählte mir von Agnon, *den ich* vorher *nur von weitem* im Lesesaal der Bibliothek der Jüdischen Gemeinde gesehen, *aber nicht persönlich kennengelernt hatte.** *Sein Buch, das ich mit großem Interesse las, als ich die deutsche Übersetzung von Strauß prüfte, schien mir ein außerordentliches literarisches Ereignis – das ich nach fünf Jahren des Studiums und der Vertiefung ins Hebräische auch mit Genuß aufnahm –, und ich war neugierig, Agnon wie von Strauß geplant persönlich kennenzulernen. Unsere erste Begegnung fand statt, als ich schon zu den Bewohnern der Pension Struck gehörte, und ich war fasziniert. Strauß* war mit Agnon gleichaltrig, behandelte ihn aber mit größter Zuvorkommenheit und Verehrung, wie ein sehr seltenes Exemplar der Gattung Mensch. *Wie mir rasch klar wurde, war das* bei Agnon, einem unendlich empfindlichen und komplizierten Menschen, sehr am Orte. *In der Zeit vor meiner Einberufung zum Militär begegneten wir uns mehrmals bei Max Strauß.* Wir gefielen uns. Ich fand in ihm eine neue, ganz originelle Verkörperung jüdischen

* Hier und an weiteren Stellen fehlen im Hebräischen längere Passagen, die Scholem aus seiner hebräischen Rede über »Agnon in Deutschland« in die deutsche Fassung der Autobiographie übernahm. Eine leicht erweiterte deutsche Fassung der Rede erschien in der »Neuen Zürcher Zeitung« (12. 2. 1967) und in »Judaica 2«, Frankfurt am Main 1970, S. 122-132. (A. d. Ü.)

Wesens und jüdischer Tradition (obwohl er damals keineswegs etwa orthodox war), und ihn zog *vielleicht* meine leidenschaftliche Hinwendung zu den Quellen und der Ernst, mit dem ich das Hebräische studiert hatte, an. *Ich habe in meinem Aufsatz »Agnon in Deutschland« ausführlich von Agnon erzählt, werde hier aber manches noch einmal erwähnen.*

In seinem Auftreten, wohl auch in seinem Charakter, war er geradezu ein Gegenpol zu Salman Rubaschow, dessen expansive Art ihm völlig abging. Dem Abstrakten ganz abgewandt, lebte er im Imaginativen und drückte sich, in seinen Schriften wie im Gespräch, nur erzählerisch und in Bildern aus. Jedes Gespräch mit ihm ging schnell in eine oder mehrere Erzählungen über, Geschichten von großen Rabbinern, *Chassidim* und einfachen Juden, die er bezaubernd intonierte, einem Zauber, der sogar seinem farbigen, aber durchaus inkorrekten Deutsch innewohnte.

Er legte großen Wert darauf, zwischen dem Künstler und dem Menschen Agnon zu unterscheiden. Als ich ihn mit seinem hebräischen »nom de plume« Agnon anredete, protestierte er: Mein Name ist Czaczkes, *und so nannten ihn tatsächlich alle in Berlin. Später, als wir beide in München wohnten, fragte ich ihn, warum er nicht Agnon genannt werden wolle, und er antwortete:* Agnon sei zwar ein schöner literarischer Name *(so nannte er sich nach seiner ersten hebräischen Erzählung »'Agunoth«)*, aber was könne schon an einem Namen sein, den er selbst erfunden hätte und der in den heiligen Büchern nicht vorkomme, während der Name Czaczkes, wie er mir zu beweisen unternahm, unter den mystischen Engelnamen im Buche »Rasiel«, einem alten hebräischen Buch über Angelologie zu finden sei. *Ich ging und prüfte das, fand heraus, daß unter den vielen Permutationen magischer Namen der gedruckten Ausgabe auch die Kombination »Schaschkes« auftaucht, und verstand, daß* die Argumentation nicht ganz ernst *gemeint war.*

Zu Beginn des Frühjahrs 1917 wurde in Berlin der »Hebräische Klub« gegründet, der fast ausschließlich von russischen, polnischen und palästinensischen Juden besucht wurde. Drei oder vier deutsche Juden kamen auch hin, *und aus Erbarmen mit ihnen wurde ausgerechnet ich zu einem Mitglied des Klubs gewählt, dem große Künstler der hebräischen Sprache wie Dr. Simchoni, Baruch Krupnik (Caro) und Rubaschow angehörten. Unter seinen*

Rednern waren Salman Schne'ur und der Rabbiner Jechiel Weinberg, ein hervorragender Talmudgelehrter und Freund von Rubaschow, der in herzerfrischendem Hebräisch, doch als einziger in unerschrocken aschkenasischer Aussprache dozierte. Ich entsinne mich *des* Abends im Mai, *an dem* Agnon eine seiner fast vollkommenen Geschichten las, die »Erzählung vom Toraschreiber«, die noch nicht im Druck vorlag, aber schon ins Deutsche übersetzt *worden war.* Noch jetzt ist mir der tiefe Eindruck gegenwärtig, den diese Geschichte machte. Noch höre ich den Nachklang von Agnons zarter und klagender Stimme, als er seine Geschichte in einer Art nach innen gekehrtem, monotonen Singsang vorlas, ich hätte fast gesagt, ableierte, denn er war kein guter Interpret seiner eigenen Werke.

Die russischen Juden, mit denen ich in der Pension Struck wohnte, waren ihrer Anlage und ihrem Charakter nach Intellektuelle, im Grunde Aufklärer und Aufgeklärte. Agnon aber kam gleichsam von ganz weit her, aus einer Welt der Bilder, in der die Quellen der Imagination aufs reichste sprudelten. Seine Gespräche waren oft genug durchaus profaner Natur, aber er sprach im Stile der Helden seiner Erzählungen, und dieser Sprechstil hatte etwas unwiderstehlich Anziehendes.

Walter Benjamin war um diese Zeit, *wie gesagt,* schon nicht mehr in Berlin, und als er mehr als drei Jahre später dorthin zurückkehrte, waren weder Rubaschow noch Agnon mehr in der Stadt. So kam es nicht dazu, daß ich diese beiden bei mir so hochgeschätzten »Ostjuden« mit ihm zusammenbrachte, *die* gerade in ihrer Gegensätzlichkeit *symbolisierten, was lebendiges Judentum ist.*

Jena
(1917-1918)

Meine Militärzeit *im ostpreußischen Allenstein* verlief kurz und stürmisch, und ich will nicht von ihr sprechen. Ich lehnte mich gegen alles auf, was da geschah, *und mein Benehmen ließ nur die Wahl: mich entweder vor ein Militärgericht zu bringen oder als geisteskrank zu entlassen. Man entschied sich für letzteres,* und nach zwei Monaten wurde ich als »Psychopath« entlassen. *Tatsächlich schrieben die Ärzte, unter deren Aufsicht ich mich etwas mehr als einen Monat befand, daß bei mir durch jahrelange Entwicklungen und die Krise mit meinem Vater eine Schizophrenie ausgelöst worden sei (die damals »dementia praecox« hieß), was ich drei Monate später durch einen Irrtum der Jenaer Stadtverwaltung erfuhr.* Die Ärzte riefen meinen Vater nach Allenstein und hielten ihm vor, der häusliche Konflikt sei an meinem Zustand mit schuld. *In Wahrheit erinnere ich mich nicht, jemals in meinem Leben klarer gesehen zu haben als in diesen Wochen.* Mein Vater *jedenfalls* traf sich mit mir, und es kam zu einer Aussöhnung, die freilich darauf beruhte, daß ich nicht mehr zu Hause leben würde. *Mein Vater wußte nicht, ob er den düsteren Prophezeiungen meiner Ärzte oder dem, was er sah, Glauben schenken sollte, entschied sich aber dafür, meiner Begabung zu vertrauen. Über den Zionismus sprachen wir nicht mehr.* Ich entschied mich dafür, mein Studium in Jena fortzusetzen, wohin mehrere meiner Heidelberger Bekannten sich *in diesem Sommer* verzogen hatten und wo ich mich nicht ganz allein fühlen würde.

Im Sommer dieses Jahres *kam es zwischen mir und den führenden Köpfen* des »Blau-Weiß« *in Berlin zu einer scharfen Auseinandersetzung. Man veröffentlichte Artikel von mir* gegen die Vorstellungen, die dort über die Arbeit in oder an der jüdischen Jugend herrschten, *und ebenso Artikel gegen mich und meine Kritik, und auch gegen Mitglieder der Gruppe, die meinen »radikalen« Auffassungen zuneigten. Daraufhin verließen die Mitglieder der »Jung Juda«, die auch dem »Blau-Weiß« angehörten, diese Bewegung, und all das geschah ausgerechnet in den Wochen nach meiner Rückkehr vom Militär, als ich einige Zeit in Berlin ver-*

brachte. Die Aufregung war groß, und in unserer kleinen Gruppe entstand ein starkes Gefühl der Solidarität, das noch jahrelang hielt. Die Führung des »Blau-Weiß« verbreitete ein Rundschreiben über die Vorgänge in der Berliner Gruppe, was dazu führte, daß ich in näheren Kontakt mit *einer Gruppe in Leipzig kam, die mich sofort nach meinem Umzug nach Jena einlud, bei ihnen zu reden. Meine Ansichten blieben nicht ohne Echo und bewirkten, daß auch dort einige* den Bund *verließen.* Mehrfach besuchten wir uns gegenseitig. Leipzig war das Zentrum des deutschen Pelzhandels, der so gut wie ausschließlich in jüdischen, ja sogar überwiegend orthodoxen Händen war. Mit zwei Ausnahmen waren meine »Anhänger« (die nach meinem Weggang aus Jena ziemlich bald von mir abfielen) Kinder russischer Juden, die im Pelzhandel einflußreich (und auch reich, notabene) waren. So bekam ich etwas von den inneren Spannungen, aber auch dem menschlichen Milieu dieser Familien zu spüren, denn die Eltern sahen sich mit der Alternative konfrontiert, ihre Kinder entweder in die Assimilation als Deutsche oder in den Zionismus abmarschieren zu sehen. In Leipzig traf ich auch Agnon wieder, der längere Zeit dort lebte und ein- oder zweimal nach Jena zu Besuch kam.

Auch dieses Wintersemester 1917/18 verlief sehr intensiv. Benjamin und seine Frau Dora, denen es inzwischen – vier Wochen nach meiner Einberufung zum Militär – gelungen war, in die Schweiz zu gehen, forderten mich *immer wieder* auf, zu ihnen *nach Bern* zu kommen. *Da ich, so paradox das klingen mag, vom Militär nur* unter der Kategorie »zeitweise dienstuntauglich« *entlassen worden war, bestand dafür keine reale Aussicht. Stattdessen traten wir in einen* sehr intensiven Briefwechsel, den wir *fast acht Monate lang* führten, *und der* die Erwartung, die wir auf einander setzten, sogar übermäßig steigerte.

Die Universität selbst hatte wenig, um mich besonders anzuziehen, *aber ich fand Zeit, um nachzudenken und zu lesen.* Nicht weit von Jena saß mein Bruder Werner, der vor dem Kriegsgericht mit neun Monaten Gefängnis wegen Majestätsbeleidigung davongekommen war, in Halle im Gefängnis, und ich konnte ihn von Zeit zu Zeit besuchen. Es lief an der dortigen Universität, wo er während seiner Rekonvaleszenz immatrikuliert worden war, ein Relegationsverfahren gegen ihn, *das ihm auch den Zugang zu allen anderen Universitäten in Deutschland versperren sollte.* Mein

Bruder veranlaßte mich zu zwei Besuchen beim Rektor, dem bekannten und liberalen Philosophen Hans Vaihinger, dem Autor der »Philosophie des Als Ob«, um dort seine Interessen zu vertreten, soweit ich mich erinnere, nicht ohne Erfolg: *die Tore der Wissenschaft blieben ihm nicht verschlossen. Vaihinger fragte mich, was ich denn treibe, und* als er hörte, daß ich auch Philosophie studiere und in einem Privatseminar bei Bruno Bauch Kants »Kritik der Urteilskraft« läse, ließ er sich gar nicht unfreundlich auf ein Gespräch über Kant mit mir ein – er war als der Verfasser des umfassendsten Kommentars zur »Kritik der reinen Vernunft« eine große Autorität auf diesem Feld. Er erwähnte *sogar* mit *einem* Wort, daß er gerade um diese Zeit in einem bitteren Konflikt mit Bauch stand, der zum Austritt einer nationalistischen *und zur Hälfte antisemitischen* Gruppe aus der von Vaihinger gegründeten und präsidierten Kantgesellschaft führte. *(Gerade in diesem Semester entwickelte sich eine scharfe Polemik, die ihren Grund in einem großen Angriff einer philosophischen Dame auf Hermann Cohen – einem der führenden Mitglieder der Kant-Gesellschaft – hatte, der nicht stark, doch unverkennbar antisemitisch gefärbt war. Natürlich verfolgte auch ich den Konflikt mit großem Interesse.)*

Die höhere Mathematik in Jena war schwach, und ich studierte lieber einige hervorragende Lehrbücher, *etwa über Zahlentheorie und Funktionentheorie*. Mein Interesse für die (philosophischen *und mathematischen*) Grundlagen *dieses Gebiets* fand in der Stunde bei Gottlob Frege und der Lektüre *seiner Schrift »Die Grundlagen der Arithmetik«* reichliche Anregung. *Er war dabei, sich von der Lehre zurückzuziehen, und las einmal wöchentlich bei sich zu Hause vor einer sehr kleinen Hörerschar eine Stunde »Begriffschrift«*. Frege war sicher der weitaus bedeutendste Kopf der philosophischen Fakultät, ein Mann, der *in der Wissenschaft* noch heute weltberühmt ist. In Jena war er ein fast nur geduldetes, kaum von irgend jemandem ernstgenommenes Anhängsel. *Unter dem Eindruck seiner Vorlesung und der Literatur über die »Algebra der Logik« schrieb ich einen Vortrag zur Verteidigung der mathematischen Logik in dem Seminar von Bauch, der auch gegen ihn gerichtet war, und auf den er mit vollkommenem Stillschweigen antwortete. Die problematische Grundlegung der Sprachphilosophie in einer von aller Mystik gereinigten Begriff-*

lichkeit, wie auch die Grenzen der letzteren, schienen mir ganz deutlich. Ich bewegte mich damals zwischen den beiden Polen der mathematischen und der mystischen Symbolik.

Auch der zweite Lehrer, der mich mehr interessierte als Bauch, der Husserlschüler Paul F. Linke, war noch mit vierzig Jahren Privatdozent. Linke und Bauch, *beide ungefähr gleichaltrig*, waren in der Tat Gegenpole, auch als Personen. Bauch war ein höflicher *und zurückhaltender*, zu Studenten leicht herablassender Neukantianer, während Linke ein überquellend heiterer und jungen Menschen aufs offenste entgegenkommender Phänomenologe war. *Man kann nicht sagen, daß er* in seiner Schule ein sehr geschätztes Mitglied war, *aber er lehrte ausgezeichnet.* Er war der einzige Dozent, mit dem ich im Lauf des Winters in *gute* persönliche Beziehungen kam. *Ich habe in diesen Monaten nicht wenig Zeit darauf verwandt, mit Interesse zwei einander völlig entgegengesetzte philosophische Klassiker zu lesen: die »Logischen Untersuchungen« Husserls und die »Logik der reinen Vernunft« von Hermann Cohen, und beide haben mich beeindruckt. Linke* bot mir an, *im nächsten Sommer* über die Grundlagen der Mathematik bei ihm zu promovieren, auch wenn ich nicht ganz einverstanden mit der phänomenologischen Einstellung sei. Das letztere konnte ihm nicht gut entgehen, denn bei aller Sympathie bezweifelte ich nachdrücklich die bei den Phänomenologen damals gängige Widerlegung der Relativitätstheorie aus »reiner Wesensschau«. Einsteins Vorstellungen seien nur Fiktionen im Sinne Vaihingers, das heißt »beweisbar« falsch, wenn auch *formal* »fruchtbar«. Davon hielt ich nun gar nichts, und solche Wesensschau für verdächtig. *Mein Fortgang in die Schweiz setzte jedenfalls allen Plänen dieser Art ein Ende.*

In Jena selbst traf ich zuerst ausschließlich mit den Studentinnen zusammen, die ich schon aus Heidelberg kannte, und mit einigen anderen, die sie ihrerseits anbrachten. Wir saßen zum Teil auch in den gleichen Vorlesungen und Seminaren der Philosophen und Mathematiker, vor allem aber kamen wir jeden Freitagabend in dem großen Zimmer zusammen, das ich in der Jenergasse gegenüber dem Botanischen Garten *weniger als fünf Minuten von der Universität entfernt* bewohnte – ich stand oft lange an den Fenstern, aus denen ich auf die schöne, später meistens tiefverschneite

Gartenlandschaft starrte. Wir waren zwei oder drei Studenten und *fünf* oder *sechs* Studentinnen und lasen den Tora-Abschnitt, der an diesem Sabbat fällig war. [(Die Tora wurde seit jeher in 53, in Schaltjahren 54 Abschnitte geteilt, so daß sie im Verlauf eines Jahres in der Synagoge vollständig verlesen wird.)] Ich gab meinen drei Heidelberger Damen hebräischen Unterricht, und nach Maßgabe ihrer Fortschritte lasen wir bei angezündeten Sabbatlichtern schon manchmal einige Verse nicht nur auf deutsch, sondern auch hebräisch.

Meine Freundinnen brachten auch ihre Freundinnen und Freunde mit, und an Gesprächsthemen und Diskussionen war kein Mangel. Valeria Grünwald verdanke ich die erste Lektüre psychiatrischer Literatur. Eines Tages im November wurde ich zum Rathaus gerufen, um meine »vorläufigen« Entlassungspapiere aus dem Militär zu unterschreiben, und der Beamte, der mir auch eine Geldsumme als Sold für meinen »Urlaub bis zur Entlassung« auszahlte, legte mir einige Papiere vor, darunter eines, das gar nicht zur Unterschrift bestimmt war, und das er mir wieder wegnahm, als er es bemerkte. Doch inzwischen hatte ich es schon einsehen können und fand dort einen Absatz, in dem es hieß: der Grund für meine Entlassung sei nicht, daß ich Psychopath sei, was in allen anderen Papieren stand, sondern »dementia praecox«. Ich fragte mich, was man wohl bei mir gefunden hatte. Am Nachmittag kam Valeria zur Hebräischstunde, und ich fragte sie, die im vorletzten Jahr ihres Medizinstudiums stand: Was ist »dementia praecox«? Sie schaute mich verblüfft an und fragte: »Hat man das bei dir gefunden?« Ich sagte: Ja. »Hast du dich denn nicht mit Büchern darauf vorbereitet?« Ich sagte: Nein, ich habe diesen Namen heute morgen zum ersten Mal gehört und nie etwas Wissenschaftliches darüber gelesen. Sie erklärte mir die Sache und brachte Bücher, die alles bis ins Detail schilderten, und ich staunte, wie treffend meine Vorstellung gewesen war. Einige Male nahm sie mich auch zu psychiatrischen Übungen mit, bei denen Fälle aus der Realität vorgestellt wurden, und ich war von den wissenschaftlichen Beschreibungen in der Literatur ebenso beeindruckt wie von den Übungen bei Professor Binswanger, der dreißig Jahre vor meiner Zeit Arzt des kranken Nietzsche gewesen war (er war getaufter Jude und sehr berühmt). Valeria bewegte mich auch dazu, einmal am Sabbat in ihre Heimatstadt Erfurt zu kommen und dort vor einer jüdischen Gruppe über das Wesen des Talmud zu sprechen. Noch heute staune ich über meine Kühnheit, aber die von Gefühl und Begeisterung für die Sache getragene Rede glückte und machte auf alle Fälle Eindruck. Vier Jahre zuvor hatte ich zum ersten Mal Gemara gelernt.

Käthe Holländer verdankte ich gleich zwei Freundinnen. Sie kam oft mit Käthe Ollendorf, einer Nichte Alfred Kerrs und *anderthalb* Jahre später die erste Frau von Johannes R. Becher, *einem der führenden Köpfe des literarischen Expressionismus und in hohem Alter Kulturminister der DDR und treuer Stalinist.* Meine Heidelberger Freundschaften waren nicht nur wesentlich älter als ich, sie waren auch nicht gerade Schönheiten. Käthe Ollendorf aber, die auch »schon« ihre 27 Jahre hinter sich hatte und am Ende ihres Medizinstudiums stand, zeichnete sich durch große Anmut und einen unschuldigen Augenaufschlag aus, der seinesgleichen suchte. Man konnte ihn »umwerfend« nennen, und so wirkte er auch auf viele. Dabei war sie aber eine tief religiöse Natur, der im Grunde jeder Glaube akzeptabel erschien, obwohl der jüdische Bazillus, den wohl nicht ich erst in sie verpflanzt habe, in ihr äußerst aktiv fortwirkte. Sie war sehr gebildet, aber gänzlich unintellektuell und rein aus dem Gefühl lebend. Vor allem war sie der entwaffnendste Mensch, den ich in meinem Leben getroffen habe. Viele Jahre hindurch waren wir befreundet, und ich habe auch, als sie *Anfang* 1933 auf einer Mittelmeerreise bei uns in Jerusalem zu Besuch war, zusammen mit meiner Frau verhindert, daß sie nach Deutschland zurückkehrte *und sie dazu bewegt, aus Europa zurückzukommen, um sich hier niederzulassen.* Sie verstand überhaupt nicht, was dort vorging. Jedenfalls blieb sie noch fast vierzig Jahre als *Frauenärztin* in Jerusalem. *Sie wohnte in der Yellin-Straße und hatte viel praktische Erfahrung mit Me'ah Sche'arim. Eines Tages teilte sie uns sehr erstaunt mit, sie habe entdeckt, daß die Männer von Me'ah Sche'arim exakt wie alle anderen Männer seien, »und darauf war ich wirklich nicht gefaßt«.*

Durch Käthe Holländer machte ich auch, jenseits der Freitagabende, die Bekanntschaft ihrer Jugendfreundin Leni Czapski, einer jungen Malerin und Tochter eines der Hauptmitarbeiter von Ernst Abbe beim Aufbau der Zeiss-Werke, *wo ein großer Teil der Jenaer Bevölkerung Arbeit fand. Es stellte sich heraus, daß sie*

Kind einer Mischehe *und eine Verwandte dritten Grades meines Freundes Walter Czapski aus der »Jung Juda« war. Sie war* christlich erzogen und geriet durch mich zum erstenmal ans Jüdische. [Wir blieben noch Jahre hinaus befreundet.] Sie war ein reizendes und lebhaftes Geschöpf, *und es war ein Vergnügen, ihre Meinung in Fragen der Kunst zu hören*. Sie *heiratete nach dem Krieg und* ging mit ihrem Mann, dem expressionistischen Maler Max Holzman, um 1925 nach Kowno. Holzman wurde dort im Weltkrieg als Jude ermordet, sie kam durch und besuchte mich kurz vor ihrem Tode in Jerusalem. Ende März 1918 bin ich mit ihr in einer wundervollen Sternennacht von einem Besuch in Weimar nach Jena zurückgelaufen. [Sie war der erste Mensch, der mich gemalt hat.]

Eindrucksvoller als alles andere in Jena war aber eine andere Bekanntschaft. In der Hauptvorlesung von Bruno Bauch über Erkenntnistheorie, die eine Brücke zwischen *den bekanntesten Neo-Kantianern* Cohen, Windelband und Rickert bauen sollte, saßen, wie die Kriegsumstände es mit sich brachten, mehr Frauen als Männer. Durch ihre ungemein schöne Haltung und ihr, ich würde sagen, altdeutsches Burgfräuleingesicht fiel mir ein auch nicht mehr ganz junges Mädchen auf, deren nach innen gekehrtes Antlitz aber keine Annäherung aufkommen ließ. Es war ein fürchterlicher Winter, wir hungerten und froren. Für Studenten gab es eine bestimmte kleine Ration Kohlen, die wir selber von der Verteilungsstelle abzuholen und wegzukarren hatten. Zufällig ging ich *nachmittags* die Straße herunter, als ich sie mühselig ihren Karren heraufschieben sah. Ich ging zu ihr heran, stellte mich als Kommilitonen aus der Bauchschen Vorlesung vor und bat sie, ihr behilflich sein zu dürfen. Sie sah mich etwas prüfend an und stimmte zu. So brachte ich ihre Kohlen in ein Stadtviertel auf einem Hügel jenseits der Saale. Sie lud mich ein, mit ihr Tee zu trinken. Sie sagte: ich bin Katharina Gentz und das ist meine Freundin Alice Heymann, mit der ich zusammen wohne. Fräulein Heymann, die ebenso kränklich aussah wie sie wirklich war, mit einer feinen, streng jüdischen Physiognomie, lag meistens auf der Chaiselongue. Ich guckte mich etwas um und fragte, ob ich einen Stoß Schriften, die an ihrem Kopfende lagen, ansehen dürfe. Zu meiner größten Überraschung lag dort, im gleichen Umschlag wie mein eigenes Exemplar, eine *(maschinenschriftliche)* Kopie von Walter Benjamins nur an wenige Menschen verteilten Manuskript »Über zwei Gedichte von Hölderlin«, das ich *zwei* Jahre vorher von ihm bekommen hatte. Ja, sagte sie, ich war mit ihm in der Freien Studentenschaft in Freiburg und Berlin zusammen, und er hat es mir im Frühjahr 1915 gegeben. Seitdem hatte sie keinen Kontakt mehr mit Benjamin gehabt, *und sie war sehr bewegt, als ich ihr von unseren Beziehungen erzählte.* Wir hatten beide Grund, aneinander Interesse zu nehmen.

Was mir aber viel eindrucksvoller war, war Katharina Gentz, die erste Nichtjüdin, mit der ich Freundschaft geschlossen habe. Sie hatte wirklich das herbe Wesen, das man hinter den auf altdeutschen Bildern des 15. *oder 16.* Jahrhunderts gemalten Bewohnerinnen mittelalterlicher Kemenaten vermutet. Sie war nicht groß, sehr schlank, sprach wenig und langsam, aber präzise und immer zur Sache. Wir erzählten uns aus unseren Familiengeschichten. Als sie 1890 in Wriezen (am Oderbruch) zur Welt kam, war ihr Vater, der dort Realschuldirektor war, schon 65 Jahre alt. Sie selbst hatte das Lehrerinnenexamen gemacht und an Volksschulen gearbeitet, bevor sie sich zum Studium entschloß. Sie studierte Germanistik und wurde Studienrätin in Frankfurt am Main, wo ich sie noch zehn Jahre später besucht habe. *Später unterrichtete sie in* Kiel, *wo sie noch jetzt, während ich diese Zeilen schreibe, als über Neunzigjährige lebt. In Jena* sprachen wir oft an langen Abenden über Deutsche und Juden, über den Krieg *und die Verwicklungen, die er mit sich brachte*, über Literatur und Moralphilosophie. Sie wußte sehr viel über Kunst, aber da war ich nicht genug bewandert, um wirklich mitreden zu können. Aber fast immer, wenn ich zu ihr und ihrer Freundin kam, hingen andere Reproduktionen in ihrem Zimmer. Gelassene Menschen habe ich nicht wenige getroffen, aber dies Mädchen war der Superlativ, auf den dies Wort schon nicht mehr zutrifft. Nicht etwa, daß sie die Antworten auf die Welträtsel gewußt hätte, weit entfernt, aber es ging eine unbeschreibliche Stille von ihr aus, und ihre große Zurückhaltung verdeckte eine ungeheure menschliche Offenheit. Ihr älterer Bruder war Staatsanwalt und hatte in seiner Arbeit genug böse Erfahrungen, auch mit Juden, gemacht. Als ich Jena verließ, kamen im folgenden Semester zwei meiner Freunde aus der »Jung Juda«, *Schlomo Krolik und Benjamin Freund*, zum

Studium dorthin, und Katharina Gentz »erbte« sie von mir. Die Bekanntschaft mit diesem *zionistischen* Kreis, mit dem sie ihn zusammenbrachte, veränderte die Haltung dieses Bruders zu Juden entscheidend. Katharina verlobte sich *nach dem Krieg* mit einem dieser beiden Freunde, der ein Jahr nach mir mit einem Verlobungsring an der rechten Hand nach Israel kam. Ich *hatte nichts davon mitbekommen und* fragte: Wer denn? Er sagte: Katharina. Sie war neun Jahre älter als er, aber bereit nachzukommen und mit ihm im Lande zu leben. Es ist dann anders gelaufen, jedoch die Freundschaft zwischen beiden begleitete ihr ganzes Leben und besteht noch heute, nach sechzig Jahren.

In diesen ereignisreichen Herbst und Winter fällt auch der Beginn meiner Freundschaft mit Werner Kraft, mit dem ich, durch Walter Benjamin vermittelt, noch während meiner Militärzeit in Korrespondenz geriet. Kraft litt unendlich unter den Zeitumständen und seinem Dienst als nur garnisonsdienstfähiger Sanitätssoldat in Hannover. Benjamin schrieb mir, seine Frau und er machten sich große Sorgen um ihn, der damals einundzwanzig Jahre alt war. In der Tat war er in diesen Monaten, wie seine trostlosen und tief melancholischen Briefe bezeugten, nicht weit vom Selbstmord, und auch seine Gedichte waren von Verzweiflung durchzogen. Ich erinnere mich, ihm beschwörende Briefe geschrieben zu haben, um ihn davon abzuhalten. Einmal besuchte er mich *im November 1917* zwei oder drei Tage lang in Jena, wo er in Toni Halle seine spätere Schwägerin kennenlernte, *da er ihre jüngere Schwester heiraten sollte.* Wir hatten aufregende Gespräche, *die sich meist in den höchsten Sphären der Religion und Literatur abspielten,* und schlossen Freundschaft.

Kraft war ganz anders orientiert als ich. Das Jüdische lag ihm damals sehr fern, und er schrieb mir *später* einen Brief, wie tief berührt er gewesen sei, einen Menschen wie mich zu treffen, der wirklich etwas vom Judentum hielt. Er hatte vergessen, daß er schon im Herbst 1916 einen Brief an Walter Benjamin geschrieben hatte, in dem er sich unfreundlich über das Judentum geäußert hatte, worauf Benjamin, der *schon* damals auf meine Veranlassung Achad Haʿam *(auf deutsch)* gelesen hatte, ihm ein entschiedenes Bekenntnis zum Judentum schrieb und erwähnte, daß er erwäge, nach Kriegsende vielleicht nach Palästina zu gehen. Kraft antwortete im Dezember 1916, dies Bekenntnis zum Judentum habe ihn sehr überrascht, und er könne es sich nicht anders erklären als durch den Einfluß einer Frau. Ich sehe noch das bedeutungsvolle Augenzwinkern, mit dem Benjamin mir diesen Brief *in Berlin* vorlas, *während Dora, seine Verlobte, neben ihm saß und lachte.*

Krafts Sterne in der Literatur – und er lebte eigentlich wirklich nur in dieser Welt – waren schon damals Karl Kraus und Rudolf Borchardt, über die er auch mit Benjamin korrespondierte *und* lange ungedruckte Abhandlungen schrieb – *vierzig oder fünfzig Jahre, bevor er seine Bücher über sie verfaßte, die große Aufmerksamkeit erregten. Manches von seinen ersten Schriften* bekam ich zu lesen. Das waren zwar zwei Juden, aber solche, die sich von ganz verschiedenen Antrieben her vom Judentum völlig abgewandt hatten, der eine als nationalistisch, ja im Kriege annexionistisch gesinnter Sprecher eines traditionalistischen *Kultur*-Konservativismus, der andere als der fanatischste, weitaus wortmächtigste und ebenso weithin vernehmbarste Sprecher der Kriegsgegner *Österreichs und Deutschlands* in der von ihm allein geschriebenen *»Fackel«*, von der das erstaunlichste, ans Wunder grenzende war, daß sie überhaupt erscheinen konnte. Ich lernte *die roten Hefte* im Frühjahr 1916 durch einen zionistischen Bekannten, *Siegfried Weizmann*, kennen, *der im Büro des Jüdischen Nationalfonds in Berlin arbeitete und ein Meister der Sprache war. Er* pries sie mir nicht nur ihrem Inhalt nach an, sondern riet mir, daraus deutsche Prosa zu lernen; seitdem las ich sie fast regelmäßig, *bis Kraus starb, und hatte sie als einzige deutsche Zeitschrift auch in Palästina abonniert.*

Mit meinem Weggang in die Schweiz nahm unsere, teilweise sehr hektische Korrespondenz maßvollere Formen an. Als *Werner Kraft* 1922 *Erna*, die Schwester von Toni Halle heiratete, war ich, wie bei Benjamins Heirat, vielleicht der einzige nicht mit den beteiligten Familien verwandte, aber von beiden Seiten eingeladene Freund. Die Trauung vollzog der Rabbiner Leo Baeck, der als der bedeutendste Kopf des Berliner Rabbinats galt. Es war unsere erste Begegnung, der später noch viele bis zu seinem Tode gefolgt sind.

Am 5. Dezember wurde ich zwanzig. Ich saß am Nachmittag allein in meinem Zimmer und dachte über mich nach. Es klingelte, und der Postbote brachte einen Eilbrief von Walter Benjamin, desgleichen ich nie wieder von ihm bekommen habe. Es war eine Antwort von wenigen Zeilen auf eine Äußerung von mir über das Manuskript seines Aufsatzes über den Idioten von Dostojewski und zugleich eine Gratulation zum Geburtstag. Ich hatte diesen Aufsatz als eine esoterische Äußerung über seinen toten Freund Fritz Heinle gedeutet. Ich kann meine Jugend nicht schildern, ohne diese wenigen anredelosen Zeilen zu zitieren, die eine große Rolle in unserer Beziehung gespielt haben:

> Mir ist seitdem ich Ihren Brief bekommen habe oft feierlich zu mute. Es ist als wäre ich in eine Festzeit eingetreten und ich muß in dem was sich Ihnen eröffnet hat die Offenbarung verehren. Denn es ist doch nicht anders daß das was Ihnen zugekommen ist Ihnen allein eben an Sie gerichtet worden sein muß und wieder für einen Augenblick in unser Leben getreten ist. Ich bin in eine neue Zeit meines Lebens eingetreten da das was mich mit planetarischer Geschwindigkeit von allen Menschen löste und mir auch noch die nächsten Verhältnisse außer meiner Ehe zu Schatten machte unerwartet an einem andern Orte auftaucht und verbindet.
>
> Mehr will ich Ihnen heute wenn auch dieser Brief Ihr Geburtstagsbrief sein soll nicht schreiben.
>
> Ihr Walter Benjamin.

Anfang Januar 1918 bekam ich eine Vorladung zur Nachmusterung in Weimar, bei der ich, *ohne daß man mich untersucht oder überhaupt nur angesehen hätte, allein aufgrund der Papiere* als »dauernd kriegsunbrauchbar, nicht mehr zu kontrollieren« eingestuft und damit aus der Stammrolle gestrichen wurde. Damit eröffnete sich nun eine reale Chance, da das Heer nicht mehr an mir interessiert war, in die Schweiz zu gelangen. Ich bat meine Mutter um einen Besuch in Jena und stellte ihr meine Situation *und meinen Wunsch vor, nach Bern zu gehen, wozu Benjamin und seine Frau mich immer wieder ermuntert hatten. Ich fragte sie,* ob sie meinen Vater veranlassen könne, zur völligen »Wiederherstellung« meiner Gesundheit und Fortsetzung meines Studiums seine Zustimmung dazu zu geben, daß ich nach Bern gehe. Meine Mutter, die die Situation sehr gut verstand, sagte: »Überlaß das nur mir, ich werde mit Vater sprechen; aber dazu gehört etwas

Zeit.« Ende Februar hatte sie die Zustimmung erreicht. *In der Schweiz hatten meine Mutter und ich* bei zwei Ferienaufenthalten 1913 und 1914 *den Kurarzt* Dr. Karl Meyer kennengelernt. *Er war Jude aus Lengnau, einem der beiden Schweizer Dörfer,* in denen allein während *vieler Generationen* Juden auf eidgenössischem Boden wohnen durften. *Er war ein sehr wacher und kultivierter Mensch, und wir befreundeten uns. Ich wußte, daß er keine Sympathien für Deutschland hegte, und schon gar nicht in diesem Krieg. Wie viele Juden aus den beiden Dörfern vergaß er nie, daß die Schweizer Juden ihre bürgerliche Gleichstellung einer massiven Intervention Frankreichs zwei Generationen zuvor (in den fünfziger und sechziger Jahren des 19. Jahrhunderts) verdankten. Ich schrieb an Benjamin, er solle mit ihm sprechen, und in der Tat schrieb Dr. Meyer* ein Gutachten *und auch*, daß er bereit sei, mich, wenn ich in die Schweiz käme, zu betreuen. Damit und mit meinem Militärpaß bewaffnet, ging ich zum Kreisarzt von Jena und erhielt die Bestätigung, daß meiner Ausreise in die Schweiz nichts entgegenstünde. Ohne dies Papier konnte man damals keinen Paß bekommen. Das alles zog sich noch wochenlang hin. *Doch schließlich war alles bereit.*

Inzwischen geschah einiges, was hier Erwähnung verdient. Einige Zeit nach meiner endgültigen Befreiung vom Militär lud mich Salman Schocken nach Zwickau ein, und ich verbrachte dort zwei sehr interessante Tage. Schockens Stern bei den Zionisten begann damals gerade aufzugehen. Er hatte sich ihnen zur selben Zeit zugewandt wie ich, war aber vierzig, als ich ihn kennenlernte, und Besitzer einer regionalen Kaufhaus-Kette, die er auch selbst leitete. Unter dem Einfluß Kurt Blumenfelds und Martin Bubers hatte er sich zunehmend zionistischen Aktivitäten, besonders kultureller Art, zugewandt. Bei einer sehr gut besuchten Konferenz der Zionistischen Organisation Ende 1916 (während oder kurz nach Weihnachten) wurde nach einer Rede, die Schokken über dieses Thema gehalten hatte, und die ich auch gehört habe, ein besonderer Ausschuß für kulturelle Angelegenheiten gegründet, aber ich wußte nicht, ob etwas daraus werden würde. Unter den Mitgliedern dieses Ausschusses war auch Max Strauß, von dem ich erzählt habe. Durch ihn erfuhr Schocken von mir und wollte mir auf den Zahn fühlen. Wir fanden Interesse aneinander. Er erzählte mir etwas über sich und seinen Weg zum »Kapitali-

sten«, und sein Bericht über die Stationen seines Weges enthielt vieles, das sich mir später in unserer vierzigjährigen Freundschaft bestätigt hat. Er besaß eine erstaunlich tiefe und breite Bildung, die Allgemeines wie Jüdisches umfaßte, das er sich aus eigener Kraft angeeignet hatte. (In Deutschland hatte er jeden Tag, bevor er seinen Geschäften nachging, bei seinem Bibliothekar eine Stunde Hebräisch gelernt – und das meiste aus den Quellen.) Seine Gespräche waren originell, und wir überboten uns gegenseitig mit kühnen Aussprüchen. Später erfuhr ich, daß er Provokationen liebte, weil er sehen wollte, ob sein Gesprächspartner sie schlucken oder widersprechen würde. Er war Philanthrop und Kunstfreund, half vielen Menschen und brachte es gleichzeitig fertig, sich bei vielen auch wieder verhaßt zu machen, indem er eine beleidigende Bemerkung fallen ließ oder zögerte, Pläne zu verwirklichen, die er selbst entworfen hatte, aber nicht in die Tat umsetzte. Außerdem hegte er ein gewaltiges Mißtrauen gegenüber jedem, der zu ihm kam, und verdächtigte alle, ihn ausnutzen zu wollen, was seine Kontakte zu anderen Menschen sehr erschwerte. In den vielen Jahren, in denen wir in Verbindung standen, lernte ich nur eine Handvoll Leute kennen, die nicht unter diesem Mißtrauen gelitten hätten. Mit einem Wort: er war eine glänzende Persönlichkeit, die voller Probleme steckte. Ich liebte das Gespräch mit ihm nicht weniger als seine berühmte Bibliothek, die er mir schon bei meinem ersten Besuch zugänglich machte, und die ich in den Stunden, in denen er nicht mit mir über meine Handlungen, Ansichten und Pläne sprach, durchstöberte. Ich erzählte ihm, daß ich so bald wie möglich in die Schweiz gehen wolle und daher nicht in seinem Ausschuß arbeiten könne, und außerdem wolle ich lernen und nicht lehren. Jedenfalls kam ich von dort sehr beeindruckt zurück, denn ich hatte einen Mann von Statur kennengelernt.

Auch eine andere Reise hinterließ ihre Spuren in meinem Leben. Ende Januar und Anfang Februar 1918 verbrachte ich ungefähr zehn Tage in Heidelberg. Im Dezember hatte ich einen Brief von Ernst Toller erhalten (der später als Schriftsteller und als einer der Köpfe der Münchener Räterepublik bekannt wurde). Er hatte durch Grete Lissauer von mir gehört und bat mich, der an verschiedenen Universitäten zu gründenden pazifistischen Studentenvereinigung beizutreten, von der er träumte. Er schickte auch einen seiner Getreuen, Bernhard Schottländer aus Breslau (Mitglied der zionistischen Studentenorganisation), der mich in den Weihnachtsferien besuchte. Es kam zu einer stürmischen Begegnung in Anwesenheit einiger Freunde, denn ich weigerte mich, einer politischen Organisation in Deutschland beizutreten und war auch nicht grundsätzlich Pazifist (wahrscheinlich liegt Tollers Brief noch irgendwo zwischen meinen Papieren vergraben). Grete Lissauer lud mich ein, einige Tage zu ihr nach Heidelberg zu kommen, und ich besuchte sie, versehen mit einem Brief meiner Freundin Valeria Grünwald an eine ihrer engsten Freundinnen, die in Heidelberg Medizin studierte. So traf ich Elsa Burchhardt, Tochter einer strikt frommen Hamburger Familie, die sich von der Orthodoxie entfernt hatte, aber noch eine starke seelische Bindung an die Tradition bewahrte. Ich entdeckte nicht nur, daß sie große Anmut und einen trockenen Humor besaß, sondern auch, daß sie meiner Haltung im Kampf um ein Verständnis des Judentums und des Zionismus nahe stand. Wir sprachen viel, und als ich das Bild eines Soldaten auf ihrem Tisch bemerkte, sagte sie mir, daß sie mit ihm verlobt sei; damals ließ ich mir nicht träumen, daß ich mit der jungen Frau sprach, die meine erste Frau werden sollte, aber ich fühlte mich wohl in ihrer Gesellschaft und im sehr bunten Kreis ihrer Bekannten. Einige von ihnen traf ich noch oft in den folgenden Jahren und auch im Lande Israel. Escha, wie sie von allen Bekannten und Freunden genannt wurde, sagte, das Medizinstudium bringe sie zur Verzweiflung und sie tendiere dazu, nach München zu gehen, um dort ihre Zeit der Philosophie und dem Hebräischen zu widmen, was sie auch tat.

Einige Wochen nach meiner Rückkehr ging das Semester in Jena zu Ende. Ich nahm von meinen Freunden und Freundinnen *und von meinem Lehrer Paul Linke* Abschied, der bedauerte, einen sympathischen Doktoranden zu verlieren. *Alle gratulierten mir und* beneideten mich um mein Glück. *(Wer wollte damals nicht gerne in die Schweiz?) Ich fuhr* noch auf einige Tage nach Berlin, um meine Reise vorzubereiten. Meine schon ziemlich angewachsene Bibliothek, *die seit meiner Vertreibung aus dem Elternhaus bei den Eltern meines Freundes Erich Brauer gestanden hatte, brachte ich zu* meinem Onkel, *der mir angeboten hatte, sie zu lagern, denn ich wußte, daß ich, solange noch Krieg war, nicht nach Deutschland zurückkehren würde.*

In diesen letzten Tagen ging ich zu den Treffen eines zionistischen Kreises »Zevath«, der, soviel ich mich entsinne, von Buber und Salman Rubaschow (Schasar) gegründet worden war und durch ihren Geist geadelt wurde. Er hatte zwanzig oder dreißig Mitglieder, darunter die besten Intellektuellen und Zionisten in Berlin, die zum »Poʿel ha-zaʿir« oder den »Poʿale Zion« tendierten (das heißt zu den beiden Kandidaten für die künftige Mapai) und darüber diskutierten, wie die Gesellschaft aussehen sollte, die in einem neuen Lande Israel nach dem Krieg· erstehen würde. Schließlich war es die Zeit der Balfour-Erklärung, die die Hoffnung beflügelte, und auch in Deutschland wurde die Erregung spürbar. Heute mutet es gewiß seltsam an, daß damals in vielen zionistischen Kreisen, und auch in dem eben erwähnten, ein gegen die Industrialisierung des Landes gerichteter Geist herrschte. Eine Rede in dieser Richtung hat sich mir tief eingeprägt. Es hieß darin, der Bau von Fabriken in ʿAnatoth wäre ein Skandal, der verhindert werden müsse. An einem Abend, an dem ich auch da war, wurde über den Begriff der Gerechtigkeit diskutiert. Ich weiß nicht mehr warum, aber was dort gesprochen wurde, brachte mich aus dem Häuschen. Zwei Tage, bevor ich ging, aß ich mittags zum letzten Mal als Gast in der Pension Struck und nahm auch Abschied von dort.

Bern
(1918-1919)

Am 4. Mai 1918 überschritt ich in Friedrichshafen die Grenze: unbeschreiblich das euphorische Gefühl, das mich durchströmte, als ich auf dem Bodenseedampfer nach Romanshorn stehend auf Deutschland zurückblickte. Der Krieg war für mich vorbei. Um acht Uhr abends stand Walter Benjamin am Bahnhof Bern, mich abzuholen.

Ich blieb etwa anderthalb Jahre in Bern und habe daher die großen Ereignisse, das Kriegsende und das, *was übertrieben als* deutsche Revolution *bezeichnet wird, sowie* alles, was darauf folgte, nur von außen und ohne tiefere Beteiligung miterlebt. Nur der Waffenstillstand war natürlich auch für mich eine wirklich einschneidende Zäsur. Über diese Schweizer Periode habe ich, was die für mich zentrale Beziehung zu Benjamin *mit ihren Höhen und Tiefen* angeht, in meinem Benjamin-Buch ausführlich gehandelt. Hier will ich von einigen Aspekten sprechen, die dort nicht hingehörten. An der Universität *ging es* überaus ruhig, kleinbürgerlich und nicht sehr bedeutend her. *An der philosophischen Fakultät hatten vor und sogar noch während des Krieges bis zur russischen Revolution die Studenten aus Rußland eine herausragende Rolle gespielt, aber nun war nur noch ein winziger Rest geblieben. Viele gingen freiwillig zurück, viele wurden aber auch wegen Kundgebungen für die Bolschewiken des Landes verwiesen.* Ich studierte fast ausschließlich Mathematik, theoretische Physik und Philosophie. Daneben begann ich aber bei Karl Marti, einem damals sehr bekannter Alttestamentler, Arabisch zu lernen. *Wegen Martis Schüler Dr. Mossinson und dessen Lehre kam es zu einem berühmten Streit zwischen dem Hebräischen Gymnasium in Jaffa und seinen Unterstützern in Odessa, die Bibelkritik an der Schule ablehnten. Marti machte kein Hehl aus* seinen Sympathien für die Juden. Ich beteiligte mich an seinem Seminar über das Buch Hiob, wo jeder Teilnehmer einen Vers zu lesen hatte. Wenn die Reihe an mich kam, sagte Marti: »Herr Scholem, lesen Sie nicht so schnell.« *In jenem Jahr war ich der einzige Jude im Seminar, und die Kluft zwischen dem Lesetempo meiner Kommi-*

litonen, die einmal protestantische Pastoren werden sollten, und meinem eigenen war tatsächlich beträchtlich. Mathematiker vom Kaliber der Berliner waren hier nicht anzutreffen. Aber einer hielt eine großartige Vorlesung über einige schwierige Kapitel der Zahlentheorie – es war ein Privatdozent namens Berliner, ein russischer Jude, den ich monatelang Freitagabend in der Synagoge sah, wo er »Kaddisch« [das Totengebet im Trauerjahr] für einen seiner Eltern sagte. *Im letzten Semester hörte ich eine Vorlesung über theoretische Physik, die viermal in der Woche zwischen sieben und acht Uhr morgens stattfand. Doch die Lichter in den Wohnungen der Schweizer Bürger Berns gingen um halb neun Uhr abends aus, und nur die (während des Krieges sehr zahlreichen) Fremden hielten sich noch draußen auf.*

Sowohl die Unterhaltungen mit Benjamin als meine besonderen Interessen zogen oft kursorische oder auch intensive Lektüren nach sich. Die Schweizer Landesbibliothek hatte manche unerwartete philosophische Schätze, aber auch gelehrte Literatur über die Bibel und viele Dissertationen judaistischen Charakters, die von ostjüdischen Studenten, oft gar nicht mehr jungen Leuten, an Schweizer Universitäten produziert worden waren. Meine größte Überraschung lag freilich zwischen beiden Interessengebieten. Einer der größten Namen in der zeitgenössischen hebräischen Literatur war der von Micha Josef Berdyczewski, dem geistigen Antipoden Achad Ha'ams und Vorkämpfer einer jüdischen Moderne, noch heute einer der einflußreichsten hebräischen Autoren, in dem sich der Widerstreit zwischen Tradition und völligem Neubeginn am markantesten kristallisiert hatte. Seine hebräischen Schriften, in denen er als erster *bei uns* Nietzsche propagiert hatte, waren mir schon bekannt. Es waren auch schon *drei* Bände seines großen (ausgezeichneten) Werkes »Die Sagen der Juden« erschienen, die er, wie alle seine deutsch erschienenen gelehrten Werke, als Micha Josef bin Gorion zeichnete, unstreitig eines der wertvollsten judaistischen Quellenwerke in deutscher Sprache. (Nebenbei gesagt, die hauptsächlichste und am meisten ausgeschlachtete außerbiblische Quelle Thomas Manns in seinem Joseph-Roman.) Ich war an diesem Autor, der so sonderbar zwischen Hebräisch und Deutsch sich zwei getrennte Arbeitsgebiete eingerichtet zu haben schien, sehr interessiert. Nur einmal hatte ich ihn *(von dem es hieß, daß er sehr auf seine Würde hielt)* im hebräischen Antiquariat von Louis Lamm in Berlin gesehen, wo mir Lamm zuflüsterte: Das ist der Dr. Berdyczewski. Erst in Bern fand ich, als Mitglied des philosophischen Seminars in einer Sammlung Berner Dissertationen blätternd, seine mir stets entgangene Dissertation, nach der ich öfters gefahndet hatte. Es war ein auf fünfzig Seiten hingeworfener Entwurf eines philosophischen Systems!

Für meine jüdische Fortbildung verdankte ich aber am meisten einem Medizinstudenten, der – ein rarer Vogel unter den ostjüdischen Studenten in Bern – noch streng gesetzestreu war. David Schklar war ein glänzender Talmudist, der zudem ausgezeichnet Hebräisch sprach. Er schlug mir vor, mit ihm zweimal die Woche Talmud zu lernen, *und ich lernte mit ihm fast ein Jahr lang mit großem Vergnügen einige Kapitel aus dem Traktat »Baba Mezi'a« (auf hebräisch).* Er war ein scharfer Kopf, aber schwierig und leicht verrückt. Vierzig Jahre später kam er, *nachdem ich lange nichts von ihm gehört hatte*, aus Kanada als Arzt nach Israel, *ließ sich in Ascholod oder Aschkelon nieder und besuchte mich. Wie ich schon sagte,* fand ich nur noch eine relativ stark zusammengeschmolzene *und recht geschlossene* Gruppe russisch-jüdischer Studenten vor, von denen ich mich mit einigen öfters traf. Manchen sah man noch die überstandene *oder an ihnen zehrende* Schwindsucht an; der mir sympathischste unter ihnen, *Dr. Bramson*, ist nicht lange nach meinem Fortgang an ihr gestorben. Sonst hatte ich außer dem intensiven Verkehr mit Walter und Dora Benjamin *und meiner Kusine* nur wenig persönlichen Umgang. Dazu gehörte die noch sehr fromme *ostgalizische* Familie Waldhaus, wo ich am liebsten am Sabbatausgang hinging, weil sie da sehr schöne chassidische Melodien zu hebräischen und aramäischen Hymnen sangen, *besonders zu dem »Jah ribbon 'olam we-'almajja« des Israel Najara.* Dann war da die Nichte meines Schutzdoktors Karl Meyer, die während meines Aufenthalts einen der ganz wenigen »eingeborenen« Schweizer Zionisten, Herrn Bollag, heiratete, das heißt einen Juden, der wie sie selber aus einem der beiden Schweizer Judendörfer Endingen und Lengnau stammte, *die ich schon erwähnt habe.* Es hat *dreißig Jahre* gedauert, bis ich auch andere »autochthone« Schweizer zionistische Familien kennengelernt habe und Freunde unter ihnen fand.

Nicht zuletzt sollte ich meine Kusine Leonie Ortenstein vorstellen, die ich an einer Stelle, die in dieser Erzählung kaum erwartet würde, nämlich in der deutschen Gesandtschaft in Bern vorfand. Sie war eine der Töchter aus der Mischehe in der Familie Pflaum, von der ich eingangs gesprochen habe. Wir kannten uns natürlich aus der Kindheit, aber mit neunzehn Jahren war sie schwer an Schwindsucht erkrankt und wurde 1916, aufgegeben, nach Davos geschickt. Sie erholte sich aber, zum allgemeinen und ihrem eigenen Erstaunen, konnte den Zauberberg verlassen und fand in Bern an einer neueingerichteten Stelle für Fettbeschaffung an der deutschen Botschaft Stellung als Sekretärin des Leiters. So lange ich neben Benjamin im Dorfe Muri, damals außerhalb der Stadt gelegen, beim Postboten in einem großen Dachzimmer wohnte, sahen wir uns wenig. Als ich im Herbst in die Stadt selber zog und nicht sehr weit von ihr wohnte, sahen wir uns oft und freundeten uns sehr an.

Lony, nur ein Jahr älter als ich, war in allem ungefähr das Gegenteil von mir. Sie war eine fast reine Ästhetin, die für sich selbst am Essen nach Möglichkeit sparte, aber viel für ein schönes und elegantes Wohnen und entsprechende Kleidung ausgab. Überzeugungen hatte sie kaum, die Erfahrungen einer schweren Jugend als frühe Waise und arme Verwandte bei reichen Onkeln hatten keinen Platz dafür gelassen. *Sie hatte vor dem Ersten Weltkrieg mehr als ein Jahr in Wilna im Haus einer begüterten Tante verbracht und dort gelernt, russisch zu sprechen.* Auch ihr skeptischer und rein betrachtender Charakter schien *die Herausbildung fester Ansichten* auszuschließen. Von meinen sehr entschiedenen Überzeugungen nahm sie mit Interesse, aber Gleichmut Kenntnis. Sie war heiter, aber nicht witzig, freundlich, aber kaum vertraulich, ließ sich gern umwerben, woran es bei ihr nie gefehlt hat, ohne (mit *zwei* Ausnahmen) darauf irgendwie ernster zu reagieren. Sie war nicht eigentlich schön, aber anmutig und liebte, soweit ich erkunden konnte, eigentlich nur Blumen, Musik und Bücher. Es wurde erzählt, bei der Hochzeit Bollag-Meyer sei ich mit einem großen Rosenstrauß erschienen, hätte den Strauß die ganze Zeit in der Hand gehalten und sei mit ihm wieder weggegangen, was damals auffiel und Heiterkeit erregt haben soll. *Falls die Geschichte wahr sein sollte – dessen bin ich mir nicht ganz sicher –*, habe ich sie Lony mitgebracht.

Dies war die Zeit, als jedermann, vor allem aber jede Frau, den großen, literarisch anspruchsvollen Bestseller der Agnes Günther »Die Heilige und ihr Narr« las, und Lony ließ mir keine Ruhe, bis ich den dicken Roman gelesen hatte. Er gilt heute, wenn ich nicht irre, als eines der klassischen Beispiele von Edelkitsch – *sofern man sich überhaupt an ihn erinnert*. Ich bin nicht ganz sicher, ob das Urteil stimmt. Bei solchen Riesenerfolgen, von denen man nicht genau weiß, auf welcher Seite der Grenze zur hohen Literatur sie liegen, bleibt das kritische Urteil oft allzu sichtbar von der gerade-zu herrschenden Stimmung und Richtung abhängig. So ähnlich ging es ja auch mit dem verwandte Saiten anschlagenden, fast zwanzig Jahre nach dem Judenmord erschienenen, mit dem Prix Goncourt gekrönten Roman André Schwarz-Barts »Le dernier des justes«, bei dessen Lektüre kein Auge trocken blieb. Ich, aufs Jüdische versessen, gab ihr meinerseits *Max Strauss'* Übersetzung von Agnons »Und das Krumme wird gerade« zu lesen, um ihr einen Begriff von dem zu geben, was ich für wirklich große Literatur (und große Übersetzung) hielt. Das Buch gefiel ihr, und zum Dank ließ sie mein Exemplar bei der Tochter meines Professors Marti wunderbar in Pergament binden, wie es noch heute bei mir steht.

Sie war für mich ein ideales Gegenstück zu Walter Benjamin. Mit Benjamin gab es ja tiefgehende Diskussionen und Gedankenaustausch, Ringen um Überzeugungen und Funken, die übersprangen. Lony war das *ideale* Rezeptakel oder besser gesagt: der reine Fall des Zuhörers. Sie hörte meinen Ergießungen aufmerksam zu, ohne daß ich von ihr auch nur Gegenreden erwartet hätte. Auch Walter und Dora, zu denen ich sie ein paarmal brachte, waren von ihr entzückt. Mit einem Wort, sie lebte irgendwie außerhalb der Welt, aber sie lebte. Ihre Präsenz war spürbar. Sie lud mich auch mit den zwei urschweizerischen Musikern ein, die sich um sie bewarben. Bald nachdem ich die Schweiz verließ, verlobte sie sich nun doch mit dem jüngeren der beiden, einem hochbegabten Kapellmeister aus einer, berlinisch ausgedrückt, piekfeinen Baseler Familie. Die Verlobung stieß auf deren erbitterten Widerstand: Du wirst uns doch nicht eine Jüdin ins Haus bringen. Die Mutter weigerte sich, sie auch nur zu empfangen, und die Verlobung wurde aufgehoben.

Im Februar und März 1919 kam *Escha* Burchhardt nach Bern, und ich hatte einen neuen *und intensiven* Gesprächspartner. *Unsere Beziehungen wurden enger, und* sie freundete sich sowohl mit

Benjamins als mit Lony an. Lony, die später bis zu ihrem Tod, zehn Tage vor der Einnahme Roms durch die Alliierten, in der Ewigen Stadt lebte, unterhielt bis zum Kriegsausbruch enge Beziehungen zu uns und kam auch *1934* zu Besuch nach Jerusalem. Sie war die Sekretärin des deutschen Delegierten am Internationalen Landwirtschafts-Institut (der Gründung eines amerikanischen Juden!) *und hatte nicht wenige Freunde in Rom, die ihr halfen, auch in den Tagen der Verfolgung durchzukommen.* War sie Deutsche? War sie Jüdin? Ich glaube, sie wußte es selber nicht. *Als während des Krieges alle Verbindungen abgebrochen waren, lernte sie einen katholischen Priester kennen, der sie in die Arme der Kirche zog.*

Im März 1919 hielten sich in Bern viele Juden auf, darunter auch einige, deren Gesichter und Gespräche mich interessierten. Mit dem Zerfall des Habsburgerreiches entstanden neue Staaten, die von den Siegern des Ersten Weltkriegs als Verbündete betrachtet wurden. So kam es, daß Juden, die noch vor kurzem in der österreichischen oder ungarischen Armee gekämpft hatten, Bürger der alten Staaten, die weite Teile Ungarns annektierten, oder Bürger der neuen Staaten (Jugoslawien, Polen, Tschechoslowakei und Rumänien mit seinen neuen Territorien) wurden. Sie erhielten Pässe, die ihnen das Recht verschafften, als Repräsentanten der jüdischen Minderheit zur Friedenskonferenz nach Paris oder London zu fahren, und die meisten unterbrachen ihre Reise in Bern, um dort auf das französische Visum zu warten. Sie sollten für die jüdischen Minderheiten jener Staaten nationale Rechte fordern und hatten damit sogar bis zu einem gewissen Grad Erfolg – für einige Zeit wenigstens.

Auf diese Weise lernte ich Hugo Bergmann kennen, der Bibliothekar an der deutschen Universität in Prag und ein sehr bekannter Zionist aus der Schule Achad Haʿams und Martin Bubers sowie einer der Hauptmitarbeiter der Zeitschrift »Der Jude« war. Er besaß einen ausgesprochen vielseitigen und recht erstaunlichen Geist. Als Philosoph war er Schüler Martis und Franz Brentanos, die bereit waren, ihm eine Universitätslaufbahn zu ermöglichen – allerdings um den kleinen Preis der Taufe. »Welche Bedeutung hat denn dieser formale und inhaltsleere Schritt für einen modernen Menschen wie Sie«, sagten sie ihm. Er hatte sich durch seine philosophischen Bücher einen Namen gemacht, und auch ich hatte sein Werk über Bernard Bolzano, einen der großen Grundlagentheoretiker der Mathematik, gelesen. Doch er neigte auch stark zu Rudolf Steiner, dem Theosophen und späteren Begründer einer mystischen Schule namens Anthroposophie, zu deren Anhängern ich wahrhaftig nicht zählte. Als konsequenter Zionist lernte Bergmann Hebräisch und brachte es darin so weit, daß er (in der Zeitschrift »Ha-Schiloach«) den ersten hebräischen Aufsatz über Henri Bergsons Lehre veröffentlichen konnte. Er war ein zurückhaltender Mann, aber von grenzenloser Wißbegier. Als er nach Bern kam, trug er noch die solide Uniform eines österreichischen Offiziers (aber ohne Rangabzeichen!). Er sagte mir, er werde wahrscheinlich nach Ende seiner Mission als einer der Leiter der Kulturabteilung bei der Londoner zionistischen Exekutive nach London gehen, wohin Chaim Weizmann viele Intellektuelle aus den bereits erwähnten neuen Staaten eingeladen hatte. Obwohl ich seinen Aufsätzen im »Juden« sehr kritisch gegenüberstand, machte seine lebendige Persönlichkeit Eindruck auf mich, und ich war positiv überrascht. Zwischen uns entstand eine spontane Beziehung, zu der viel beitrug, daß ich gerade in diesen Monaten erwog, das Ende meiner Studienzeit der Erforschung der Kabbala zu widmen. Ich erzählte ihm von meinem Schwanken zwischen Mathematik, Philosophie und Kabbala (oder Judaistik im allgemeinen), was bei ihm ein starkes Echo hervorrief. Bergmann besaß fast sein Leben lang eine erstaunliche Angewohnheit: er pflegte während des Gesprächs ein kleines Heft hervorzuziehen und alles, was sein Gesprächspartner sagte, zu stenographieren, als handle es sich um Worte der Lehre aus dem Munde einer Autorität. Jahre später erfuhr ich, daß er das bei allen tat, selbst bei seinen Studenten an der Universität, doch in Bern war ich sehr erstaunt darüber, daß jemand meine Reden auf der Stelle notierte, denn schließlich war ich ein junger Mann von einundzwanzig Jahren, während mein Gegenüber erwachsen und in der Welt des Geistes angesehen war. Besonders interessierte ihn, wie ich die Sache mit den »Sefiroth« in der Kabbala »verdaue«. »Ich habe das nie verstanden«, seufzte er und zog sein Heft heraus! Escha und ich luden ihn zum Freitagabend ein, und wir sprachen stundenlang. Es war die Erinnerung an diese Gespräche, die für uns sprach, als wir ins Land kamen.

Schon *im Jahre 1915* regte sich mein Interesse für die Kabbala, *und ich besitze noch meine ersten Aufzeichnungen über die Bücher, die ich damals las, und die Betrachtungen, die ich dazu anstellte. Ich kaufte in jenem Jahr das Buch von Ahron Marcus über den »Chassidismus« (1901) – die erste deutschsprachige Monographie zu diesem Thema, die von einem deutschen Juden verfaßt wurde, der in Polen zum Chassid und Anhänger des Admors R. Schlomo von Radomsk, einem der großen »Zaddikim«, geworden war. Dieses Buch stand in völligem Gegensatz zu Bubers Büchern, die einige Jahre später herauskamen, und es ist kein Wunder, daß es Bubers Werke waren, die den Markt und die Herzen vieler Leser eroberten. Das Buch von Marcus, das seinerzeit keinerlei Aufmerksamkeit erregte, war recht merkwürdig: es vermittelte breites Wissen und zum Teil sehr eigenwillige Informationen, war mit zahlreichen Kapiteln durchsetzt, die keineswegs dort hingehörten, und produzierte viele große Neuigkeiten zur Kabbala und ihrer Literatur, die zumeist, wie mir erst Jahre später dämmerte, jeder Grundlage entbehrten. Dennoch war das Buch energisch und nicht ohne Einsicht geschrieben, und es ist wahr, daß es mein Denken über den Chassidismus mehrere Jahre hindurch geprägt hat. Jahrzehnte später schrieb ich einen langen kritischen Artikel über die entstellende hebräische Übersetzung dieses Buches (der in der Zeitschrift »Bechinoth« des Bialik-Instituts erschien).*

Im Jahre 1915 kaufte ich auch die drei Bände des Sohar, von denen ich noch nicht viel verstand. Was brachte mich dazu, Interesse für dieses Gebiet zu entwickeln? Ich kann auf diese Frage, die mir die ganzen Jahre über oft gestellt wurde, keine endgültige Antwort geben, und wahrscheinlich *waren es auch* sehr verschiedene Motive, *die hier* mitwirkten. Vielleicht war ich, wie die Kabbalisten das genannt hätten, der »Wurzel meiner Seele« nach mit einer Affinität zu diesem Bereich begabt, vielleicht wirkte *auch immer stärker* mein Drang, das Rätsel der jüdischen Geschichte zu verstehen, mit – und die Existenz der Juden durch die Jahrtausende ist ein Rätsel, was immer die reichlich angebotenen *und wenig überzeugenden* »Erklärungen« behaupten.

Graetz, dessen »Geschichte der Juden« mich so hingerissen hatte, trug wie [fast] alle Begründer der Wissenschaft vom Judentum im vorigen Jahrhundert (Zunz, Rapoport, Luzzatto, Geiger und Steinschneider) die größte Abneigung gegen alles zur Schau, was mit religiöser Mystik zusammenhing. Das klassische Buch der spanischen Kabbala, der »Sohar«, heißt bei ihm das Lügenbuch, und es gibt, wenn er auf die Kabbalisten zu sprechen kam, *seinem Temperament entsprechend*, ein ganzes Lexikon von Schimpfereien. Ich könnte nicht sagen warum, aber es kam mir unwahrscheinlich vor, daß die Kabbalisten solche Scharlatane, Narren und Meister von Alfanzereien, wie er sich ausdrückte, gewesen sein sollten, als die sie hier erschienen. Irgend etwas schien mir dort – ohne daß ich Beweise gehabt hätte – verborgen, was mich anzog. *Man kann natürlich sagen, daß dieses »Etwas« nichts anderes war als der Geist der Romantik, der mich bestimmte und den ich in meine Haltung hineinnahm, und man mag sagen, daß diese Erklärung kindisch ist und beeinflußt von dem, was heute an derartigen Erklärungen in Mode ist. Ich will das nicht entscheiden – wer kennt schon die Wege des Geistes? (Gewiß nicht die Marxisten und ihre verschiedenen Fraktionen!)* Sicher spielte auch der Eindruck eine Rolle, den die zwei ersten, noch ganz im Stil der Wiener Schule und des Jugendstils geschriebenen Bücher Bubers über den Chassidismus, die in romantischer Verklärung und blumenreicher Metaphorik auf diesen Bezirk hinwiesen, bei mir hinterließen. Zaghaft begann ich, mich an Originaltexten der kabbalistischen und chassidischen Literatur zu versuchen, *etwa an dem Buch »Kether Schem-Tov« (der ersten Anthologie der Aussprüche des Baal Schem-Tov) und dem Buch »Pri ha-'Arez« von Menachem Mendel von Witebsk, bei denen mir deutlich wurde, daß sie ohne Kenntnis kabbalistischer Vorstellungen und Symbole unverständlich bleiben würden – aber woher solche Kenntnis nehmen?* Das war in Deutschland damals mit großen Schwierigkeiten verbunden. Denn während man Talmudkenner, *die wußten, was ein Blatt Gemara ist,* immer finden konnte, gab es niemand, der einen auf diesem Gebiet anleiten konnte *(und wenn es welche gab, so behielten sie ihr Wissen für sich, wie mir Jahrzehnte später klar wurde).*

Ich versuchte einmal, Dr. Bleichrode zu veranlassen, mit einigen von uns *R. Elia de Vidas' »Reschith Chochma«*, einen berühmten Traktat über kabbalistische Ethik aus dem *Safed des* 16. Jahrhunderts zu lesen. Nach einigen Stunden sagte er: »Kinderlach, wir müssen es aufgeben. Ich verstehe die Zitate aus dem Sohar [deren das Buch voll war] nicht und kann euch die Sache nicht richtig erklären.« So mußte ich mich selber in diese Quellen einzulesen suchen. Schließlich war ja der Sohar, wenn auch aramäisch geschrieben, nicht krauser als etwa die Schriften Hamanns, von denen mehrere Bände in meinem Zimmer standen. Ich kaufte mir *wie erwähnt* eine *(russische)* Ausgabe des Sohar und versuchte mein Glück. Ich las die vier Bände von *Franz Joseph* Molitors Werk »Philosophie der Geschichte oder über die Tradition«, das in Wirklichkeit über die Kabbala handelte. *Im Jahre 1916 stellte sich heraus, daß drei der Bände, die bis 1857 erschienen waren,* noch beim Verlag für einen Pappenstiel zu kaufen waren, *und ich erwarb sie so schnell wie möglich (den fehlenden Band kaufte ich sechs Jahre später bei einer Auktion).* Es war mir klar – *und auch kaum zu übersehen* –, daß die christologischen Umdeutungen dieses Autors, eines Schülers Schellings und Baaders, ganz verfehlt waren, aber er hatte doch mehr von der Sache verstanden als seine zeitgenössischen judaistischen Koryphäen. Ich las auch *die hebräischen Schriften Hillel Zeitlins, soweit sie vor dem Ersten Weltkrieg erschienen waren, und* die hebräischen Schriften S. A. Horodezkys über den Chassidismus, die damals fast das einzige waren, was es in der neuhebräischen Literatur über die großen *»Admorim« und* Heiligen des Chassidismus zu lesen gab. In Bern erfuhr ich, daß Horodezky dort lebte und machte ihm meine Aufwartung. Er war fünfundzwanzig Jahre älter als ich, empfing mich sehr freundlich und schlug mir gleich vor, für ein geplantes deutsches Buch »Religiöse Strömungen des Judentums« mehrere Kapitel aus seinem hebräischen Manuskript zu übersetzen, was ich auch getan habe. Dabei freilich ging mir auf, daß es mit diesen Arbeiten nicht ganz stimmte und der Autor ein ziemlich einsichtsloser Panegyriker war.

Zwischen 1915 und 1918 habe ich nicht wenige Hefte mit Exzerpten, Übersetzungen und Betrachtungen zur Kabbala vollgeschrieben, die noch weit von wissenschaftlicher Bemühung und Erkenntnis entfernt waren. Aber der Bazillus hatte sich eingenistet, und im Frühjahr 1919 führten die verschiedenen Entwicklungen, die ich hier abzuzeichnen versucht habe, zu dem Entschluß, das Zentrum meiner Studien auch äußerlich von der Mathematik auf die Judaistik zu verlegen und mich, mindestens für einige Jahre, an ein wissenschaftliches Studium der Kabbala zu machen. Daß aus den geplanten paar Jahren eine Lebensarbeit werden würde, habe ich damals noch nicht gedacht; ich hatte noch andere judaistische Aspirationen im Kopf, wie z. B. ein Buch über Literatur, Funktion und Metaphysik des Klagelieds *im Judentum. Ich hatte schon Vorarbeiten dazu unternommen, verschiedene Klagelieder übersetzt und* eine Reihe von Studien gemacht. Im »Juden« hatte ich im Sommer 1919 eine, mir noch heute liebe Übersetzung *des* mittelalterlichen Klageliedes *»Scha'ali serufa ba-'esch« (»Frage, im Feuer Verbrannte«)* über die Verbrennung des Talmud in Paris 1242 veröffentlicht.

Meine Entscheidung bedingte zugleich die Wahl der Universität, wenn ich nach Deutschland zurückkehren würde. Vorher hatte ich erwogen, mein Studium der Mathematik in Göttingen, dem Mekka der Mathematik, zu beendigen. Nun kam nur noch München in Frage, wo die größte hebräische, darunter auch an kabbalistischen Manuskripten reichste Handschriftensammlung Deutschlands lag und noch liegt. Daß *Escha* Burchhardt inzwischen auch schon nach München gegangen war, erleichterte meine Wahl noch weiter.

Ich kann nicht sagen, daß die vier Jahre meines Mathematikstudiums umsonst gewesen wären oder mein Denken nicht beeinflußt hätten. Ich nahm zwar Abschied von der Mathematik, aber sie hinterließ wichtige Spuren in Gestalt einer gewissen Disziplin, die mich vor Widersprüchen und Sprüngen der Phantasie deutlich warnte. Meine fünfzigjährige Erfahrung mit bestimmten Historikern und Literaturwissenschaftlern hat mich gelehrt, daß die in jenen Wissenschaften gängigen Methoden keinerlei Schutz gegen das wilde Wuchern historischer Vorstellungskraft bedeuten.

Zu jüdischen Studien wurde man damals an der Universität freilich nicht ermuntert. Heute, wo es kaum Juden mehr in Deutschland gibt *und die Ermordung der Juden sie schwer belastet*, wollen alle deutschen Universitäten ein Ordinariat für Judaistik gründen. Damals, als es ein lebhaftes und in starker Gärung befindliches Judentum in Deutschland gab, wollte keine Universität und kein Ministerium deutscher Länder etwas davon wissen. An Versuchen *gelehrter Juden* in der Richtung hat es hundert Jahre lang nicht gefehlt; alle sind gescheitert. *Ein »Lektorat« oder eine »Honorarprofessur« (ohne Lehrstuhl und Gehalt) war das Höchste, was man zugestand. Sollten die Juden doch hingehen und ihre Geschichte unter sich an den Rabbinerseminaren erforschen, wo sie hingehörten, nicht aber bei uns!* Es ist schon so, wie Heinrich Heine schrieb: Gäbe es nur einen Juden auf der Welt, würde alle Welt hinlaufen, ihn zu sehen. Nun, wo es zu viele gäbe, wolle man möglichst nicht hinsehen.

Ich war weit entfernt von jeder Neigung zum Rabbinat. Aber ich wollte versuchen, diese rätselhaften und in fremdartiger Symbolik geschriebenen Texte aufzuschließen und verständlich zu machen, für mich oder für andere. *Die Rabbiner-Seminare sahen solche Versuche ungern.* Im Sommer 1919 hatte ich mir auch ein Thema *ganz in meinem Sinne* ausgedacht, das durch meine bisherige Lektüre dieser Literatur nahegelegt wurde, mir sachlich fruchtbar und philosophisch relevant schien, nämlich die Sprachtheorie der Kabbala. Das war jugendlicher Überschwang, wenn nicht gar Hochmut. Als ich an die Sache ernstlich heranging, mußte ich bald erkennen, daß ich viel zu wenig wußte, *um dieses Thema wissenschaftlich verantwortungsvoll abzuhandeln,* und besser systematischer und vor allem bescheidener anfangen sollte. In der Tat habe ich die Arbeit über die Sprachtheorie der Kabbala, vor der ich 1920 resignierte, genau fünfzig Jahre später geschrieben.

Im Frühjahr 1919 traf ich Dr. Karl Meyer, meinen ärztlichen Schutzengel, auf der Hochzeit seiner Nichte, *von der ich schon erzählt habe. Er sah mich an,* nahm mich beiseite und sagte: Gerhard, was ist denn mit Ihnen los? Sie gefallen mir nicht. Kommen Sie morgen vormittag zu mir, bevor ich nach Leysin zurückfahre. *(Er war im Krieg eingezogen worden und leitete ein Sanatorium für schwerkranke russische Kriegsgefangene, die zwischen Deutschland und Rußland ausgetauscht werden sollten und in der französischen Schweiz behandelt wurden. Seine Sprachbegabung zeigte sich auch hier, und er erwarb in erstaunlich kurzer Zeit gute Kenntnisse im Russischen.) Sein ärztliches Auge trog ihn nicht:* Ich hatte durch große Sparsamkeit von meinem *monatlichen* Wechsel ein paar hundert Franken zurückgelegt, *um Bücher zu kaufen,* was ich freilich bei gewissen Übertreibungen – ich aß *im Winter* viele Wochen lang in einem billigen Restaurant nur Rösti mit Spiegeleiern – mit einer Avitaminose zu bezahlen hatte. Die Folge war, daß *mein Fürsprecher* einen Brief an meine Eltern schrieb, daß ich besser essen müsse, und ich bekam monatlich fünfzig Franken mehr. *Auf diese Weise konnte ich besser essen und noch den zusätzlichen Betrag sparen. Von nun an nahm ich ein gutes Mittagessen in einer Pension zu mir, in der alle Gäste an einem einzigen Tisch saßen.*

Dort lernte ich eine fromme protestantische Dame kennen, die in ihren Fünfzigern stand, unverheiratet war und aus gutem Berner Hause stammte. Es war die Zeit der kommunistischen Revolution in Ungarn, an der einige Juden an sehr prominenter Stelle beteiligt waren. Unter den Pensionsgästen war auch der Leiter des ungarischen Gesandtschaftsbüros in der Schweiz, der wie alle anderen Gesandtschaftsangehörigen klar auf der Seite der »weißen« militärischen Opposition gegen die Bolschewisten stand. Die Erwähnung Béla Kuns und seiner Genossen zog einige Bemerkungen nach sich, und vor diesem Hintergrund entbrannte eine Diskussion über die Juden, die in den üblichen Bahnen verlief, wobei ich natürlich einen zionistischen Standpunkt vertrat. Die genannte Dame interessierte sich für das, was ich sagte, und lud mich für einen Abend zu sich ein, um ihr die Sache des Zionismus genauer zu erklären – dies war das einzige Mal während meines Aufenthaltes in Bern, daß ich in das Haus einer nichtjüdischen Schweizerin eingeladen wurde.

Bis jetzt habe ich noch nicht erwähnt, daß ich in Zürich einen Verwandten namens Arthur Hirsch hatte, einen Cousin meiner Mutter, der ordentlicher Professor für Mathematik an der Eidgenössischen Technischen Hochschule war. Er war einer der ersten Schüler des großen Mathematikers David Hilbert, hatte mit seinen ersten Arbeiten großes Aufsehen erregt und galt als vielversprechender neuer Stern. Auf Empfehlung Hilberts erhielt er einen Ruf nach Zürich, das als ehrenvolle Zwischenstation für viele große Gelehrte von Theodor Mommsen bis Albert Einstein berühmt war. Doch die kreative Kraft meines Onkels, der ein ausgezeichneter und gewissenhafter Dozent war, erlosch früh. Er blieb bis ins hohe Alter in Zürich, wo er vielen aus der neuen Generation der Mathematiker half, bei ihm ihre wissenschaftliche Laufbahn zu beginnen. Er war Junggeselle und sehr zurückhaltend. Ich kannte ihn seit meiner Kindheit, denn er pflegte meine Mutter zu besuchen, und wenn sie mit mir in die Schweiz reiste, fuhren wir jedesmal nach Zürich, wo uns mein Onkel jedesmal in dasselbe Café führte, von dem aus man einen großartigen Ausblick auf die Stadt und den See hatte. Als ich nun wieder in der Schweiz war, besuchte ich ihn. Er sagte zu mir: Beende deine Promotion in Mathematik, werde Assistent bei mir, dann hast du die Aussicht, deine wissenschaftliche Begabung auf dem Gebiet der partiellen Differentialgleichung zu beweisen. Aber sein extremer deutscher Chauvinismus war mir zuwider. Ich blieb, so gut es ging, auf Distanz, um stürmische und hoffnungslose Diskussionen zu vermeiden. Erst im Alter wurde er nüchtern und »fügte sich« in die Schweizer Staatsbürgerschaft.

München
(1919–1922)

Mitte September 1919 ging ich nach Berlin zurück und blieb dort fast einen Monat, bis nach Sukkot. Als ich noch in der Schweiz war, hatte ich einige Briefe mit Agnon gewechselt, nachdem ich ihm ein Sonett auf sein Buch »Und das Krumme wird gerade« geschickt hatte, das er freundschaftlich aufnahm. Jetzt trafen wir uns in Berlin, und ich erfuhr, daß er mit Esther Marx verlobt war. Sie war eine wunderschöne und feine Frau, die aus einer der, ich hätte fast gesagt, adligsten Familien der jüdischen Orthodoxie in Deutschland stammte, aber überzeugte Atheistin und Zionistin geworden war. Aus Rücksicht auf Agnon verbarg sie ihre Ansichten, ohne sie aufzugeben. Als ich sie traf, war ich von ihrer leisen und melodischen Stimme ebenso beeindruckt wie von ihrer intensiven Fähigkeit, zuzuhören. Wie mir scheint, habe ich sie in Berlin nur einmal getroffen, da sie nach Bayern zurückging. Agnon brachte mich mit zwei Menschen zusammen, die ich später gut gekannt habe. Er führte mich zu seinem Schwager Moses Marx, einem Textilgroßhändler und ausgezeichneten Kenner hebräischer Bücher, von dem ich noch erzählen werde. Und er ging mit mir an einem Sabbatausgang zu Elieser Meir Lipschütz, der gerade von einer Krankheit genas und noch bettlägrig war. Lipschütz reiste damals quer durch Europa, um einen »Get schel me'ah rabbanim« (eine »Scheidungsurkunde von hundert Rabbinern«) zu erlangen, der es ihm erlauben würde, sich auch ohne Zustimmung seiner Frau scheiden zu lassen und wieder zu heiraten – eine komplizierte halachische Angelegenheit, die mit sehr traurigen persönlichen Umständen verbunden war. Ich kannte seinen Namen, weil ich während des Krieges sein hebräisches Buch über Raschi gelesen hatte, nachdem mein Lehrer und Meister Dr. Bleichrode es in seinen Lehrstunden sehr gelobt und empfohlen hatte. Außerdem kannte ich seine interessanten, freilich auch Kritik provozierenden Aufsätze über das Neuhebräische, die in deutscher Übersetzung im »Juden« erschienen waren, und war neugierig darauf, ihn kennenzulernen. Auf dem Weg erzählte mir Agnon von seinen Beziehungen zu Lipschütz aus den Jahren in

Galizien (Lvov) und im Lande und rühmte Klugheit, Schärfe und Witz dieses Mannes (ohne freilich seine Streitsucht zu vergessen). Man muß, um Lipschütz zu verstehen, natürlich bedenken, daß er zum »Misrachi« gehörte und ein herrschsüchtiger Mensch war. Agnon sagte: Du wirst einen bedeutenden Mann und einen Gelehrten galizischer Prägung kennenlernen. Das Gespräch zwischen beiden ging lebhaft hin und her und war reich an Anspielungen auf Gerüchte, die ich nicht verstand. Ein beträchtlicher Teil des Gesprächs drehte sich um Bialik, den Menschen und sein Werk. Agnon sprach sehr lobend und bewundernd über ihn, ließ aber wohl auch Bemerkungen einfließen, deren Zweideutigkeit mir entging. Zu meinem Erstaunen sagte Lipschütz: Ich verstehe, daß Sie mit seiner Dichtung nicht ganz einverstanden sind, und Agnon erwiderte entsetzt: Wie haben Sie das gemerkt? Als wir fortgingen, sagte Agnon zu mir: Haben Sie gesehen, wie scharfsinnig er ist?

Mit meinen Ersparnissen *aus der Schweiz* ging ich zu den beiden judaistischen Antiquariaten in Berlin und kaufte kabbalistische *und chassidische* Literatur. Darunter war auch die in sechs dicken Bänden 1906-1912 in Paris erschienene französische Übersetzung des Sohar. *Ihr Verfasser*, der sich *zuerst auf deutsch Johannes von Pavly, dann auf französisch* Jean de Pauly nannte *und vorgab, albanischer Adliger zu sein, war zweifellos ein getaufter Jude aus Ostgalizien, dessen Identität noch erforscht werden sollte, da es sich um eine erstaunliche, ja pathologische Figur handelt, die Neugierde weckt. Als ich die Bände kaufte, wußte ich noch nichts über ihn, aber meine ernsthafte Beschäftigung mit dem Sohar in der Originalsprache und mit dieser Übersetzung riefen bei mir eine Reaktion hervor, die fast einem Schock gleichkam, und zwar nicht nur, weil mir klar wurde, was es mit dieser Übersetzung auf sich hatte, sondern auch, weil ich begriff, wie es um die wissenschaftliche Erforschung der Kabbala stand, als ich meine Arbeit aufnahm. Diese Übersetzung war mit Auszeichnungen, Lob und überschwenglichen Rezensionen bedacht worden. Sie wurde als verläßliche Quelle herangezogen und in religionsgeschichtlichen Forschungen häufig zitiert – aber die ganzen Jahre über hatte sich keiner gefunden, der die Qualität der Übersetzung und die mehreren Tausende von gelehrten Zitaten darin geprüft hätte. Meine Absichten zwangen mich zu einer solchen Prüfung, und mir wurde klar, daß dieser Mann, der mit dem Buch einigermaßen vertraut und ein frommer Katholik gewesen war, nicht nur nach Kräften versucht hatte, die christlichen Dogmen der Trinität, der Inkarnation und der Geburt des Messias durch jungfräuliche Empfängnis in den Sohar einzuschmuggeln, sondern sich auch den Spaß erlaubt hatte, der Übersetzung* einen Anmerkungsband von *fast fünfhundert (gedruckten) Seiten beizugeben,* der von Anfang bis zu Ende aus erfundenen Zitaten bestand, *die, was kaum zu fassen ist, unbeanstandet gedruckt wurden. Ich war entsetzt darüber, wie hier Zitate aus Büchern, in denen nichts dergleichen steht, oder aus Büchern, die gar nicht existieren, en gros gefälscht worden waren. Der Übersetzer, ein meisterhafter Erfinder und Schwindler, starb Ende 1903 in Lyon, nachdem es ihm gelungen war, seinen Patron, den geehrten, berühmten und fromm katholischen Papierfabrikanten Émile Lafuma-Giraud dreieinhalb Jahre lang zu betrügen. Ich wußte damals nicht, daß man zehn Jahre später zahlreiche Briefe dieses Übersetzers publizieren würde, durch die der gutgläubige Herausgeber sein Andenken ehren wollte. Sie sind aber nichts weiter als seltene Zeugnisse der Dreistigkeit und des systematischen Betrugs.* Kein Mensch wollte mir glauben, *als ich zum ersten Mal von meinen Entdeckungen in dieser trüben Quelle sprach.* Woher wollen Sie denn wissen, daß diese Bücher gar nicht existieren *und daß es keine Ausgaben des »Ez Chajim« von Chajim Vital gibt, die diese mehreren hundert Zitate enthalten, von denen Sie sagen, sie stünden hier nur aus Tollheit*, fragte man mich.

In Wirklichkeit hatte Herr Lafuma noch während der Übersetzung gemerkt, daß vielleicht nicht alles bei de Pauly mit rechten Dingen zuging, und ihm eine Prüfung der Übersetzung durch einen Rabbiner angekündigt. Diese Überprüfung fand auch wirklich statt, und ein Rabbiner des Konsistoriums änderte und verbesserte vieles, doch war er (Sh. Beck) zwar in Talmud und Midrasch sehr bewandert, aber kein Experte der Kabbala. So blieben viele Entstellungen und Fehler stehen, und an Kommentar und Anmerkungen rührte Beck gar nicht, da er wohl nicht merkte, daß er es mit einem Abenteurer und Schwindler zu tun hatte. Schließlich wurde der korrigierte Text mit dem unkorrigierten Anmerkungsband auf wunderbarem, nur für dieses eine Buch hergestelltem Papier *gedruckt, das* als Wasserzeichen *die hebräischen*

Buchstaben des Wortes »'emet« (Wahrheit) in einem Dreieck und das französische Wort für Sohar trug. Dieses Werk, das ich erwarb, als ich die Schwelle zur Erforschung der Kabbala überschritt, lehrte mich, was den erwarten würde, der versucht, die Scharlatanerie auf diesem Gebiet zu bekämpfen. Und noch heute, ungefähr siebzig Jahre nach seinem Erscheinen, ist es mir Warnung vor übertriebenen Vorstellungen, was die Wirkung wissenschaftlicher Arbeit betrifft: Vor wenigen Jahren wurde in Paris eine Faksimile-Ausgabe des gesamten Opus veranstaltet, die ein neues Vorwort enthält, in dem man das Buch außerordentlich rühmt und nebenher die kritischen Äußerungen zurückweist – von wem sie kamen, wird nicht gesagt! –, gegen die dieses großartige Werk zu verteidigen sei.

Meine Jahre in München, Berlin und Frankfurt bis zur Einwanderung nach Palästina bedeuteten im Grunde das Ende meiner inneren Entwicklung zu jener Konkretion des Daseins, von der ich geträumt hatte. In diesen vier Jahren wußte ich schon, wohin mich wenden, ich suchte aber noch nach Wegen, mich vorzubereiten, und die Parole lautete: Lernen!

Im Oktober 1919 kam ich nach München. Die Stadt war noch aufgewühlt von dem revolutionären Abenteuer der bayrischen Räterepublik, die im April gegründet und am Ersten Mai gefallen war. Sie scheiterte an ihrer Schwäche nach innen und am Angriff der Truppen, die hinter der nach Bamberg geflüchteten »legalen« Regierung standen. Die Tragödie bestand darin, daß diese Regierung sozialdemokratisch, das Militär aber rechts war und daß die Zahl der Opfer des militärischen »weißen Terrors« die Zahl der Opfer des sehr mäßigen Terrors der roten Regierung um ein Vielfaches überstieg. Die Antwort ließ nicht auf sich warten: bei den Neuwahlen zum Stadtparlament, die im Sommer stattfanden, siegte die nicht-kommunistische Linke, aber der Boden für ein Erstarken der rechten Kräfte war vorbereitet.

Eine Wohnberechtigung für München war selbst für Studienzwecke kaum zu bekommen, und ohne eine solche Berechtigung konnte man ein Zimmer nicht länger als einen Monat mieten. Mit Hilfe ausgeklügelter Manöver Escha Burchhardts kam ich an das erforderliche Papier. Es gelang mir, *unweit der Universität* in der Türkenstraße 98, nahe am Siegestor und direkt gegenüber der

Akademie der Künste ein großes Zimmer bei einer Wirtin aufzutreiben, die von ihrer großen Wohnung nur ein Zimmer für sich selbst behielt und alles andere vermietete. Ich fand dort auch für meinen Vetter Heinz *Chajim* Pflaum, der gerade Romanistik zu studieren begonnen hatte *und sich den Zionisten anschloß*, ein Zimmer, während das Zimmer ihm gegenüber schon von der Zeichnerin Tom Freud besetzt war, von der ich noch erzählen werde. Wir waren eine kleine zionistische Kolonie, *und jeden Freitagabend füllten einige Gäste mein Zimmer.* In meinem Zimmer gab es auch ziemlichen Platz für Bücher, von denen ein Teil aus meiner Berliner Bibliothek kam, ein anderer langsam aus den sehr ergiebigen *und erstaunlich billigen* Münchner Antiquariaten zu mir fand.

Ich hörte noch eine letzte mathematische Vorlesung bei dem berühmten Alfred Pringsheim. Sonst aber warf ich mich *zum ersten Mal ganz* auf Philosophie und Semitistik, die ich als zweites Nebenfach ins Auge gefaßt hatte. Ich dachte, mit dem schon erwähnten Plan »Sprachphilosophie der Kabbala« zu promovieren. In Clemens Bäumker fand ich einen bedeutenden Historiker der mittelalterlichen Philosophie, *zu dessen Verdiensten auch ein wichtiger Beitrag zur Judaistik zählte: er hatte die wissenschaftliche Ausgabe von Salomon ibn Gabirols »Fons Vitae« veranstaltet, einem Werk, das nur in lateinischer Übersetzung (nach dem verlorengegangen arabischen Original und einer hebräischen Zusammenfassung vom Ende des dreizehnten Jahrhunderts) vollständig erhalten ist. Ich erwarb* seine Gunst in seinem Seminar über die »quaestio de anima« des Thomas von Aquino. *Wie ging das? In der ersten Sitzung des Seminars sprach Bäumker über Bibliographie und fragte, wer Moritz Steinschneider war. Ich war der einzige, der die Frage bejahen und Steinschneiders Verdienste aufzählen konnte. Seither begegnete er mir mit Achtung und gab mir Gelegenheit, mich auszuzeichnen. Seit seiner Arbeit über Ibn Gabirol hatte er* Interesse an jüdisch-mittelalterlicher Ideenwelt und ermunterte mich, *als er von meinen Studien erfuhr.* Als ich im März 1920 nach Schluß des Seminars zu ihm kam, *empfing er mich gnädig und* erklärte sich bereit, eine Doktorarbeit von mir auf diesem Gebiet der Kabbala, das er selbst eine wissenschaftliche »terra incognita« nannte, anzunehmen.

Wie schon erwähnt, war ich inzwischen bescheidener geworden – *so zumindest glaubte ich* – und schlug ihm vor, eine Ausgabe, Übersetzung und Kommentierung des ältesten erhaltenen kabbalistischen Textes, des Buchs »Bahir«, zu unternehmen, *in dem weit mehr Unverständliches als Verständliches steht. Glücklicherweise lag die älteste Handschrift vom Ende des dreizehnten Jahrhunderts in München. Bäumker* war sehr einverstanden, aber ich erfuhr von ihm, daß man in München mit Philosophie als Hauptfach nur promovieren konnte, wenn man als Pflichtnebenfach auch Psychologie nahm; ein Fach, gegen das ich eine leidenschaftliche Ablehnung gefaßt hatte. »Das macht nichts, Herr Scholem, ich werde mit dem Kollegen Becher sprechen.« – Aber gerade der Kollege Becher, der über Gehirngewichte gearbeitet hatte, war mir vollends unerträglich. Meine Abneigung gegen das Fach überhaupt wurde durch das Studium phänomenologischer Analysen psychologischer Probleme, die damals sehr im Schwange waren, noch bestärkt. Überhaupt kam es damals bei mir zu einem Bruch mit der Phänomenologie Husserls, für die ich einige Jahre, von den »Logischen Untersuchungen« beeindruckt, starke Sympathie empfunden hatte. Die Vorlesungen des Husserlschülers Wilhelm Pfänder entfremdeten mich dieser Denkweise völlig. Er brachte es fertig – ich bin dabei gewesen – in öffentlicher Vorlesung die Existenz Gottes (an der ich nie gezweifelt habe) auf phänomenologische Weise sichtbar zu machen: *er hörte auf zu sprechen, schloß die Augen und verharrte in tiefem Schweigen.* Das war mir nun zuviel. Sein Seminar, in dem mehrere Stunden lang unter Assistenz einiger sehr scharfsinniger Köpfe – ich erinnere mich noch an Maximilian Beck, *einen Juden aus Böhmen, den ich trotz unserer heftigen Kontroversen schätzte* – mit tödlichem Ernst darüber verhandelt wurde, ob ein gebratener Fisch ein Fisch sei, tat das seine, mich aus diesem Kreise zu vertreiben. Freilich muß ich sagen, daß die Denkart von Benjamin, mit der ich in diesen Jahren in so enge Berührung kam und die denkbar weit von dem, was man Universitätsphilosophie nennen könnte, entfernt war, mich daran hinderte, Universitätslehrer der Philosophie, soweit sie keine Historiker waren, besonders ernst zu nehmen.

So verlegte ich auf Bäumkers Rat mein Hauptfach zur Semitistik, wo Fritz Hommel, *an* dessen arabischen Übungen *ich schon im ersten Semester teilgenommen hatte*, mich sehr freundlich aufnahm, obwohl er vor mir nur ein einziges Mal in seiner langen Laufbahn eine judaistische Dissertation angenommen hat. Bäumker und Hommel waren beide schon über 65, der eine streng katholisch, der andere ebenso streng protestantisch, ein tief frommer Lutheraner, *und beide begegneten mir mit großer Aufrichtigkeit, ja hatten mich gern.* Hommel war in der Hauptsache Assyriologe, erließ mir aber in großer Liberalität gerade diesen Teil der Semitistik und verlangte nur, daß ich außer dem mir geläufigen Hebräisch und Aramäisch/*Syrisch* noch Arabisch und Äthiopisch ins Hauptfach hineinnähme. Er stand in seinem wissenschaftlichen Leben im Mittelpunkt vieler *interessanter* Polemiken. *Nicht ohne Ironie erzählte er mir von seiner einzigen Reise nach Nordafrika, wo er seine arabischen Kenntnisse mündlich erproben wollte: »Jeder, der meine bayrische Aussprache, meine Wortwahl und Syntax hörte, brach in Gelächter aus.« Bekanntlich kennen die Experten des Altägyptischen, Assyrischen, Sumerischen oder Hethitischen keinerlei Probleme dieser Art und müssen ihre Aussprache keiner Probe unterziehen! (Ein einziges Mal habe ich einen hervorragenden Orientalisten in einem Saal voller Zuhörer, die der ein oder anderen semitischen Sprache mächtig waren, mit künstlicher Aussprache hochpathetisch eine lange assyrische Inschrift vorlesen hören – eine einzigartige Vorstellung meines verstorbenen Freundes Paul Kraus, der Anfang der vierziger Jahre in Jerusalem zu Besuch war.)* In Wirklichkeit konnte zu seiner Zeit kein Arabischlehrer der Münchener Universität literarisches Arabisch korrekt aussprechen. *Eine Ausnahme bildete der jüdische* Extraordinarius Karl Süßheim, *der einige Jahre als Dolmetscher der deutschen Botschaft in der Türkei gewesen war und mit uns Sufi-Texte* des Ibn Arabi las, *wobei wir uns vergeblich* bemühten, es ihm gleich zu tun. *Aber Hommel (und die anderen) störte seine Schwäche hinsichtlich seines Akzentes nicht, wie sie auch die Professoren für das Hebräische nirgends je gestört hat. Jedenfalls kann man sagen, daß* wir die zweieinhalb Jahre, die ich bei ihm studiert habe, auf bestem Fuß standen.

Bei der Lektüre vorislamischer arabischer Dichtung traf ich einen jüdischen Kommilitonen, dessen Rede mich zu ihm hinzog. Rudolf Hallo kam aus Kassel und war ein sehr ernsthafter und sympathischer Mann, der durch Rosenzweigs Einfluß (der eben-

falls aus Kassel stammte) zum Judentum zurückgekehrt war und zu den Quellen gehen wollte. Sein Hauptfach war klassische Archäologie, aber er besaß einen weiten Horizont. Er war es, der die erste Verbindung zwischen mir und Rosenzweig herstellte, von dem ich damals erst das dem greisen Hermann Cohen gewidmete Büchlein »Zeit ist's« gelesen hatte, in dem er einen neuen und originellen Plan zur jüdischen Erziehung in Deutschland aufstellte. Nun lernte ich seine Übersetzungen von Gebeten und religiöser Dichtung kennen, die ein besonderer Ton auszeichnete. Hallo erzählte mir von Rosenzweigs philosophischem Werk »Stern der Erlösung«, das ein Jahr später erscheinen sollte, und weckte dadurch meine Neugier.

In dem ersten Wintersemester in München kündigte der Alttestamentler Göttsberger »Lektüre des Babylonischen Talmud« als Übung an. Ich ging mit Hallo *und noch einem jüdischen Studenten* hin, um zu sehen, wie *ein katholischer Priester ein Blatt Gemara erklären würde*. Die anderen Hörer waren katholische Seminaristen. Der Text des Talmud, muß man wissen, hat keine Interpunktion, und es gehört *zum* Talmudstudium, zu unterscheiden, ob man eine Aussage oder eine Frage vor sich hat. Der Professor machte gleich am Anfang einen schweren Schnitzer. Ich meldete mich und sagte: »Herr Professor, das ist kein Aussage-, sondern ein Fragesatz.« »Woher wissen Sie das?« fragte der Professor. »Das steht schon bei Raschi«, sagte ich. »Rabbinische Spitzfindigkeiten«, beschloß der Professor die Diskussion. So wußten wir, daß bei diesem Herrn nichts zu lernen war.

Dafür gab es aber in München einen ausgezeichneten *und berühmten* Talmudisten. Dr. Heinrich *Chanoch* Ehrentreu, der wie viele Rabbiner in Deutschland aus Ungarn kam, war der Rabbiner des kleinen orthodoxen Synagogenvereins *»'Ohel Ja'akov«*, der von der Orgel in der großen Synagoge, nicht weit vom Stachus, *und auch von dem liberalen Rabbiner Professor Werner, hinter dem (und dessen Antizionismus) die große Mehrheit der Gemeinde stand*, nichts wissen wollte. *Ich zog, wie schon erwähnt, die orthodoxe Liturgie dem liberalen Gottesdienst vor. Erst im Jahre 1919 war dieser Rabbiner und große Toragelehrte zum zweiten Rabbiner der Gemeinde selbst gewählt worden! Kurz nachdem ich in die Stadt gekommen war, erfuhr ich, daß er* täglich *(außer an den Feiertagen)* eine Stunde lang den Traktat über die Heiratskontrakte *lesen würde*, einen der interessantesten und im Inhalt buntesten Traktate, der deswegen auch den populären Beinamen »der kleine Talmud« hatte, weil eben dort sozusagen alles vorkam. *Ich ging zu Rabbiner Ehrentreu und bat ihn um die Erlaubnis, am »Schi 'ur« teilzunehmen. Ich erklärte, woher ich kam, was ich studiert hatte und wie groß mein Wunsch sei, mich mit den Quellen vertraut zu machen. Er erfüllte mir die Bitte. Wir waren nur eine Handvoll Studenten, die* im Winter am Nachmittag in seiner Wohnung *und* im Sommer am frühen Morgen nach dem Morgengebet in der Synagoge *lernten. Solange ich in München war, ging ich dorthin und lernte mit Vergnügen bei ihm. Rabbiner Ehrentreu war ungefähr fünfundsechzig Jahre alt und* sah aus, wie man sich einen talmudischen Weisen vorstellt; *er war ein ausgezeichneter Lehrer* und eine ausgeglichene und friedfertige Natur. Darin stach er von der jüngeren Generation, die in der jüdischen Orthodoxie *und besonders bei der »Agudat Israel«* einen sehr kämpferischen *und eifernden* Charakter annahm, durchaus ab. *Viele aus dieser Generation gingen* damals zum Talmudstudium für ein oder zwei Jahre auf die scharf antizionistischen ungarischen und litauischen Jeschiwoth und *kamen* oft sehr verändert zurück. Ehrentreu, der mich gern hatte, wußte, daß ich nicht orthodox war. Aber einer seiner Söhne, der *in* Galanta *studierte*, gab mir nicht die Hand und machte seinem Vater Vorwürfe, wie er einen wie mich in seinem Talmudkurs dulden könne. *Doch sein Vater handelte nach* einem geflügelten Wort aus dem Talmud: »Das Licht in der Tora wird ihn zum Guten führen.« *Die Rabbiner* Bleichrode und Ehrentreu waren die beiden Lehrer meiner Jugend, denen ich die dankbarste Erinnerung bewahre.

Im ersten Münchener Winter begegnete ich auch Leo Wislicki, *der wie ich* bei Ehrentreu lernte *und damals mit dem Medizinstudium begann. Er kam aus Kattowitz und Breslau, war aus frommer Familie und auch selbst sehr auf die Einhaltung der Gebote bedacht, sympathisierte aber mit dem »Misrachi«. Trotz seiner achtzehn Jahre besaß er schon einen ausgeprägten Charakter. Offenbar gefiel ich ihm, und so befreundeten wir uns und sind bis heute – er wurde* Professor der Pharmakologie in Jerusalem – *Freunde geblieben. Solange er in München war, lasen wir zusammen mit Escha Burchhardt viele Kapitel aus* dem »Führer der Verwirrten«. Die wörtliche Imitation des arabischen Satzbaus in der hebräischen Übersetzung *Ibn Tibbons*, die dem Verständnis oft genug abträglich ist, konnte ich glücklicherweise leichter bewältigen, da ich gerade *für mein Hauptfach* arabische Syntax zu studieren hatte. *Genau zur selben Zeit las ich auch zum ersten Mal das Buch »Tikkune ha-Sohar«, das gerade nicht wegen seines Satzbaus, sondern wegen seiner Assoziationsketten schwierig ist. Die Lektüre beider Werke zur gleichen Zeit war so etwas wie ein geistiges Abenteuer, das mir viele Gelegenheiten bot, über die Polarität der mittelalterlichen jüdischen Welt zu staunen.*

Die meiste Zeit saß ich freilich in der Handschriftenabteilung der Bayrischen Staatsbibliothek, wo hebräische Codices und Druckwerke meinen Tisch garnierten. *Die Arbeitsbedingungen in diesem Lesesaal waren gut und die wissenschaftlichen Bibliothekare (nur drei zu meiner Zeit!) waren freundlich und liberal. Die Bibliothek besaß wenig neuere judaistische Literatur, war aber reich an wertvollen hebräischen Drucken des sechzehnten und siebzehnten Jahrhunderts, darunter Drucke vieler kabbalistischer Werke.* Am Nebentisch saß ein ungewöhnlich schmaler, vielleicht zehn Jahre älterer Mann mit dem unverkennbaren, scharfen und intensiven Gesicht eines jüdischen Intellektuellen, auf dessen Tisch sich deutsche Manuskripte häuften und der im allgemeinen wie ich kurz nach der Öffnung des Saales seinen Platz einnahm. *Es dauerte nicht lange, bis wir uns kennenlernten.* Dr. Eduard Berend aus Hannover *war* der bedeutendste Jean Paul-Forscher, der hier seine kritische Edition des einen Lieblingsautors, den ich unter den deutschen Klassikern hatte, vorbereitete. Ich gestand ihm einmal meine Liebe, und er sagte: »Da könnten Sie mir ja gelegentlich bei den vielen rabbinischen Geschichten, die bei Jean Paul stehen, Auskunft geben.« Jean Paul und Paul Scheerbart waren die einzigen deutschen Autoren, deren sämtliche Werke ich nach Israel mit mir nahm. In einem Handbuch der zeitgenössischen Literatur von 1905, das mir wenige Tage, bevor ich diese Zeilen schreibe, *mein Freund* Werner Kraft zeigte, las ich in der Eintragung über Scheerbart den nur allzu wahren Satz: Der am wenigsten gelesene wichtige Autor der gegenwärtigen Literatur, weil er der einzige völlig unerotische ist. Und das schrieb kein anderer als Hanns Heinz Ewers, *der Autor, der in jener Generation die größte Nähe zur Pornographie entwickelte!* Da ihn niemand las, konnte ich viele seiner Schriften, darunter herrliche und unauffindbare, in den Münchener Antiquariaten für ein Spottgeld bekommen.

In München traf ich Toni Halle und Käthe Ollendorf, deren *kurze* Ehe mit Johannes R. Becher gerade in die Brüche ging, aus dem Jenaer Kreis wieder, und dazu kam *ein Bekannter und Freund aus meiner Militärzeit, mein einziger Vertrauter aus jenen schwierigen und stürmischen Tagen. Wir waren* im selben Zug gewesen, *und ich hatte mit ihm alle meine Taten und Pläne besprochen.* Gustav Steinschneider war der Enkel *Moritz Steinschneiders, der der* größte hebräische Bibliograph und Handschriftenkenner des vorigen Jahrhunderts *und überhaupt einer der größten Repräsentanten der Wissenschaft vom Judentum* war. Sicher war er die erste, eingestandenermaßen agnostisch, wenn nicht gar atheistisch gesinnte Koryphäe auf diesem Gebiet. *Er hielt es für historisch unausweichlich, daß das Judentum in einer säkularen (nicht christlichen) Gesellschaft aufgehen würde. Zu Beginn seiner wissenschaftlichen Laufbahn gehörte er zu den Befürwortern des Planes zur Errichtung eines jüdischen Staates, der in den vierziger Jahren des 19. Jahrhunderts aufgestellt wurde. Er erwachte aber bald aus solchen proto-zionistischen Träumen, und als er mit über achtzig Jahren das Entstehen der zionistischen Bewegung erlebte, stand er ihr völlig fremd gegenüber.* Im höchsten Alter sah er die Funktion der Wissenschaft vom Judentum darin, diesem Phänomen, *dem er sein ganzes Leben gewidmet hatte*, ein anständiges Begräbnis zu verschaffen. *Ich war schon lange ein erfahrener Leser seiner Schriften, die aristokratischen Geist atmeten und nichts als Verachtung für die Versuche wissenschaftlicher Popularisierung kannten, deren Hauptvertreter in Steinschneiders Augen Graetz war. Seine herausragende Persönlichkeit, die sich hinter seiner pedantischen Prosa gewissermaßen verborgen hielt, verschaffte sich doch in den ironischen, stechenden und spöttischen Bemerkungen Ausdruck, die er in seine gelehrten Anmerkungen einfließen ließ.* Ich habe damals schon nicht wenig über diese Gruppe der gelehrten Liquidatoren nachgedacht und plante 1921, [in Benjamins nicht zustande gekommener Zeitschrift »Angelus Novus«] einen Aufsatz über den Selbstmord des Judentums in der sogenannten

Wissenschaft vom Judentum zu schreiben. *Trotz der gewaltigen Distanz, die ich gegenüber diesen Wissenschaftlern empfand,* war ich ein großer Verehrer dieses stupenden Gelehrten, *hinter dessen großen und kleinen Büchern und unzähligen Artikeln ich mein Leben lang her gewesen bin* [und den ich, wenn ich statt im Märkischen Park im Friedrichshain gespielt hätte, noch neunzigjährig auf einer Bank dort hätte sitzen sehen können].

Gustav kam aus einer Lage, die der meinigen in familiärer Hinsicht recht ähnlich war. Sein Vater war eines der führenden Mitglieder des Berliner Monistenbundes, damals wohl der bekanntesten Organisation linker Atheisten. *(Es gab natürlich auch nicht wenige konservative Atheisten, die sich aber nicht organisierten, weil sie im Atheismus eine Geheimlehre sahen, die aus gesellschaftlichen Gründen nicht in die Öffentlichkeit dringen sollte.) Die Monisten, die den Dualismus von Seele und Körper, Geist und Materie, Gott und Welt bestritten, schickten* ihre Söhne in die »Sonne«, die Jugendorganisation des Bundes, *wo sich die Kinder bekannter Sozialisten mit den Kindern der progressiven Bourgeoisie zusammentaten. Als ich die drei Brüder kennenlernte, ging schon jeder seine eigenen Wege.* Gustavs älterer Bruder war Kommunist geworden *und hatte Anfang 1919 am Spartakusaufstand teilgenommen*, sein jüngerer Bruder *Karl* war entschiedener Zionist und einer der ersten »Chaluzim« aus Deutschland, die herübergingen; er selbst – *der anderthalb Jahre jünger war als ich* – schwankte, übrigens sehr ruhig und versonnen, zwischen den Lagern. *Als ich aus der Schweiz zurückkehrte, besuchte ich Gustav, den ich nicht mehr gesehen hatte, seit ich das Militär hinter mir gelassen hatte und in die Schweiz gegangen war, und traf bei ihm auch die anderen Brüder. Gustav und Karl* eignete eine natürliche Vornehmheit und große Musikalität, nur war *Gustav* gänzlich weltungewandt und unfähig, irgend etwas »Praktisches« zu tun. Er sprach unendlich langsam, melodisch gedehnt. In Allenstein beim Militär lag ich mit ihm *(und vielen anderen)* auf derselben Stube. Jedermann weiß, daß das meistgebrauchte Wort der Soldatensprache schon damals »Scheiße« war. Gustav war der erste und letzte Mensch, der es unnachahmlich aussprach, als ob es zum höchsten Sprachbestand des Deutschen gehörte und etwa einen Bestandteil der kultischen Sprache der Georgianer hätte bilden können. Er neigte zur Hypochondrie, und sein schmales, etwas müdes Gesicht verriet den potentiellen Philosophen. Er las Bücher, von denen ich noch nie gehört hatte, und empfahl mir im Lauf der Jahre die Schriften eines, in der Familie Steinschneider *zeitweilig* viel verkehrenden, expressionistischen Philosophen Adrien Turel *(ein Schweizer)*, von denen ich kein Wort verstanden habe. *Ich hatte Gustav sehr gern, obwohl er mir lange und ernste Briefe schrieb, in denen er mich wegen des ein oder anderen, das ich in der vorigen Nacht gesagt oder nicht gesagt hatte, und noch wegen manch anderem zurechtwies.* In den vier Jahren bis zu meiner Auswanderung haben wir sehr freundschaftlich verkehrt; vielleicht war es gerade die Polarität unserer Charaktere, die uns anzog. *Nachdem ich ihn dazu überredet hatte, nach München zu kommen,* verbrachte er das erste Jahr *dort* mit *mir und Escha Burchhardt,* und wir bemühten uns, natürlich erfolglos, ihn zu irgendeinem wie immer geordneten Studiengang zu bereden. *Während der Ferien in Berlin machte ich Gustav mit Walter Benjamin bekannt, der damals nach Deutschland zurückkam und seine Dissertation bei meinem Vater drucken ließ. Benjamin mochte Gustav ebenfalls, und bevor Hitler an die Macht kam, sahen sie sich häufig und besuchten gemeinsam philosophische Vorträge. Dann nahm ihn sein Bruder Karl mit nach Palästina, da er die Gefahren voraussah, denen sein Bruder durch seine linken Verbindungen, besonders zur Familie Liebknecht, ausgesetzt sein würde. Im Lande war es schwer, einen Platz für einen Menschen wie Gustav zu finden. Es bedurfte schließlich* höchster Protektion, nämlich der Fürsprache meines Freundes Salman Rubaschow *(damals einer der Mitarbeiter der Tageszeitung »Davar«)* bei *Dizengoff,* dem Bürgermeister von Tel-Aviv, um Gustav unter Doktoren und Künstlern aller denkbaren Disziplinen *einerseits und unter einfachen Leuten andererseits* eine Position als Straßenfeger zu verschaffen. *Ihm kam diese Arbeit sehr gelegen, da er auch in Deutschland tags zu schlafen und nachts aufzustehen pflegte. Die neue* nächtliche Tätigkeit gestattete es ihm, am Tage zu philosophieren oder (später) mit meiner Tante *Hedwig,* die eine von Konrad Ansorge ausgebildete Pianistin war *und ihren ausgezeichneten Flügel bei ihrer Einwanderung mit meinem Onkel Theobald 1938 mitgebracht hatte,* vierhändig zu spielen. Als Straßenfeger war er übrigens unter seinen Kollegen hochgeachtet und beliebt. Dies war auch einer der Berufe, in dem Kenntnis des Hebräischen keine Rolle spielte.

Am Ende des Korridors der Wohnung in der Türkenstraße, in die – nach dem Weggang *meines Cousins* nach Heidelberg *Ende des Semesters* – Escha Burchhardt zog, hauste ihrem Zimmer gegenüber die Zeichnerin und Illustratorin Tom Freud, eine Nichte Sigmund Freuds, auch sie eine der unvergeßlichen Figuren jener Jahre. Sie war von fast schon pittoresker Häßlichkeit, im Gegensatz zu ihrer etwas älteren Schwester Lilly Marlé, der Frau des Schauspielers Arnold Marlé, die oft zu ihr kam. Die beiden Marlés gehörten zum Ensemble der Kammerspiele und traten auch oft, besonders bei jüdischen Veranstaltungen, als Rezitatoren auf. *Wie viele in der Familie Freud waren sie Zionisten.* Lilly war eine Schönheit hohen Grades und sah aus, wie die zeitgenössischen Maler und Radierer sich gern die Titelheldin des biblischen Buches Ruth dachten. Tom war eine ans Geniale grenzende Illustratorin von Kinderbüchern, zum Teil auch deren Verfasserin, *und bis heute sind die Sammler hinter ihren Büchern her, die vom Markt verschwunden sind.* Agnon *verbrachte diesen ersten Winter in München, da seine Verlobte Esther Marx in Starnberg war und beide ihre Hochzeit im Frühjahr 1920 vorbereiteten.* Er kam oft zu uns. *Im Jahr zuvor hatte er* ein hebräisches Kinderbuch geschrieben, in dem jeder Buchstabe des Alphabets *nach aggadischen Motiven* in längeren Versen beschrieben und verherrlicht wurde. Das Buch sollte von der Zionistischen Vereinigung für Deutschland *unter dem Vorsitz Salman Schockens* in größerer Auflage veröffentlicht werden, und Tom Freud war mit der Illustrierung beauftragt worden. So kam Agnon häufig, um sich mit Tom über ihre Illustrationen *zu beraten.* Tom lebte sozusagen nur von Zigaretten, und ihr Zimmer war meistens in Qualm gehüllt, was Agnon und andere Besucher, *die auch rauchten,* weniger störte als mich, denn je älter ich wurde, desto weniger konnte ich rauchgeschwängerte Räume vertragen. *Tatsächlich war diese Aversion einer der Hauptgründe, warum ich einigen Vereinigungen und Gruppen, deren Versammlungen völlig verraucht waren, nicht beigetreten bin. Es* bedurfte schon eines lebhaften Interesses, um mich zu längerem Aufenthalt in *einem solchen* Zimmer zu veranlassen, *aber bei Tom Freud, die ich sehr verehrte, war dies gegeben.* Sie hatte nicht wenige Beziehungen zu Künstlern und Schriftstellern, und in ihrem Zimmer habe ich ein erbittertes Gespräch über den Zionismus geführt – *über den ich damals nicht gerne und schon gar nicht mit Gojim diskutierte*, als ich dort den (damals) sehr bekannten Schriftsteller Otto Flake traf, der nicht weit von uns wohnte. Flake, ein sehr schlanker, ausgezeichnet aussehender und eleganter Mann, war damals ein *sehr bekannter* deutscher Linksliberaler, (damals jedenfalls) Anhänger einer totalen Assimilation der Juden in Deutschland, von der er sich gerade für die Deutschen Großes erhoffte. Damit war er nun bei mir, *der ich die Assimilation für schweren Selbstbetrug hielt*, an die falsche Adresse gekommen, und das Gespräch verlief dementsprechend. Später, wenn ich nicht irre, kam ihm die Sache nicht mehr so einfach vor. *Bei Tom Freud traf ich auch die Dichterin Paula Ludwig, in die sich damals ein großer Teil der literarischen Prominenz Münchens verliebt hatte. Sie kam aus einer bäuerlichen Familie und hatte während des Krieges als Angestellte bei einer Münchener Familie gearbeitet. Von dort begann ihr Aufstieg in die literarische Welt. Sie war schön, ihre Gedichte waren ebenfalls schön, und aus irgendeinem Grunde fühlte sie sich zu Juden hingezogen. Sie kam oft zu Tom und brachte uns ihre Gedichte, und wir aßen alle zusammen in einem vegetarischen Restaurant in der Türkenstraße. Auch Heinz, mein Cousin, fiel ihren weiblichen und lyrischen Reizen zum Opfer, kurz: in unserer Wohnung ging es manchmal hoch her.*

Wenn Agnon und ich nicht weit von seiner Wohnung an der Isar oder im Englischen Garten spazierengingen, zeigte er mir manchmal voll Stolz die Postkarten *Esthers aus Starnberg*, die in ebenso makelloser Kalligraphie als fast makellosem Hebräisch geschrieben waren. Ich übersetzte in dieser Zeit eine ganze Zahl der kleinen Erzählungen Agnons, zum Teil noch aus dem Manuskript, ins Deutsche, darunter einige seiner vollkommensten Stücke, die dann – *noch ehe sie auf hebräisch veröffentlicht wurden* – im »Juden« erschienen sind. Agnon, der ein unermüdlicher Kolloquialist war, explizierte seine besonderen Vorlieben und Abneigungen in der hebräischen, besonders auch der zeitgenössischen Literatur. *Die Liste seiner Einwände und Vorbehalte war lang. Zu meiner Überraschung erfuhr ich damals und später beim Erscheinen des Romans »Schekhol we-khischalon«, daß Agnon, der stets mit Ehrerbietung, fast hätte ich gesagt mit Ehrfurcht, von der reinen Persönlichkeit J. Ch. Brenners sprach, den Schriftsteller Brenner keineswegs schätzte. Ich war zum Beispiel sehr beein-*

druckt von dem Buch »Mi-kan u-mi-kan«, das ich noch in Berlin gelesen hatte, nachdem es mir bei einem kleinen Buchhändler (und hebräischen Schriftsteller) neben der großen Synagoge in Berlin in die Hände gefallen war. Das Buch lieferte ein ungeschminktes Bild der Atmosphäre im Lande und war in dieser Hinsicht eines der eindrucksvollsten Werke, die ich kannte. So las ich später auch »Schekhol we-khischalon«, das ich schon während meiner Münchener Studienzeit erworben hatte. Das düstere Bild des »Jischuv«, das darin gezeichnet wird, bewahrte mich noch vor meiner Einwanderung (zu Recht oder Unrecht) vor einigen Illusionen darüber, was uns im Lande erwarten würde. Als ich nach Palästina kam, führte ich die Worte Brenners in meinem geistigen »Gepäck«. Agnon wollte von meinen lobenden Worten über diese Bücher nichts wissen, und nicht einmal deshalb, weil er das Bild selbst für verfehlt hielt. Er glaubte nur einfach nicht an die literarische Größe des Mannes, den er als Menschen so sehr schätzte. In unseren Gesprächen rühmte er mir auch das Buch »Chemdath Jamim« als ein literarisches Werk, das kaum seinesgleichen habe und in dem ich lesen müsse, denn es sei ein geheimer kabbalistischer Schatz und dem Sohar literarisch bei weitem vorzuziehen – er hatte gegen den Sohar diesbezüglich viele Einwände –, und schließlich verglich er es (zu Ungunsten des Sohar) mit den echten Midraschim. Er brachte mich dahin, mich – koste es, was es wolle – um ein vollständiges Exemplar der Prachtausgabe des »Chemdath Jamim« zu bemühen, und 1921 habe ich es in Frankfurt auch gefunden. Doch wie groß war mein Erstaunen, als Agnon ungefähr zehn Jahre später über dieses Buch halbherzig zu sprechen begann und Lob mit Tadel vermengte. Wir sprachen in diesen Monaten schon hebräisch, wozu ich in den Münchner Jahren nicht viel Gelegenheit hatte. Ein außergewöhnlicher Mensch war Ariel Avigdor, der Sohn eines der Gründer Gederas. Er war der Verlobte und spätere Mann Lisa Ruppins (der Schwester Arthur Ruppins), die damals in München wohnte und eine sehr liebenswürdige und herzliche Frau war. Avigdor, der Wasserbau-Ingenieur geworden war, bereitete sich damals an einem großen Kraftwerk in der Nähe von München auf seine Tätigkeit in Israel vor und erzählte uns viel über das Leben in den »Moschavim« des Landes vor dem Ersten Weltkrieg.

Zwischen mir und den Münchener jüdischen Familien entstanden nicht viele dauerhafte Kontakte, und es ist kein Wunder, daß die wenigen Bekanntschaften zur zionistischen Minderheit gehörten. Natürlich hatte ich Gelegenheit, den aufkommenden Nationalsozialismus an der Universität von nahe kennenzulernen. Die Atmosphäre in der Stadt war unerträglich *und der Antisemitismus – meist noch in den konservativen Formen eines groben Bayerntums – war offensichtlich* [was heute oft übersehen und in gedämpfteren Farben dargestellt wird, als es wirklich war]. Unübersehbar waren die riesigen blutroten Plakate mit dem nicht weniger blutrünstigen Text, die zu den Reden Hitlers einluden. *In Großbuchstaben hieß es dort*: »Deutsche Volksgenossen sind willkommen. Juden ist der Eintritt verboten.« Mich selber berührte das wenig, da ich meine Entscheidung, Deutschland zu verlassen, längst getroffen hatte. Aber es war doch erschreckend, die Blindheit der Juden, die von alledem nichts wissen und nichts sehen wollten, wahrzunehmen. *Sie hielten das alles für eine vorübergehende Erscheinung.* Das belastete meine Beziehungen zu Münchener Juden sehr, da sie außerordentlich kribbelig und böse wurden, wenn man die Rede darauf brachte. So beschränkte sich mein jüdischer Verkehr auf einen kleinen Kreis Gleichgesinnter. Dazu gehörte Dr. August Scheler, Amtsrichter und mehrere Jahre lang Vorsitzender der zionistischen Ortsgruppe München. In diesen Jahren war der Philosoph Max Scheler, einer der profiliertesten philosophischen Köpfe dieser Zeit, im Munde aller, die am geistigen Leben interessiert waren. *Er galt als Hauptvertreter einer modernen katholischen Philosophie und* tat alles, der Teufel weiß warum, um seine jüdische Abkunft möglichst auf ein Minimum zu reduzieren. Man konnte von jedem, der mit Scheler gesprochen hatte, eine andere Version hören, die aus dem Munde des Gewaltigen stammte, *und seine Schwindeleien werden* noch heute *in Deutschland* wiederholt. Mal war seine Mutter Jüdin, der Vater aber Protestant; manchmal war der Vater zwar protestantischer Herkunft, aber der Familie, der jüdischen Braut wegen, zum Judentum übergetreten; mal war der Vater zwar Jude, die Mutter aber aus christlichem Haus – *wie immer es sich gerade traf.* Der Amtsrichter Scheler sah seinem berühmten Namensgenossen zum Verwechseln ähnlich, freilich ohne den Genieblitz. Ich fragte ihn, was es denn mit diesen Erzählungen auf sich habe und ob er etwas darüber wüßte. Dr. Scheler lachte und sagte: »Er ist mein Vetter, und ich kannte natürlich seine Eltern ausgezeichnet. Beide waren gute Juden aus alten bayrischen *und fränkischen* Judenfamilien, *und alle Einzelheiten über seine Herkunft kann man aus den Gemeindebüchern erfahren*. Scheler wurde gut jüdisch erzogen. Wir amüsieren uns über seine pathologischen Schwindeleien.«

An den Freitagabenden pflegte sich unser kleiner, etwa zehnköpfiger Kreis in meinem Zimmer zu versammeln, und manchmal kamen noch Studenten und junge Frauen aus verschiedensten Orten (nicht aus München!) hinzu, so auch Nachfahren der Juden aus den Dörfern und Städten Frankens, wo sich Tradition und jüdische Bräuche noch hielten, so daß ich einiges über die Hartnäckigkeit der Folklore erfuhr. Aus Büchern wußte ich zum Beispiel, daß es die Sitte gab, an den Tagen der Sonnenwende und der Tag- und Nachtgleiche [den sogenannten »Tequfoth«, Anm. d. Ü.] kein Wasser zu trinken – ein Thema, das zum erstenmal in den Responsen der Geonim auftaucht und um das sich mit der Zeit wunderbare Legenden rankten. So wird auch erwähnt, daß Schaden verhindert werden kann, indem man das Wasser in einem Faß sammelt und ein Eisenstück oder einen »Tequfa-Nagel« am Faß befestigt. Und siehe da, einer unserer Gäste, ein Jurastudent, erzählte uns, daß die Juden des Dorfes, aus dem er kam, noch immer an diesem Brauch als einer »uns von den Vätern überkommenen Sitte« festhielten.

Eines Tages erzählte Käthe Becher, die sich inzwischen mit einem Mitglied der Familie Feuchtwanger, einer sehr geachteten und zum Teil noch frommen Familie, angefreundet hatte, daß im Haus des Onkels ihres Freundes, eines seinerzeit bekannten Sammlers, ein großer, kostbarer und unvergleichlicher Schatz stehe: ein Erstdruck des Sohar, Mantua 1558-1560, und alle drei Bände aufs prächtigste auf Pergament gedruckt. Was für ein Ereignis – ein auf Pergament gedruckter Sohar in einem Münchener Privathaus! Ich bat Käthe, bei ihrem Freund für mich um die Erlaubnis nachzusuchen, dieses Kleinod mit eigenen Augen besichtigen zu dürfen. Ich weiß nicht mehr, ob Sigmund Feuchtwanger (der Onkel) noch am Leben war, aber ich meine, er war schon gestorben. Jedenfalls nahm man mich freundlich auf, brachte mir die drei Bände, und ich erfreute mich an den glanzvollen und berühmten Blättern. Ich fragte den Bibliothekar der Gemeinde, Herrn Hirschinger, einen alten und bücherkundigen Mann, der mir sagte, daß es seines Wissens nur noch ein weiteres Exemplar in Paris gebe. Das Buch, das ich in München sah, wanderte später in die Sammlung Sasson in London, und von dort kam es über eine Auktion zu einem stolzen Preis und durch die Güte eines bekannten Mäzens an die Jerusalemer Nationalbibliothek und gehört heute zu ihren wunderbarsten Schätzen.

Am Sabbatmittag war ich oft bei Dr. Eli Straus eingeladen, dem erklärten Zionisten und Vizepräsidenten der Münchner jüdischen Gemeinde. *Er war Rechtsanwalt und seine Frau Rachel, eine sehr energische Dame, die in ihrem Alter in Jerusalem äußerst interessante Erinnerungen über das Leben einer frommen Familie in Deutschland vor zwei oder drei Generationen schrieb, war Ärztin. Beide lebten gesetzestreu, aber ganz ohne Fanatismus, und sie versuchten, auch ihre Kinder in diesem Geiste zu erziehen. Straus las seinerzeit meine ersten Artikel und Übersetzungen und interessierte sich für mich und meine Studien. Dafür gab es einen erstaunlichen Grund: Er* war der Urenkel einer der geradezu mythischen Figuren des deutschen Judentums, deren Name und Legende noch in meiner Generation bei süddeutschen Juden von größter Popularität war. Das war Rabbi Seckel Wormser, *in Süddeutschland* weit und breit berühmt als »der Baalschem von Michelstadt«, einem kleinen Ort im Odenwald. Eli Straus und sein Bruder Raphael, *ein Historiker, den ich ebenfalls an den Freitagabenden oft besuchte,* besaßen noch mehrere Manuskripte und Dokumente des Baalschem, dessen Wundertaten berühmt waren und noch auf einigen der schönsten Seiten von Ernst Blochs »Spuren« zum Gegenstand von Blochschen Reflexionen dienten.

Bei der Familie Straus wurden die hebräischen Sabbatlieder und Psalm 23 vor dem Tischgebet mit mir besonders sympathischen Melodien gesungen. *Der Hausherr kannte meine Leidenschaft für Bücher.* Einmal sagte er zu mir: »Neulich hat mich der große Antiquar Emil Hirsch angerufen. Er hat ein Exemplar von Eisenmengers »Entdecktes Judentum« von 1700 und es im Börsenblatt des deutschen Buchhandels angezeigt. Er bekam sofort eine Offerte auf einer mit einem großen Hakenkreuz gezierten Postkarte des ›Deutschvölkischen Schutz- und Trutzbundes‹. Da ist ihm etwas schummrig geworden, denn schließlich ist er Jude und möchte nicht gerade den Antisemiten solche Bücher verkaufen. Er hat mich gefragt, ob ich einen zuverlässigen jüdischen Käufer empfehlen könne. Er wolle an dem Buch nichts verdienen. Vielleicht wäre das was für Sie?« Natürlich war das etwas für mich, denn der Eisenmenger mit seinen zwei furchtbar dicken Quartbänden war weitaus das berühmteste, gelehrteste und zugleich dümmste Hauptwerk der antisemitischen Literatur *seiner Zeit*, das zu erstehen ich mit meinen Mitteln *bei gewöhnlichen Bedingungen* keine Aussicht hatte. So ging ich stracks von der Sabbattafel zu Hirsch am Carolinenplatz und erklärte ihm, woher ich käme und wer ich sei. Er sagte: »Wissen Sie, mir liegt nur daran, daß das Buch in die richtigen Hände kommt. Ich habe 50 Mark dafür gezahlt.« *Das* entsprach damals einem Gegenwert von etwa *einem* Dollar.

Einmal erzählte mir Straus, daß in einer der berühmten Villen im vornehmen Viertel eine große hebräische Bibliothek stehe, deren Besitzer verstorben sei und deren Erben noch nicht entschieden hätten, was sie mit ihr anfangen würden. Er vermittelte zwischen mir und Dr. Ernst Wilmersdorfer, dem Sohn des Verstorbenen, der seinerzeit eine Stütze der Gemeinde und ein Bücherliebhaber gewesen war. Ich erhielt die Erlaubnis, einige Stunden in der Bibliothek zu stöbern und fand einen Sachindex zum Sohar, der in Venedig vor ungefähr 250 Jahren gedruckt worden war und mir für meine Arbeit von großem Nutzen schien. Ich erzählte Eli Straus davon, und nach einigen Tagen erhielt ich das Buch als Geschenk (das war im Sommer 1920).

Bei meiner Rückkehr aus der Schweiz *nahm* ich vernünftigerweise nicht mehr *den romantischen Weg* über den Bodensee, sondern die »langweilige« Route über Basel und Frankfurt. In Heppenheim *unterbrach ich meine Reise, um* Martin Buber *zu besuchen*, der meinen Bericht von dem Entschluß, mich der Erforschung der Kabbala zuzuwenden, sehr beifällig und interessiert aufnahm. *(Er war es auch, der mich zu meinen ersten Aufsätzen auf diesem Gebiet, die ein oder zwei Jahre später in seiner Zeitschrift erschienen, ermutigte.)* Natürlich sagte ich ihm auch, daß ich nach München gehen würde. »Da habe ich aber etwas für Sie, was Sie wohl noch gar nicht wissen«, und er holte aus seinen Papieren ein Heftchen von acht Seiten hervor. Es waren die Satzungen der »Johann-Albert-Widmannstetter-Gesellschaft zur Erforschung der Kabbala e.V.« mit Sitz in München und einem beiliegenden Formular zur Beitrittserklärung, vom 5. November 1918 datiert. Da konnte man ja wohl überrascht sein!

§ 2 der Satzungen, deren vielleicht einziges erhaltenes Exemplar, eben Bubers Geschenk, noch vor mir liegt, lautete: »Zweck der Gesellschaft ist die Förderung der durch lange Zeit infolge zufälliger außerwissenschaftlicher Umstände und unter dem Einfluß von Vorurteilen vernachlässigten Erforschung der Kabbala und ihrer Schriftdenkmäler.« Und nicht nur das: Vorsitzender und stellvertretender Vorsitzender des geplanten Vorstands bestanden aus niemand anderen als meinen beiden künftigen Doktorvätern Fritz Hommel und Clemens Bäumker, die mir gegenüber nie ein Wort von dieser Gründung fallen ließen! Buber erzählte mir *die spannenden Hintergründe, und jetzt liegen dazu auch einige Briefe an Buber aus seinem Nachlaß vor.* Die Gesellschaft verdanke ihr Bestehen, ja bestehe aktiv überhaupt nur aus Dr. Robert Eisler, ihrem »Schriftführer«. Ich war ein junger Fant, *der sich in der religionsgeschichtlichen Literatur nicht auskannte*, und wußte nichts mit diesem Namen anzufangen. Buber klärte mich auf, *und später kam ich mit ihm in persönlichen Kontakt.*

Eisler *war* der Sohn eines Wiener jüdischen Millionärs *und wurde, wie er selbst sagte, zur Verachtung des Judentums erzogen, was ihn dazu brachte, mit ungefähr zwanzig Jahren zu konvertieren.* Er war ein *vielseitig* begabter, ebenso agiler wie ehrgeiziger *Mann* von sehr umfassenden wissenschaftlichen Interessen und nicht geringer Darstellungskraft. *Im Jahr 1909 hatte er, noch nicht ganz dreißigjährig,* ein hochinteressantes zweibändiges Werk mit dem attraktiven Titel »Weltenmantel und Himmelszelt« verfaßt, das ihn als originellen, *unglaublich gebildeten* und sehr hypothesenfreudigen Religionshistoriker auswies. *Seine weitschweifende Phantasie stand ihm allerdings im Wege und verhinderte eine solide Abhandlung. Es gab keinen Experten, der das Buch hätte beurteilen können, da es sich zwischen allen festgelegten Disziplinen bewegte, aber viele, die sich mit einem bestimmten Teil der Quellen oder einem bestimmten Kapitel auskannten, hatten etwas an seinen Darlegungen auszusetzen oder hegten*

Zweifel an seinen Schlußfolgerungen (so ging es auch mir, als ich mich in seine Ausführungen zur Kabbala vertiefte, die zu meinem Erstaunen in seinem Buch beträchtlichen Raum einnahm). Er hatte auch das ziemlich einzigartige Kunststück fertig bekommen, an der Wiener Universität an derselben Fakultät zweimal den Doktor zu machen, einmal als *Zwanzigjähriger in Philosophie* und *sieben* Jahre später als Kunsthistoriker, da niemand auf die Idee kam, daß diese beiden Eisler identisch sein könnten!

Trotz seiner Behendigkeit und vielfältigen Qualifikationen hatte er keinen Erfolg bei den Prozeduren zu einer akademischen Karriere, und auch sein Übertritt zum Christentum half hier nicht weiter. Sein Versuch, an der Münchener Fakultät eine Lehrerlaubnis zu erlangen, scheiterte an einigen besonders einflußreichen Köpfen, die seinen Methoden mißtrauten. Seine Stellung zwischen den Lagern war nicht gerade ermutigend. Zum Mißtrauen der verschiedenen Experten trat noch hinzu, daß er als Täufling den Christen seiner prononciert jüdischen Erscheinung halber nicht *immer* ganz geheuer und den Juden ebenfalls verdächtig war.

Auf die Kabbala-Forschung verfiel er unter dem Einfluß der französischen Übersetzung des Sohar, von der ich gesprochen habe. Er benutzte sie viel, lobte sie und hängte an ihr einige Luftschlösser auf. Seine Aktivitäten zur Gründung der erwähnten Gesellschaft begannen offenbar 1916, und zweifellos betrieb er sie mit großer Energie. Gewiß war auch, daß er die methodischen Probleme bei der Erforschung der Kabbala sehr wohl begriffen hatte, obwohl seine Kenntnisse des Hebräischen begrenzt und seine Kenntnisse des Aramäischen gleich Null waren. Er wandte sich – in Briefen oder persönlichen Besuchen – an angesehene judaistische Gelehrte und an Juden wie Nichtjuden, von denen bekannt war, daß sie aus verschiedenen Gründen Interesse an der Kabbala hatten. Einige reagierten gar nicht, andere wandten sich ab, als sie erfuhren, daß er konvertiert war, aber es gab auch bedeutende Gelehrte, die ihm antworteten, so die Direktoren der großen Münchener Bibliothek, die sich von solchen Aktivitäten eine Belebung für die kostbaren kabbalistischen Handschriften versprachen, die zu einem großen Teil von J. A. Widmannstetter, jenem Orientalisten und Diplomaten des sechzehnten Jahrhunderts, nach dem die Gesellschaft sich nennen sollte, gesammelt worden waren. Sogar der Sohn von Heinrich Graetz, dem großen

Verächter der Kabbala, zählte zu den Mitgliedern des temporären Ausschusses, um die Objektivität, die hier herrschen würde, augenfällig zu symbolisieren. Eisler besaß eine blühende Phantasie und verstand es, einen Menschen zu begeistern oder doch wenigstens zu überzeugen, und seine Briefe an Buber aus den Jahren 1917-1919 sind wahrhaftig sehr erhellend. Da die wissenschaftliche Zielsetzung der Gesellschaft durchaus einleuchtend *war, fanden sich auch einige berühmte Rabbiner bereit, dem Ausschuß beizutreten, und so war es nicht verwunderlich, daß jemand wie Buber an einem solchen Projekt Interesse nahm. Eisler schickte ihm* einen Aufsatz *über dieses Thema* für den »Juden«, *und Buber, der von Eislers Übertritt wußte,* wies Eisler darauf hin, daß er in einer Monatsschrift für lebendiges Judentum wohl Aufsätze von Juden und Nichtjuden drucke, aber nicht gut Beiträge von abgefallenen Juden aufnehmen könne, was immer deren Motive zur Taufe gewesen sein mögen. Eisler *erwiderte* ihm, er habe sich schon lange entschlossen, zum Judentum zurückzukehren, *da er inzwischen ein Judentum kennengelernt habe, das von dem Judentum, das er in seiner Jugend abgewiesen hatte, ganz verschieden sei. An dieser Entscheidung aber hätten gerade Menschen wie Buber und Bubers Schriften großen Anteil, und er stehe im Begriff, diesen Schritt in München bei der jüdischen Gemeinde zu vollziehen. Buber* sagte ihm: »Herr Doktor, ich lasse Ihren Aufsatz setzen, kann ihn aber erst publizieren, wenn Sie mich von dem vollzogenen Schritt unterrichten.« *Buber erzählte mir,* er habe seitdem nichts mehr von Eisler gehört, die Zusendung des Satzungsheftes, das *neben den anderen Ausschußmitgliedern* auch sein eigener Name zierte, ausgenommen. Da *es nun so stehe,* nehme er an, Eisler sei in seinem gegenwärtigen Zustand geblieben, und er schenke mir daher den nicht erschienenen Aufsatz, der mich interessieren könne. *Er* produzierte mir die Fahnenkorrektur dieses Aufsatzes, die ich noch besitze. Jedenfalls solle ich doch den Dr. Eisler (der in Feldafing am Starnberger See wohnte) einmal in Augenschein nehmen *und mir eine Meinung zu der ganzen Angelegenheit bilden.*

Ich folgte Bubers Rat, schaffte mir auch sofort *zu Beginn meiner Studien* »Weltenmantel und Himmelszelt« an [und steuerte unter dieser Inspiration für das Vorlesungsverzeichnis der von Benjamin und mir gegründeten »Universität Muri« die Vorlesung des »Professor Robert Eisler« bei: »Damenmantel und Badezelt in religionsgeschichtlicher Beleuchtung«.] So kam ich zu einer der skurrilsten Beziehungen meines Lebens. Eisler lud mich ein, ihn in seiner kleinen Villa am Starnberger See zu besuchen, die noch aus seiner Millionärszeit stammte. (In der Inflation verlor er, wie fast jedermann, alles außer diesem Haus und lebte von der Aufnahme »zahlender Gäste« aus *dem gebildeten Mittelstand in* England.) Ich wurde für ein paar Minuten in ein bis zur Decke überfülltes Bibliothekszimmer geführt, voll der gelehrtesten Literatur über Gott und die Welt. Mein Auge fiel auf zehn in grünen Saffian gebundene Quartbände mit der Inschrift: »Erotica et Curiosa«. Ich, nicht faul, zog einen der Bände heraus; es war eine Attrappe für dahinter stehende Kognakgläser und Flaschen. Eisler nahm mich mit offenen Armen auf. Ich war ja sozusagen der vom Himmel gesandte Engel, der seiner papierenen Gesellschaft kabbalistisches Leben einhauchen würde. Was konnte Besseres ihm da über den Weg laufen als ich?! *Bubers Worte über ihn bewahrheiteten sich. Ich sah mit eigenen Augen den außergewöhnlichen Mann, der Abenteurer und Gelehrter zugleich war, und faßte schon in den ersten Stunden bei ihm den Entschluß, dieses seltene menschliche Phänomen zu studieren.*

Eislers Eloquenz war ebenso phantastisch wie seine Bildung. Sie waren eindrucksvoll, aber nicht ganz ernst. Ich jedenfalls hatte noch nie ein so genialisch-bestechendes und doch zugleich verdächtig glitzerndes Gelehrtenphänomen gesehen. Er war übrigens, was ihn mir besonders sympathisch machte, ohne Ranküne gegen Widerspruch – *erst recht nicht im Gespräch*. Die schweren Lücken seines Hebräisch konnten mir nicht lange verborgen bleiben. Seine eigenen Forschungen auf dem Gebiet *der Kabbala führten ihn zu der großen* »Entdeckung« des wahren Autors des Buches »Jezira«, des wohl noch aus der talmudischen Zeit stammenden ältesten hebräischen spekulativen, von den Kabbalisten als ihr Grundbuch beschlagnahmten kurzen Textes. *Eisler war der Auffassung, daß der Autor niemand anderes gewesen sei als Rabbi Elischaʿ ben ʾAbuja, der vom Glauben abfiel und die »Pflanzungen verwüstete«. Schon in den erwähnten Satzungen hatte er eine wissenschaftliche Ausgabe des Buches mit Übersetzung und Kommentar angekündigt, die er veröffentlichen wollte, aber was er mir von seinen Beweisen erzählte, kam mir völlig haltlos vor, und seine kabbalistischen Hypothesen in »Weltenmantel und Himmelszelt«* ließen mich, der sich nun ernstlich philologischer Disziplin unterwarf, als reichlich windig nur skeptisch erschauern. »Sie halten mich wohl für einen Nebbich-Philologen«, sagte er mir einmal, ohne daß er mir das eigentlich übelgenommen hätte. Seine kombinatorische Phantasie überrannte alle Hürden der historischen Kritik. Mangel an Ideen, und oft durchaus bestechenden, konnte man ihm wahrlich nicht nachsagen, und das auf so verschiedenen Gebieten wie den protosemitischen Inschriften auf der Halbinsel Sinai, den griechischen Mysterien, dem Ursprung der Zigeuner, dem Ursprung des Christentums, *dem er sich jahrelang widmete,* und vielen anderen Themen, denen vor allem eines gemeinsam war: sie waren alle reich an ungelösten Fragen, die dem kombinatorischen Genius weitesten Spielraum ließen. Hörte man ihn vortragen, war man von seiner Rednergabe überwältigt. Wenn man die Schriften las, ließen einen der Zitatenreichtum und die Verweise auf die unvorstellbarsten und entlegensten Quellen sprachlos. Ich habe nie wieder einen ähnlichen Rastelli in der Wissenschaft gesehen. *Dennoch besaß er auch unter Wissenschaftlern einflußreiche Bewunderer, wie Salomon Reinach in Paris oder Sir Gilbert Murrey in Oxford.* Seine Gegner sagten von ihm mit nur leicht verhüllter antisemitischer Spitze: er sei ein aufs Feld der Wissenschaft verschlagener Spekulant. Kurz, er war in seiner Weise einzig. Aber kein Verleger, der ein Buch von ihm gedruckt hatte, wollte je wieder etwas mit ihm zu tun haben, *und dies aus sehr realen Gründen.* Er schrieb nämlich während der Korrekturen jedes Buch auf den mindestens doppelten Umfang um, und jede Publikation endete mit einem Krach.

Durch *Eisler* erfuhr ich zuerst von dem Kreis, der sich in Hamburg um Aby Warburg *(den älteren Bruder der beiden bekannten Bankiers Max und Felix Warburg)* und dessen kulturwissenschaftliche Bibliothek bildete, wo er Anfang der zwanziger Jahre einen Vortrag *über die dionysischen Mysterien* hielt, der die Leute sehr begeisterte und dessen Drucklegung vierhundert enggedruckte Seiten erforderte. Was er mir von Warburg, diesem Kreis *und ihren neuen Ideen zu den Resten antiker Kultur im Mittelalter sowie von ihren Forschungen zur Geschichte der Religionen und deren Beziehungen zu Astrologie und Magie* erzählte, mußte meine lebhafte Anteilnahme an den neuen Perspektiven erwekken, die dort so folgenreich eröffnet wurden. Meine eigenen Studien stießen von 1926 an auf großes Interesse dort, und ich bin, vor allem nach zwei Besuchen in Hamburg 1927 und 1932, mit nicht wenigen Personen dieses Kreises in engen sachlichen Kontakt und freundschaftliche Beziehung getreten. *Diese Gruppe ausgezeichneter und erstklassiger Gelehrter* bestand etwa fünfundzwanzig Jahre lang fast ausschließlich aus Juden, deren jüdische Intensität von moderierter Sympathie bis zum Nullpunkt, ja darunter ging. *Nur einer von ihnen war der Sohn konvertierter Eltern, und gerade er interessierte sich für jüdische Motive. Er war unter den begabten Studenten, die von Israel nach London gingen, wohin die Bibliothek und das ganze Institut während der Hitlerzeit transferiert wurden. Auch der damals bedeutendste Experte für die Geschichte der Magie von der griechischen und römischen Antike bis zum Mittelalter gehörte diesem Kreis an. Er war ein guter österreichischer Jude, bis er eines schönen Morgens gläubiger Katholik wurde und von da an überzeugt davon war, daß die Dinge, denen er seine ausgezeichneten Studien gewidmet hatte, in Wirklichkeit Teufelswerk seien, wie er mir selbst einmal erklärte (die jüdische Magie und besonders die Entwicklungen der Dämonologie waren sechzig Jahre lang mein heimliches Steckenpferd).*

Ich pflegte die drei Gruppen um die Bibliothek Warburg, um das Institut für Sozialforschung von Max Horkheimer und die metaphysischen Magier um Oskar Goldberg als die drei bemerkenswertesten »Jüdischen Sekten« zu definieren, die das deutsche Judentum hervorgebracht hat. Nicht alle haben es gern gehört.

Mir gegenüber gab sich Eisler völlig als Jude *und behandelte seine Taufe nur spöttisch als veraltete Angelegenheit.* Sein Vorrat an jüdischen Witzen und Anekdoten war schier unerschöpflich, und es war begreiflich, daß er sein Nichtjuden gegenüber sehr stark in Reserve gehaltenes jüdisches Herz einem Partner wie mir frei ausgießen konnte. Es ist hier nicht der Ort, auf seine zum Teil abenteuerlichen wissenschaftlichen und persönlichen weiteren Schicksale *und Wandlungen* einzugehen. Ich war bis 1938, als er nach fürchterlichen Wochen in einem *österreichischen* Konzentrationslager nach England gehen konnte, in Verbindung mit ihm. 1946 erhielt ich plötzlich aus blauem Himmel »mit herzlichen Grüßen« ein englisches Manuskript von 250 Seiten über die endgültige Lösung der Palästinafrage, für das er einen (nie aufgetriebenen) Verleger suchte. Dort machte er, der jahrelang sehr prozionistisch gesonnen war und mir *in den zwanziger Jahren* in Briefen mitteilte, daß er seine Bibliothek der Universität Jerusalem vermachen würde, unter ziemlich hemmungslosen antizionistischen Ergüssen – es war die Zeit, als Ernest Bevin in Whitehall regierte und den Zionismus zu liquidieren versuchte – einen wahrhaft originellen Vorschlag. Alle Juden, die nicht von einer Kommission aus drei anglikanischen Theologen und drei streng orthodoxen Rabbinern als koscher genug erklärt werden würden, um als fromme Beter im Lande bleiben zu dürfen, sollten vor die Wahl gestellt werden, entweder in ihre Ursprungsländer zurückzukehren, oder, falls sie einen Judenstaat wollten, den zweiten Bezirk von Wien (die Leopoldstadt) und die gesamte Stadt Frankfurt am Main in Besitz zu nehmen, die von den Deutschen zu räumen und als Judenstaat unter internationale Garantie zu stellen seien. Die Deutschen hätten ja nun das Recht verwirkt, sich nach allem, was sie angerichtet hatten, zu beschweren, wenn ihnen Frankfurt am Main, die berühmteste aller jüdischen Gemeinden in Deutschland, weggenommen und zum Judenstaat erklärt würde. *So käme alles in Ordnung und – Frieden über Israel!* Er proponierte, die englische Flotte für den Transport einzusetzen. Ich schickte ihm das Manuskript mit einem Zettel zurück, auf dem nur stand: »Genug«. *Eisler starb im Jahre 1949 in Oxford, und ein Teil seines Nachlasses liegt im Warburg-Institut in London.*

Aber meine ersten beiden Bücher, die 1923 und 1927 in Deutschland herauskamen, erschienen wirklich noch als Band I und II unter dem Serientitel »Quellen und Forschungen zur Geschichte der jüdischen Mystik, im Auftrag der Johann Albert Widmannstetter-Gesellschaft herausgegeben von Rober Eisler«. Es waren die einzigen Lebenszeichen, die diese fiktive Gesellschaft je von sich gegeben hat.

Eines Tages sagte mir Eisler, er habe Gustav Meyrink in Starnberg von meinen kabbalistischen Studien erzählt, *und er würde sich freuen, wenn ich ihn besuchte, um ihm einige Stellen in seinen Büchern zu erklären. Natürlich kam mir eine solche Bitte recht sonderbar vor. Meyrink war der (außereheliche) Sohn eines be-*

kannten württembergischen Adligen und Politikers und einer jüdischen Schauspielerin. Er war damals ein berühmter Schriftsteller, der eine außerordentliche Begabung für antibürgerliche Satire (»Des deutschen Spießers Wunderhorn«) mit einer nicht weniger ausgeprägten für mystische Marktschreierei verband, die sich vor allem in *haarsträubenden*, teilweise sehr eindrucksvollen, aber nicht ganz ernsten Kurzgeschichten niederschlug, deren literarische Qualität erst in unserer Zeit von Jorge Luis Borges übertroffen worden ist. *Nach seinen erfolgreichen Kurzgeschichten hatte* Meyrink damals auch schon zwei vielgelesene mystische Romane veröffentlicht, wahre Bestseller, »Der Golem« und »Das grüne Gesicht«, die ich mit großem Kopfschütteln über die dort vorgetragene Pseudokabbala gelesen hatte.

So fuhr ich denn, *wenn ich mich nicht täusche, im Frühjahr oder Sommer* 1921 einigermaßen neugierig nach Starnberg hinaus und machte die Bekanntschaft eines Mannes, bei dem tiefgehende mystische Überzeugungen und literarisch ausgemünzte Scharlatanerie sich schier unlösbar amalgamiert hatten. Er zeigte mir einige Stellen in seinen Romanen: »Ich habe das zwar geschrieben, weiß aber nicht, was es bedeutet. Vielleicht können Sie es mir erklären.« Das war nun nicht so schwer, wenn man nicht nur etwas von Kabbala, sondern auch von deren Mißbrauch oder Entstellung in okkultistischen oder theosophischen Schriften aus dem Umkreis der Madame Blavatsky wußte – *und meine Beschäftigung mit der Kabbala hatte mich auch hin und wieder zu einem kritischen Blick auf diese Literatur veranlaßt.* Aber es steckte mir auch ein Licht darüber auf, wie ein Autor pseudomystischen Eindruck schinden konnte. Ich will nur *zwei* Beispiele hier erzählen.

In dem tief mystischen Kapitel »Angst« des »Golem« erlebt der Held – *ein Künstler auf der Suche nach sich selbst* – eine kabbalistische Vision, in der eine Figur erschien, auf deren Brust in fremder Schrift Hieroglyphen leuchteten. Sie fragt den Helden, ob er sie lesen könne. »Und als ich ... verneinte, streckte er die Handfläche gegen mich aus und die Schrift erschien leuchtend auf meiner Brust in Lettern, die zuerst lateinisch waren: CHABRAT ZEREH AUR BOCHER und sich langsam in mir unbekannte verwandelten.« *Natürlich wird jeder Leser hier eine verborgene mystische Botschaft wittern, und das ist auch die Absicht des Autors.* Ich erklärte *Meyrink*, daß das weiter nichts als ein mystischer, ins Hebräische zurückübersetzter Logenname sein müßte, etwa »Loge zum Samen der Morgenröte«. Ob solche Loge je existiert habe oder eine Erfindung sei, könne ich nicht sagen. *Ich bat ihn, mir die theosophische Literatur in seiner Bibliothek ansehen zu dürfen, stöberte etwas und hatte plötzlich die Inschrift vor mir, die in einem englischsprachigen theosophischen Wörterbuch ohne Worterklärung, aber mit der Bemerkung stand, es handele sich um den Namen »eines mystischen Ordens« oder »einer mystischen Loge« (ich weiß das genaue Wort nicht mehr).* Erst fünfzig Jahre später habe ich dann herausbekommen, daß es weiter nichts war als eine Rückübersetzung des Titels der in der Geschichte der Freimaurerei berühmten sogenannten Frankfurter Judenloge aus den Tagen Napoleons, nämlich der »Loge Aurora zur aufgehenden Morgenröte«, *die im Hebräischen zur »Chevrat sarach 'or boqer« wurde. So fand dieser Name,* von einem Ignoranten falsch transkribiert, *seinen Weg in Meyrinks Buch.*

Das zweite Beispiel stammt aus dem Roman »Das grüne Gesicht«: der Held sieht im Traum eine Sabbattafel und darauf zwei angezündete Sabbatlichter. Da kommt der Prophet Elia, und der Held erkennt, »daß Er die zwei verhüllenden Lichter der Makifim in mir umgestellt hat« – so als würden Sabbatkerzen auf hebräisch »Makifim« heißen! Der Träumer oder Visionär versteht, daß es sich hier um eine kabbalistische Ankündigung seines Todes handelt. Woher stammt diese symbolische Bedeutung der Sabbatlichter? – wollte Meyrink wissen. Ich sagte ihm, daß es eine solche Bedeutung der Sabbatkerzen nicht gibt und daß er das Licht, das von ihnen ausgeht, mit den beiden ganz anderen Lichtern verwechselt habe, von denen in der Seelenlehre der lurianischen Kabbala die Rede ist. Jedes geistige Wesen oder beseelte Ding besitzt ein erfüllendes inneres Licht und ein umgebendes äußeres Licht. Doch eine gewisse Zeit vor dem Tod eines Menschen verschwindet das äußere Licht. Meyrink hatte wohl einen deutschen oder englischen Aufsatz zu diesem Thema gelesen und in seiner Phantasie (oder seiner Erinnerung), vor allem aber in seiner deutschen Sprache die beiden Lichter in der Seele und die Ankündigung des Todes mit den Sabbatlichtern zusammengeworfen, da auf deutsch für beides dasselbe Wort verwendet wird. Nach meinem Besuch bei Meyrink suchte ich einen solchen Aufsatz in der okkultistischen Literatur und fand ihn im (wertlosen) Buch eines französischen Okkultisten über die Kabbala, das ins Deutsche übersetzt war und, wie ich ohne Schwierigkeiten herausfand, in Meyrinks Bibliothek stand!

Als wir dann zusammen Kaffee tranken, erzählte mir Meyrink, dessen unscheinbares Aussehen – er sah aus wie der letzte Kleinbürger – im Widerspruch zu den phantastischen Geschichten stand, die er schrieb, aus seinen eigenen Erfahrungen, wie etwa, daß er sich durch magische Praktiken von der bei ihm *zu Beginn seiner besten Jahre* diagnostizierten Rückenmarksschwindsucht, einer zum sicheren Tode führenden Krankheit, befreit habe. *Seine Geschichten waren spannend.* Plötzlich fragte er mich ohne weitere Vorbereitung: »Wissen Sie, wo Gott wohnt?« Darauf war ja, wenn man nicht mit dem berühmten Rabbi Mendel von Kozk antworten wollte: wo man ihn hereinläßt, schwerlich präzis zu antworten. Meyrink sah mich durchdringend an und sagte: »Im Rückenmark.« Das war mir neu, und so kam ich zu meiner ersten Bekanntschaft mit dem berühmten Yogawerk »The Serpent Power« von *Arthur* Avalon (dem literarischen Pseudonym eines hochangesehenen englischen Richters), *das am Vorabend des Ersten Weltkriegs erschienen war und* von dem Meyrink damals wahrscheinlich das einzige Exemplar in Deutschland besaß.

Ich habe Meyrink noch ein- oder zweimal besucht und kam aus dem Staunen nicht heraus. Er hatte die Idee, romanhafte Biographien großer Okkultisten und Mystagogen zu veröffentlichen, und fragte mich, ob ich nicht ein solches Buch über Isaak Luria, *das Haupt der Kabbalisten von Safed*, verfassen wolle. Er selber trüge sich mit dem Plan, etwas dieser Art über Eliphas Lévi zu schreiben. *Eine solche Arbeit lag mir nun völlig fern, schließlich stand mir der Sinn nach wissenschaftlicher Erkenntnis, nicht nach kabbalistischen Romanen. Es war* freilich *nicht zu leugnen, daß Eliphas Lévi* in solche Serie paßte. Wer wüßte nicht, daß die Zahl der Schriftsteller, die ihren gut-jüdischen Namen hinter Pseudonymen versteckten, Legion war. Alphonse Louis Constant war der seltene, wenn nicht einzigartige Fall eines Autors, der den umgekehrten Weg einschlug und seine imaginationsreichen Scharlatanerien unter einem hebräischen Pseudonym keineswegs erfolglos als »grand kabbaliste« an den Mann brachte. Auch Meyrinks letztes Buch »Der Engel vom westlichen Fenster« beruhte auf derselben Idee, das Leben eines berühmten Gelehrten und

Okkultisten zur Zeit der Königin Elisabeth, des Dr. John Dee, in einem tief mystischen Roman zu beschreiben. *Ich hielt dieses Buch für sein bestes Werk – bis ich schließlich entdeckte, daß nur die ausgezeichnete Grundidee von Meyrink stammte, dessen Konzentrationskraft und Schreibvermögen bereits nachließen, während die ausgezeichnete Durchführung der Kunst eines außergewöhnlichen Mannes zu verdanken war, der als Nachbar von Meyrink in Starnberg wohnte. Alfred Schmid-Noerr war ein origineller, völlig vergessener Schriftsteller, Philosoph und authentischer Mystiker. Sein Name wird im Buch nicht erwähnt (und ich erfuhr von alledem erst mehr als dreißig Jahre, nachdem ich den beeindruckenden Roman gelesen hatte).*

Wie man diesen Schilderungen entnehmen kann, blieb ich in München außerhalb der Kreise der Literatur- und Finanzwelt, die in der Zeit galoppierender Inflation in immer rasanterem Tempo ihren Tanz um das goldene Kalb vollführten. Was man das »Münchener Leben« nannte, entging mir völlig, und die Lehrstunden des Rabbiners Ehrentreu übten mehr Anziehungskraft auf mich aus als das berühmte literarische Kabarett »Die Elf Scharfrichter«, das ich, obgleich es nicht weit von meiner Wohnung lag, nie betreten habe. Ein- oder zweimal kamen Buber und seine Frau nach München. Ich zog mit ihnen bei den Buchhändlern herum und erklärte Buber, daß er es meiner Ansicht nach Lesern wie mir schuldig sei, seinem Buch »Der große Maggid und seine Nachfolge«, das gerade gedruckt werden sollte, bibliographisches Material hinzuzufügen. Er war in dieser heiklen Angelegenheit mit sich selbst uneins, versprach mir aber, meinen Vorschlag ernsthaft zu prüfen, und in gewisser Weise hatte ich Erfolg. Noch eine andere, allerdings folgenlose, literarische Bekanntschaft stammt aus dieser Zeit. Eli Straus hatte einen Bruder, Isaak Straus, der ebenfalls begeisterter Zionist war. Er war vor dem Krieg nach England oder in die Vereinigten Staaten gegangen und wurde dort zu einem Vertrauten und Assistenten Chaim Weizmanns. Sein Haus in Starnberg diente nun der ganzen Familie Straus als Wochenendvilla; und besonders an Sonntagnachmittagen versammelte sich dort ein großer Freundes- und Bekanntenkreis. So traf ich den Schriftsteller Arnold Zweig, der sich in Erzählung, Drama und Essay als Prosaist einen Namen gemacht hatte und damals gerade berühmt wurde. Er war überzeugter Zionist und hatte gerade sein Buch »Das ostjüdische Antlitz« veröffentlicht, das den Assimilierten in Deutschland zum Trotz das Lob des polnischen Judentums sang. Zweifellos war er einer der energischsten Vertreter des Zionismus unter den Schriftstellern jener Jahre. In ihm versammelten sich anscheinend Eigenschaften, die bei mir Achtung und den Wunsch, ihn kennenzulernen, hervorriefen. Doch sein überhebliches und geckenhaftes Benehmen waren mir völlig zuwider, und nach einem einzigen Gespräch mit ihm in jenem Park war ich so aufgebracht, daß ich ab 1921 jeden persönlichen Kontakt mit ihm nach Möglichkeit vermied. Auch unsere zufälligen Begegnungen im Jahre 1930 in Palästina änderten nichts an dem negativen Eindruck, den seine anmaßende Persönlichkeit bei mir hinterlassen hatte. Im Jahr 1949 war ich im Zusammenhang mit meiner Mission zur Rettung der Überreste jüdischer Bibliotheken einige Zeit in Berlin, und der Rat der Jüdischen Gemeinde veranstaltete uns beiden zu Ehren eine Art kleinen Empfang, aber wieder war ich verletzt von seinen zornigen Ergießungen über Israel, den Staat und seine Politik (über seine Thesen konnte man streiten), und über die mangelnde Ehrerbietung, die der Jischuv ihm entgegengebracht habe (für die er aber selbst verantwortlich war).

Als Walter Benjamin – vier Jahre vor mir – in München studierte, war er sehr beeindruckt von den Vorträgen Walter Lehmanns, eines großen Experten der mexikanischen Religion und Kultur, der an der Universität als Privatdozent lehrte. Aufgrund seiner Erzählungen ging auch ich hin, um ihn über die religiösen Dichtungen der Maya, der Vorläufer der Azteken, sprechen zu hören. Lehmann war inzwischen zum Professor avanciert und begann seine Vorlesungen nicht mit grammatischen Finessen oder linguistischen Einführungen, sondern verteilte die Dichtungen in der Originalsprache, analysierte sie Wort für Wort und las sie uns – etwa zwölf Hörern – vor. Diese Stunden waren außerordentlich interessant, aber ich konnte nach einem Jahr nicht weitermachen. Eine der Hymnen ist mir aber bis heute in der Originalsprache geläufig. Walter Benjamin selbst besuchte uns zweimal und wohnte 1921 bei uns. Wir waren in diesem Jahr in eine Wohnung umgezogen, die ein guter Bekannter Escha und mir überlassen hatte, als er nach Berlin ging. Das war Dr. Emil Forrer, ein junges

Genie in der Wissenschaft vom alten Orient, *dessen* Bekanntschaft ich Eisler verdanke. Er hatte sich einen Namen gemacht, als er bewies, daß Hethitisch, *mit dessen Entschlüsselung die Orientalisten damals gerade befaßt waren, eindeutig* eine indogermanische Sprache ist. Forrer (der Schweizer war) und seine Frau kamen aus der freideutschen Jugend *und waren Gojim mit* einem offenen Sinn für den Zionismus. *Beide jungen Leute besaßen Herz und Bildung, und* es war ein Vergnügen, mit diesem Paar umzugehen. Sie luden Escha und mich öfters ein, und ich staunte die eiserne Arbeitskraft Forrers an. *Ihre Wohnung, die sie* uns hinterließen, *lag* in der Gabelsbergerstraße, gegenüber der Technischen Hochschule. *Auf meinem Weg zur Universität oder Bibliothek kam ich jeden Morgen an dem prunkvollen Palais vorbei, das Professor Pringsheim, der jüdische Schwiegervater Thomas Manns, bewohnte, und ich sinnierte über die Gefühllosigkeit eines reichen Mannes, der ein solch pompöses Gebäude mitten in der Stadt errichtet, ohne auch nur einen Gedanken an die Reaktion der Passanten zu verschwenden, die mir manches Mal zu Ohren kam.*

Zwei Jahre lang saß ich an meiner Dissertation, und ich begann, die klassischen Werke der frühen Kabbala, soweit sie mir gedruckt oder in Handschriften zugänglich waren, der Reihe nach zu lesen. In München lagen einige Handschriften von Werken Abraham Abulafias, und ich begann, sie gründlich zu studieren, ja versuchte sogar, einige seiner praktischen Anweisungen umzusetzen, bemerkte, daß sie Veränderungen im Bewußtsein hervorrufen und verstand, daß man zwischen den Zielen der verschiedenen kabbalistischen Methoden unterscheiden muß und nicht alles in einen Topf werfen darf. Auch den Sohar las ich, aber ohne Kommentare; ich versuchte zu verstehen, was ich vor mir hatte, und stellte noch keine historisch-kritischen Fragen, zumal mir sofort klar war, daß solchen Fragen eine Lektüre der Midrasch-Literatur vorausgehen müsse. Und natürlich muß hinzugefügt werden, daß ich in diesen ersten Jahren tief beeindruckt war von Achad Ha'ams Worten über den »jüdischen Nationalgeist«, der in der anonymen oder pseudepigraphischen Literatur wirksam sei (so jedenfalls hatte ich Achad Ha'ams Worte verstanden).

Ich beendete meine Dissertation *Ende 1921 und brachte sie*

nach Berlin, um sie von einer guten Bekannten abschreiben zu lassen und Korrektur zu lesen. Ende Januar *reichte ich sie ein und teilte Hommel mit, daß ich mich* auf das mündliche Examen *vorbereiten würde. Er* sagte: »Herr Scholem, öffnen Sie die zwei Wochen vor Ihrer Prüfung kein Buch. Gehen Sie im Englischen Garten spazieren, und tun Sie, was Ihnen Spaß macht, nur nichts, was die Prüfung angeht. Das ist mehr wert als alles Büffeln.« Ein einsichtiger Mann. In Mathematik als Nebenfach wurde ich Ferdinand Lindemann zugewiesen, was mich mit einem gewissen Hochgefühl erfüllte. Schließlich war das der berühmte Mann, der genau vierzig Jahre vorher das Problem der Quadratur des Kreises endgültig aus der Welt geschafft hatte. Man mußte sich dem Examinator vorstellen, um Auskunft über *das Studium und* die speziellen Gebiete zu geben, in denen der Kandidat am ehesten Bescheid wußte. Lindemann war Kurator der Universität und las kaum mehr. Er empfing mich gnädig und sagte: »Da Sie, wie ich höre, neun Semester Mathematik studiert haben, sollten Sie ja eigentlich eine ganze Menge wissen.« *Ich sagte ihm, daß ich mich auf Algebra spezialisiert habe*. In der Prüfung am 3. März machte er sich den Spaß, mich zu fragen, ob ich ihm den Gedankengang des Beweises von Charles Hermite für die Transzendenz der Zahl e darlegen könne *(das heißt, daß sie keine Wurzel für irgendeine algebraische Gleichung sein kann).* Der Witz war, daß Lindemanns eigener Beweis, daß π eine transzendentale Zahl ist, eigentlich nur eine geistreiche Anwendung und Weiterführung des Hermiteschen Beweises war; *wenn ich also über die Zahl e Bescheid wußte, war das auch ein Zeichen dafür, daß ich das »Meisterwerk« kannte, durch das Lindemann Unsterblichkeit erlangt hatte!* Bäumker dagegen, der mich gut kannte, fragte mich in der zur Verfügung stehenden halben Stunde, ob ich mich über Hermann Lotzes Theorie des Urteils äußern,und kritisch zu ihr Stellung nehmen könnte. Damit war die halbe Stunde schon vorüber. Hommel, *der mein Hauptfach prüfte,* sagte: »Hebräisch und Aramäisch können Sie besser als ich. Wozu soll ich Sie darin prüfen?« *(Das war logisch, doch gerade in der Prüfung?!)* Aber Hommel war verliebt in südarabische Inschriften und legte mir eine kleine sabäische Inschrift vor und ließ mich ein paar Verse aus der berühmten Quassida des Imrulqais lesen, die ich jetzt noch hersagen kann.

Meine beiden Hauptlehrer Hommel und Bäumker – der letztere von großem Einfluß in der Fakultät – luden mich für den nächsten Tag zu einer Besprechung ein und boten mir an, falls ich mit einer entsprechenden Arbeit *über die Kabbala* käme, mich in München zu habilitieren und *mich gerade für die hebräischen Handschriftenschätze dort als Privatdozent für* einen *besonderen* Lehrauftrag für Judaistik zu empfehlen, was damals, wie schon erwähnt, an deutschen Universitäten ein Novum gewesen wäre. Ohne das in ernste Erwägung zu ziehen, konnte ich doch diese Aussicht zur Beendigung meiner Studien und zur Vorbereitung meiner geplanten Auswanderung nach Israel meinem Vater gegenüber ausspielen.

Mit einem Angestellten der Fakultät hatte ich den Tag der Prüfung so gelegt, daß ich meine Eltern von dem erfolgreichen Examen am Vorabend des Geburtstages meines Vaters telegraphisch benachrichtigen konnte. Aber am Tag nach dem erfreulichen Gespräch erlitt mein Vater einen schweren Herzanfall. Ich wurde telegraphisch nach Berlin gerufen. Einige Tage *schwebte er zwischen* Tod und Leben, *und* die Ärzte gaben kaum mehr Hoffnung. *Irgendwie überstand er die Krise aber doch*, erholte sich, wenn auch ganz langsam, und mußte sich von nun an sehr schonen. Meine zwei älteren Brüder, die ins Geschäft eingetreten waren, übernahmen die Hauptverantwortung. Als mein Vater außer Gefahr war, kehrte ich nach München zurück, um meine Bücher und andere Sachen nach Berlin zurückzuschicken. *Mein Vater fuhr zur Erholung in einen Kurort und kam erst Mitte April, kurz vor Pessach, nach Berlin zurück. Erst jetzt konnte ich mit ihm sprechen, ihm die neue Aussicht vor Augen stellen und seine Zustimmung zu den Vorbereitungen erlangen.*

Von *München* fuhr ich nach Frankfurt, in dessen Nachbarschaft – Bad Homburg – sich *dieses Jahr* Agnon *mit seiner Frau* niedergelassen hatte. Ich war schon ein Jahr vorher, *im Mai 1921, als Agnon noch in Wiesbaden wohnte, bei ihm gewesen und hatte auch einige Tage in Frankfurt verbracht, wo ich bei den Buchhändlern kabbalistische Bücher suchte.* Dort hatte ich auch meine erste persönliche Begegnung mit Franz Rosenzweig, *der noch nicht an seiner unheilbaren Krankheit litt.* Sein Buch »Der Stern der Erlösung« – eine der zentralen Schöpfungen *jüdischen* Denkens der letzten beiden Generationen und eine gewissermaßen authentisch jüdische Version (oder Parallele) der positiven Philosophie des späten Schelling – war Ende 1920 erschienen, und Rudolf Hallo brachte mir ein Exemplar, als er nach den Weihnachtsferien nach München zurückkehrte. Noch ehe ich mich in dieses schwierige Buch vertieft hatte, schickte mir Rosenzweig ein Büchlein mit den Tischdank-Gebeten, die er ins Deutsche übertragen hatte, und wir korrespondierten über das Problem der Übersetzung aus dem Hebräischen, ein Problem, dessen Verwicklungen auch ich zu begreifen begonnen hatte, da ich sie am eigenen Leibe erfuhr. Rosenzweig hatte über mich von verschiedenen Seiten gehört, das meiste aber von Hallo, und war offenbar neugierig, mich persönlich kennenzulernen. Unsere erste Begegnung, die anderthalb Tage dauerte, hat sich mir vollkommen positiv eingeprägt. Unser Gespräch ging – so mein Eindruck – über jüdische Dinge, die für uns überragende Bedeutung hatten. Natürlich war unsere Haltung nicht dieselbe. Ich war Zionist – er nicht. In der ersten Nacht lud er mich ein, ihn am nächsten Morgen zu einer Gemara-Lehrstunde zu begleiten, die der Rabbiner Dr. Nechemia Nobel in seinem Haus abhielt. Nobel war zu jener Zeit als tiefgründigster Denker unter den konservativen Rabbinern berühmt, er war offen zionistisch und schrak nicht davor zurück, in seinen vielbesuchten Auslegungen Goethe zu zitieren und – gütiger Himmel – den Sohar! Nach meinem Wissen war Nobel damals der einzige Rabbiner seiner Generation in Deutschland, der den Sohar öffentlich und sogar noch lobend erwähnte. Der Besuch bei Nobel war erfrischend. Der Rabbiner freute sich sehr, als er hörte, daß ich Gemara bei Ehrentreu gelernt hatte, und zeigte mir sogar die von ihm benutzte Sohar-Ausgabe – zu meinem Erstaunen war es der Livorneser Druck mit Quadratschrift und Punktierung (und zwar mit der in Nordafrika geläufigen Punktierung, die mit den grammatischen Regeln des Aramäischen wenig zu tun hatte). Wir kehrten zu Rosenzweig zurück und verbrachten die meisten Stunden des Tages im Gespräch. Auch seine Frau lernte ich kennen, und wir nahmen Abschied mit dem Wunsch, uns bald wiederzusehen. Daß ich einen genialen Menschen und Giganten kennengelernt hatte, war mir evident; daß er nicht weniger diktatorisch veranlagt war, ebenso. Unsere Entscheidungen waren in ganz verschiedenen Richtungen gefallen. Er suchte das deutsche Judentum von innen her zu, ich weiß nicht, ob ich sagen soll: reformieren oder revolutionieren, *oder chassidisch gesprochen: einen Tikkun an seinen Wurzeln zu bewirken (was dasselbe ist)*; ich setzte keine Hoffnungen mehr auf das als Deutschjudentum bekannte Amalgam und erwartete die Erneuerung des Judentums nur von seiner Wiedergeburt im Lande Israel *[und meine Leser werden mich zu Recht fragen, ob ich an dieser Erwartung noch heute, nach sechzig Jahren, festhalte. Ich weiß darauf nach allem, was geschehen ist, keine Antwort und habe nur Hoffnung, doch sagte schon der Weise: Hingezogene Erwartung macht das Herz krank].*

Was mir nicht in den Sinn kam, war, daß sich dies alles für Rosenzweig ganz anders ausnahm oder darstellte. Ich wußte nicht, daß er mich für einen Nihilisten hielt *und für einen Menschen, dem das Judentum nur Kloster ist, eigentlich: ein Trappistenkloster, denn ich bliebe stumm, ohne kommunikative Sprache, und mein einziger Ausdruck sei die Gebärde, die Gebärde der Bewunderung oder Ablehnung. So schrieb er nach unserer oben geschilderten Begegnung an Rudolf Hallo. Erst fünfzehn Jahre später habe ich diese Briefe in seinem Briefwechsel gelesen. Man fragte mich, ob ich ihrer Veröffentlichung zustimmen würde, was ich selbstverständlich getan habe, weil es mir die Aufrichtigkeit gebot, aber mein Erstaunen hat sich nicht gelegt. Heute weiß ich, daß das, was bei meinem zweiten Besuch geschah, geschehen mußte, wenn ich für ihn so aussah. Es* kam damals bei einem langen nächtlichen Gespräch über eben dies Deutschjudentum, das ich verwarf *und wegen dessen Idealisierung ich ihn angriff*, zu einem völligen Zerwürfnis. Ich hätte dieses heikle, uns beide tief aufregende *und die Schärfe des Gefühls noch intensivierende* Thema, *das für sich selbst genommen schon eine Kränkung für einen stolzen deutschen Juden war*, nie angeschnitten, wenn ich gewußt hätte, daß Rosenzweig damals schon in den Anfangsstadien seiner tödlichen Krankheit, einer Lateralsklerose war. Er hatte *im Herbst 1921* einen noch nicht eindeutig diagnostizierten Anfall gehabt, *oder aber die Sache wurde, falls sie doch diagnostiziert war, vor uns geheimgehalten. Man sagte mir, er sei* auf dem Wege zur Wiederherstellung, und nur eine gewisse Schwierigkeit beim Sprechen schien noch zurückgeblieben zu sein. So geriet ich in eine der stürmischsten und irreparabelsten Auseinandersetzungen meiner Jugend, *und jede Verbindung zwischen uns brach ab*. Aber Jahre später baten mich Buber und Ernst Simon, mich an einer Mappe *handschriftlicher Blätter über ein frei gewähltes Thema zu beteiligen*, die dem schon gelähmten und sprechunfähigen Rosenzweig, *der eigentlich nur noch durch ein Wunder lebte*, zu seinem 40. Geburtstag überreicht werden sollte. *Ohne zu wissen, was er fünf Jahre zuvor über mich geschrieben hatte, schrieb ich, der sprachlose Mensch, ein »Bekenntnis über unsere Sprache«!* Als ich im August 1927 *auf meiner ersten Reise von Palästina aus* in Frankfurt war, sagte Ernst Simon: Rosenzweig würde sich sehr freuen, wenn Sie ihn besuchen würden. Ich ging hin und erzählte dem todkranken Mann, der nur einen Finger und dadurch eine eigens konstruierte Nadel über einem Alphabetfeld bewegen konnte, die seine Frau *aus Intuition und Identifikation* zu Sätzen artikulierte, von meiner Arbeit, *den Ergebnissen meiner Reisen durch die Bibliotheken und den Neuerungen, die sie brachten*. Es waren unvergeßliche, ins Herz schneidende Stunden. Dabei produzierte er auch in diesen Jahren sehr eindrucksvolle Arbeiten, beteiligte sich an der von Buber inaugurierten Bibelübersetzung und führte einen überreichen Briefwechsel, *der das lebendige Denkmal einer Biographie wurde, die in gewisser Weise Symbol ist, in dem Größe und Ruin des deutschen Judentums verschränkt sind. Als Rosenzweig Ende 1929 starb, habe ich für die Hebräische Universität die Gedenkrede auf ihn gehalten.*

Noch einmal Berlin und Frankfurt (1922-1923)

Nach meiner Rückkehr nach Berlin meldete ich mich zum mathematischen Staatsexamen, wo mir eine Arbeit aufgebrummt wurde, die etwas mit der Theorie der Eulerschen Flächen zu tun hatte, *an die die Lehre der Kegelschnitte anknüpft.* Ich kaufte mir auch die hebräischen Lehrbücher der Mathematik *von Dr. Metman-Cohen*, die auf dem Gymnasium in Tel-Aviv verwendet wurden, um mich mit der mathematischen Terminologie vertraut zu machen, die ich als Lehrer drüben zu kennen haben würde *(seither hat sich die Sprache der Mathematiker sehr verändert).* Mein Vater, dem das Habilitationsangebot doch imponiert hatte und der dachte, es würde mich von den Extravaganzen meiner »Dummenjungenjahre« abbringen, *sagte zu mir: Wenn du dich mit Geduld wappnest, lassen wir deine Arbeit (über das Buch Bahir)* in unserer Druckerei herstellen, wenn sich gerade ein Setzer für eine oder zwei Stunden *von dringenderen Arbeiten freimachen kann.* Das war damals, auf der Höhe der Inflation, *ein großartiger Vorschlag und* eine große Sache. Doktorarbeiten konnten längst nicht mehr gedruckt werden, *und die Vorschriften, die verlangten, daß sie gedruckt werden müssen, waren aufgehoben worden. In der Setzerei gab es eine Schublade mit hebräischen Buchstaben, und so* war *das Buch* nach einem Jahr fertig. *Eisler war begeistert, als er von diesem Wunder hörte und schlug vor, mein Buch bei der angesehenen Offizin Drugulin in Leipzig herauszubringen, dessen Direktor ein Anhänger Eislers und Mitglied des fiktiven Ausschusses war, von dem ich erzählt habe. Bei* Drugulin wurde damals alle expressionistische Literatur gedruckt, die bei Kurt Wolff erschien. (Wer kannte damals nicht den aktuellen Vers von Karl Kraus: »Denn was nur am Worte reibt sich, wird gedruckt bei Drugulin in Leipzig, Edler Jüngling Wolff, ich klage drum«!)

Inzwischen bereitete ich mich auch *in diesem Jahr* weiter auf kabbalistischem Gebiet *und auf dem Gebiet der jüdischen Philosophie vor. Es war die einzige Zeit, in der ich auch an der Berliner*

»Hochschule für die Wissenschaft des Judentums« eingeschrieben war, die eigentlich als liberales Rabbinerseminar fungierte und deren Lehrkörper sich aus namhaften Gelehrten dieser Zeit, wie Eduard Baneth, Harry Torczyner (Tur-Sinai), Leo Baeck, Julius Guttmann und Ismar Elbogen, zusammensetzte. Ich ging dort aber nur hin, um an Guttmanns Lektürekurs zu Chasdai Crescas' Buch »'Or Adonai« teilzunehmen. Es waren, was Lehrer wie Studenten betraf, hochinteressante Stunden. Guttmann war als Philosoph von vorbildlicher Klarheit und analysierte streng nach allen Richtungen die Probleme, die sich aus der Beschäftigung mit einem sehr tiefen philosophischen Text, der im Druck verunstaltet worden war, ergaben. Seine Analysen forderten zum Nachdenken heraus und provozierten lebhafte Erörterungen unter den Studenten. Ich habe weder zuvor noch danach jemals eine so exzellent zusammengesetzte Hörerschaft gesehen wie hier. Dort saßen Fritz Jizchak Baer, Hartwig David Baneth, Zwi Woislawski, Chajim Borodianski (Bar-Dayyan), Fritz Bamberger und noch andere junge Leute, die sich in der Judaistik oder der hebräischen Literatur später einen Namen machten. Es war klar, daß auch unser Lehrer Vergnügen an dieser erlesenen Hörerschaft hatte, und man regte sich gegenseitig an. Julius Guttmann war fast zwanzig Jahre älter als ich. Zehn Jahre später wurden wir Kollegen an der Fakultät für Jüdische Philosophie und Kabbala der Hebräischen Universität, und ich lernte ihn als ausgezeichneten Gelehrten und bescheidenen und frommen Menschen ehren und lieben.

Zur Vertiefung meiner Kenntnis der hebräischen Literatur verbrachte ich ungezählte Stunden, vor allem auch Nächte, in der *wunderbaren* Bibliothek von Moses Marx, *des Schwagers von Agnon,* mit dem ich mich seit meiner Rückkehr aus der Schweiz angefreundet hatte. Das war ein seltsamer Mensch, der Mitinhaber einer Textilfirma am Spittelmarkt, dessen Herz aber an hebräischer Typographie und Bibliographie hing, obwohl er kaum imstande war, die von ihm mit so viel *Hingabe und* Liebe gepflegten und beim handwerklich hervorragendsten Buchbinder Berlins herrlich gebundenen Bücher inhaltlich zu verstehen. *(Die Gestalt dieses Buchhändlers stand Agnon vor Augen, als er seine Erzählung »Die Geschichte von Asriel Mosche dem Bücherwart« schrieb.) Marx* gehörte zu den vielen Opfern der *unheilvollen* Illusion, die die Inflation hervorrief, sehr reich zu sein, während er in Wirklichkeit gar nichts mehr hatte. *Er* war ein sehr empfindlicher und leicht verletzlicher Mann, der *entschiedenes und* intensives jüdisches Gefühl – von der Orthodoxie abgefallen, hatte er sich dem Zionismus angeschlossen – mit einem nicht geringen Schuß preußischen Wesens verband. Ich habe, *auch unter den Einwanderern aus Deutschland,* noch mehrere Menschen dieser Art kennengelernt, aber Marx war deren ausgeprägtester Vertreter. Oft fuhren wir auf dem Deck des Autobusses *von seinem Büro* am Spittelmarkt, *das nicht weit von unserer Wohnung lag,* nach der Helmstedter Straße am Bayrischen Platz. *Wir aßen dort, und ich verbrachte* die Stunden von 7 Uhr abends bis 7 Uhr morgens *in seiner Bibliothek* und ließ die mehreren tausend Bände fasziniert durch meine Hände gehen.

Marx besaß unter anderem auch ein vollständiges Exemplar der »Kabbala Denudata« *des deutschen Gelehrten und Dichters* Christian Knorr von Rosenroth, dem 1677-1684 erschienenen wichtigsten lateinischen Werk über die Kabbala, *das Übersetzungen kabbalistischer Bücher, Studien und Erörterungen zur Kabbala enthält und* dessen 2500 Seiten umfassende Bände für mich unerschwinglich waren. Marx kam aber einmal *nachmittags*, um mich in der Neuen Grünstraße, *die fünf Minuten von seinem Büro entfernt lag,* zu besuchen und meine *seit drei Jahren anwachsende* kabbalistische Sammlung zu besehen. Meine Mutter, die über einen ausdrucksreichen Sprachschatz verfügte, sagte zu mir: »Na, was wollt ihr euch denn gegenseitig abbewundern?« In der Tat, er fand ein kleines, 1546 in Saloniki gedrucktes, äußerst seltenes Kabbalistikum, das noch einen wunderbaren türkischen Originaleinband in Lederschnitt hatte. *Es war das Buch »Be'er majim chajim«, ein kabbalistisches Buch über das Tischgebet, das ich Anfang des Jahres* bei meinem Besuch in Frankfurt für damalige hundert Mark (ein halber Dollar) gekauft *hatte*. Marx sagte, was wollen Sie dafür haben? Ich sagte, kabbalistische Bücher kann ich nicht vertauschen, *und schon gar so etwas Seltenes.* Er: Aber trotzdem? Ich: Mein Gott, wenn Sie durchaus wollen, werde ich Ihnen etwas sagen, was Sie keinesfalls annehmen werden – geben Sie mir Ihre »Kabbala Denudata« dafür. Marx zuckte zusammen und sagte nichts. Als ich aber das nächste Mal bei ihm war, stieß er plötzlich *mit (echtem oder gespieltem?) Ärger* hervor: »Nehmen Sie schon das Zeug. Die »Kabbala Denudata« ist für Geld immer zu haben; Ihr Schmöker ist für kein Geld aufzutreiben.« So kam ich in den Besitz der kostbaren Bände, und es hat wirklich fünfzehn Jahre gedauert, ehe ich aus einer Versteigerung in Amsterdam das Salonikier Büchlein wieder beschaffen konnte, *und weitere dreißig Jahre vergingen, ehe sich der Besitzer des Originals, das in Jerusalem in andere Hände gelangt war, zu Ehren meines achtzigsten Geburtstages bereit erklärte, es mir gegen das zweite Exemplar zurückzuerstatten.*

In Berlin lernte ich weiter Gemara (Gittin) bei Dr. Bleichrode, und ich fand drei Genossen, die bereit waren, mit mir das Schöpfungskapitel des Sohar durchzunehmen. Meine ersten »Schüler« waren Harry Heller, Leo Wislicki (beide Ärzte) und Arthur Rau, der Jurist, mit dem ich seinerzeit in der Agudath Israel war. Alle drei kamen in der Hitlerzeit nach Palästina. Ich besaß damals von den Kommentaren zum Sohar nur zwei, die beide auf der lurianischen Kabbala beruhten und für ein Verständnis des »einfachen Wortsinnes« der mystischen Texte des Sohar nur sehr begrenzt brauchbar waren, und ich begriff bald, daß der Weg zu einer kritischen Lektüre dieses Buches lang sein würde. Die Prozedur einer solchen Lektüre begann für mich mit einem anderen Buch. Ich erhielt es leihweise im Sommer 1922 nach einer Begegnung, die ebenso ermutigend wie merkwürdig war.

Hartwig David Baneth, *Sohn des Talmudisten Eduard Baneth, den ich in Guttmanns Übung kennengelernt hatte*, erzählte mir, *daß der liberale* Rabbiner von Posen, Professor Philip Bloch, nach Berlin übersiedelt sei, *nachdem die Provinz Posen Teil des neuen polnischen Staates geworden und die Mehrzahl der Juden von dort weggegangen war. Bloch war ein ausgezeichneter* Schüler von Graetz *und gewiß einer der letzten, die noch lebten. Er hatte bekannte Arbeiten über die Geschichte der Juden in Polen, über die mittelalterliche jüdische Philosophie und auch über die Kabbala veröffentlicht.* In der Generation vor mir war er <u>die</u> Autorität für Kabbala, freilich eine Autorität im Geiste Graetzens. Er hatte eine Übersicht und einige Spezialaufsätze über dies Gebiet veröffentlicht. Seine beträchtliche Bibliothek, an deren Katalogisierung Baneth damals arbeitete, schenkte er dem Akademieverein, *von dem ich noch berichten werde. Baneth* schlug mir vor, Bloch zu besuchen, der im 82. Jahr stand, aber noch sehr kregel war und mit seiner Bibliothek zusammen hauste. *Er war* der einzige jüdische Gelehrte in Deutschland, der eine reiche Sammlung kabbalistischer Drucke und Handschriften zusammengebracht hatte. Er empfing mich aufs freundlichste als jungen Kollegen, sozusagen. »Wir sind ja beide ›Meschuggoim‹«, Verrückte, sagte er. Er zeigte mir seine kabbalistische Sammlung und ich bewunderte *alles, besonders aber* die Handschriften, *die meisten davon Werke der Schüler Lurias.* In meiner Begeisterung sagte ich durchaus harmlos: »Wie schön, Herr Professor, daß Sie das alles studiert haben!« Der alte Herr erwiderte: »Was, den Quatsch soll ich auch noch lesen?« Es war ein großer Moment in meiner Biographie.

In Blochs Bibliothek fand ich das Buch »Kethem Pas« des Rabbi Schimʿon Ben-Lavi, der das populärste aller kabbalistischen Lieder, das »Bar-Jochai, nimschachta, ʾaschrekha« verfaßt hat. Bloch willigte ein, mir das Buch für eine gewisse Zeit zu leihen. Es war ein Kommentar zum Sohar, der dem Wortsinn sehr nahe kommt, näher jedenfalls als alle anderen gedruckten Sohar-Kommentare (und den es nur in Jerusalem zu kaufen gab).

Zwischen 1919 und 1923 trat ich während meiner Berliner Aufenthalte – *in den Münchener Semesterferien und in dem Berliner Jahr nach Beendigung des Studiums* – in Beziehungen zu einigen jungen Gelehrten, die etwas älter waren als ich und *damals oder später* als wissenschaftliche Kräfte in einer Organisation arbeiteten, die sich die (nie vollzogene) Gründung einer »Akademie für die Wissenschaft des Judentums« zum Ziel gesetzt hatte. *Bestimmend war hier nicht der Geist von Rosenzweigs großem Aufruf »Zeit ist's«, der inzwischen verhallt war, sondern der Geist des großen Historikers Eugen Täubler, der ein sehr eindrucksvolles Programm für diese Institution vorgelegt hatte, doch Berlin wegen eines Rufs nach Heidelberg verließ. Täubler selbst habe ich erst ein Jahrzehnt später kennengelernt, vernahm aber sein Lob aus dem Munde Benzion Dinurs und Fritz Jizchak Baers, seiner beiden besten Schüler. Diese* Organisation war ein bedeutender Ansatz. Denn hier ging es nicht um Ausbildung von Rabbinern und daher auch nicht um eine theologische Festlegung im Sinne irgendeiner Richtung oder Partei im Judentum, sondern um die Etablierung einer reinen Forschungsstätte, in der Fromme, Unfromme und Atheisten, denen an der Erkenntnis des Judentums gelegen war, ungestört *und ohne äußere Verpflichtungen* nebeneinander arbeiten konnten. Einige *dieser einsichtsvollen Gelehrten* waren Zionisten, einige nicht, aber die meisten waren hochbegabte Forscher, von deren Namen und Leistung die Wissenschaft des Judentums noch heute widerhallt, wie Fritz Jizchak Baer, Hartwig David Baneth, Leo Strauss, Selma Stern und Chanoch Albeck.

Mit meinem Bruder Werner hatte ich seit meiner Rückkehr aus Bern wieder mannigfaltige Kontakte. Gleich nach Kriegsende hatte er sich, damals noch auf Seiten der USPD, in die Politik gestürzt. Auf meinem Weg nach Berlin besuchte ich ihn in Halle, wo er Redakteur des lokalen Parteiblatts war. *Es war nur natürlich, daß* die Diskussion, ob ein Mensch wie er wirklich als Vertreter des Proletariats – die Leunawerke waren eine Hochburg der USPD – auftreten könne, *zwischen uns* aufflammte. Ich ging mit ihm in eine Versammlung, wo er sprach, sah mich um und hörte etwas hin. Mein Bruder war demagogisch nicht unbegabt. Bilde dir doch keine Schwachheiten ein, sagte ich zu ihm, sie klatschen nach deiner Rede und werden dich wohl (worauf sein Ehrgeiz ging) bei den nächsten Wahlen *auf Empfehlung der Partei* zum Abgeordneten wählen, aber hinter deinem Rücken bleibst du, was du bist. »Der Jude [nicht: der Genosse!] redet ja ganz schön«, hörte ich einen der Arbeiter zu seinen Kollegen sagen.

Als ich 1922 nach Berlin kam, war Werner als kommunistischer Abgeordneter des Preußischen Landtags wieder in Berlin und wohnte in einem Hinterhaus in der feinen Klopstockstraße, *deren Bewohner zu einem großen Teil wohlhabende Juden waren, darunter auch manche, die mit uns verschwägert waren.* Bei der Spaltung der USPD war er im Oktober 1920 zur KPD mit jener knappen Mehrheit übergetreten, welche die seinerzeit sensationellen »21 Bedingungen« der Komintern geschluckt hatte, *die jeder fremden Partei vorgelegt wurden, wenn sie Aufnahme in die Komintern begehrte. (Auch der linke Flügel der »Poʿale Zion« hat sein Glück versucht, wurde aber wegen seines Zionismus abgewiesen!)* Es war der Beginn der damals noch terminologisch verdeckten Auslieferung *der Parteien* an Moskau, *die sehr bald auch real deutlich wurde.* Wer muckste, flog. Der Vertreter der Komintern, der (oft unter einem Decknamen und illegal) in Deutschland residierte *und nur wenigen bekannt war*, bestimmte den Kurs, *und wehe dem, der widersprach.*

Mein Bruder war damals einer der Hauptredner der KPD in Berlin. Ich konnte mich nicht überwinden, auch nur einmal hinzugehen, aber unsere Auseinandersetzungen verliefen stürmisch, obwohl wir Freunde blieben. Werner erzählte mir *guten Mutes* manches vom Verhalten der aus Moskau geschickten Dirigenten hinter den Kulissen, von denen besonders Radek und Guralski *in den drei kommenden Jahren in der Parteigeschichte* eine unheilvolle Rolle gespielt haben. Wie damals so viele Gläubige, verteidigte auch mein Bruder die »revolutionären Notwendigkeiten«, (lies: den vor nichts zurückschreckenden Terror), die schon seit dem Spaltungsparteitag in Halle eine zentrale Rolle in den Debatten spielten. Freilich: wie das die Losung war, und vielleicht sogar gutgläubig – ich habe es nie herausbekommen –, leugnete mein Bruder, wie Sinowjew selber in jener berüchtigten Hallenser Rede, die meisten Fakten einfach ab, obwohl er die dazu gelieferte Theorie übernahm. Mir war das alles total unverdaulich. Mein Bruder kam bald als jüngstes Mitglied in den Reichstag und damit auf die schwärzeste Liste der Nazis. In der KPD *tobten damals* überaus heftige Fraktionskämpfe, *und die Führungsgremien wechselten im Nu. Mein Bruder wurde sehr* früh in diese *Auseinandersetzungen* verwickelt, *was ihn 1925 in das Führungsgremium aufsteigen ließ, aber* schon im April 1926 zu seinem Parteiausschluß führte. Er blieb Kommunist – *und sogar bis zu den nächsten Wahlen Reichstagsabgeordneter* –, aber außerhalb der dem Stalinismus verfallenden Partei. *Ich traf ihn während meiner beiden Reisen nach Europa 1927 und 1932 in Berlin, und er erzählte mir von seinen Aktivitäten. Die seit 1929 herrschende schwere Wirtschaftskrise ließ ihn erneut an eine linke Revolution in Deutschland glauben, und er erwartete sie, als ich ihn im Oktober 1932 in Berlin besuchte. Entweder kommt die Revolution, sagte er mir, oder die Herrschaft der Barbarei. Soweit begriff er die Lage, aber er blieb blind für seine persönliche Situation, sollte das letztere der Fall sein. Ich traute meinen Ohren nicht, als er mir mit einer Naivität, die über meinen Verstand ging, erklärte: »Mir werden sie schließlich nichts tun, denn ich bin Kriegsversehrter.« So zögerte er bei Hitlers Machtantritt, statt sofort zu fliehen. In der Nacht des Reichstagsbrandes wurde er verhaftet und kam durch ein Wunder nach einigen Tagen – vielleicht irrtümlich – wieder frei. Er zögerte dennoch, da er noch eine feste Zuflucht für seine Frau und seine beiden Töchter finden wollte, bis er nach zwei Monaten wieder verhaftet wurde, dieses Mal endgültig.* Er wurde nach *mehr als* sieben Jahren KZ im Juni 1940 in Buchenwald ermordet.

Zwischen 1921 und 1923 hatte ich, wenn auch indirekt, mit jener *merkwürdigen Gruppe um Oskar Goldberg zu tun, über die ich in meinem Buche über Walter Benjamin einige Seiten geschrieben habe. Goldberg (1887-1951) war eine außergewöhnliche Figur unter den Berliner Intellektuellen. In den Kreisen der modernen und hypermodernen Schriftsteller und Künstler der Kaffeehäuser oder Klubs im Berliner Westen, in denen die expressionistische Bewegung entstand, war er der Jude schlechthin. Er kannte die Bibel, ja war sogar ein »Schriftgelehrter«, wenn man denn seinen Stand bezeichnen soll, und er hielt die Gebote in einer Auswahl, die ihm anscheinend von oben diktiert worden war. Er übte fast magnetische Kraft auf eine kleine Gruppe jüdischer Intellektueller aus, die seine Anhänger waren und ihn im Besitz authentischer Offenbarungen wähnten. Seine Worte waren unantastbares Gesetz. Wenn man einen seiner Anhänger fragte, warum er dieses Gebot befolge, ein anderes aber übertrete, bekam man die Antwort: »So hat uns Oskar gesagt«, das war alles. Es war sehr schwer, zuverlässige biographische Informationen über ihn zu erhalten, da, wie ich herausbekam, viele Erzählungen, die (sogar in Nachschlagewerken) über ihn kursierten, frei erfunden waren. Vielleicht war er schizoid, gewiß aber hatte er Dämmerzustände voller Visionen und Phantasien. Ich erfuhr von diesem Kreis zum ersten Mal durch die Briefe Walter Benjamins, der den Philosophen Erich Unger, einen der wichtigsten Schüler und Anhänger Goldbergs, sehr schätzte. Goldberg kam aus einer frommen Familie und veröffentlichte schon im Jahre 1908 das schmale Heft »Die fünf Bücher Mosis, ein Zahlengebäude«, das auf Zahlenspekulationen beruhte, die an die kabbalistische Lehre anknüpften, nach der die ganze Tora am Ende aus dem Namen Gottes gewebt sei. Seine anderen Lehren über die Bedeutung des Rituals verbreitete er lange Zeit nur in sehr kleinen Kursen vor einer auserwählten und treuen Hörerschaft, gedruckt wurden sie schließlich 1925 unter dem irreführenden Titel» Die Wirklichkeit der Hebräer«. Ich lernte zwei* seiner Anhänger, wenn auch nicht gerade aus dem Kreis der wahren Eingeweihten kennen. *Einer war* Wolfgang Ollendorf, der jüngere Bruder unserer Freundin Käthe Becher. *Der andere war* einer meiner Jugendfreunde aus der Jung Juda, Karl (von uns mit seinem hebräischen Vornamen *aschkenasisch* Kohos genannt) Türkischer, ein sehr vielseitig interessierter und begabter Sohn eines reichen und frommen Juden, der aus Galizien stammte und eine finanzielle Säule des kleinen Bleichrodeschen Synagogenvereins war. *Bei Bleichrode hatten wir auch einige Zeit zusammen gelernt und bis 1918 in Verbindung gestanden. Danach war* unser Kontakt nur noch lose, *aber er hatte erfahren, daß ich mich dem Studium der Kabbala zugewandt hatte. Anfang 1920 begann er, sich für diesen Kreis zu interessieren, wie ich aus einem Brief Benjamins erfuhr, der ihn in Erich Ungers Vorträgen über Politik und Metaphysik getroffen hatte, die als erste Veröffentlichung einer philosophischen Reihe der Goldberg-Jünger herauskommen sollten. Benjamin betrachtete Ungers Buch als »die bedeutendste Schrift über Politik aus dieser Zeit« (sehr wenige Jahre, bevor er diese tiefe Wertschätzung auf Carl Schmitt übertrug), doch gegen Goldberg, die Quelle des Judentums seiner Sektenanhänger, entwickelte er eine Abneigung wegen der »unreinen Aura«, die von ihm ausgehe, was soweit ging, daß er physisch unfähig war, ihm die Hand zu geben. Türkischer erzählte* ihnen von mir und meinen kabbalistischen Studien. Kabbala aber stand dort hoch im Kurs. Nicht so sehr wegen der religiösen und philosophischen Aspekte, die mich zu ihrem Studium zogen, als wegen ihrer magischen Implikationen, von denen Goldberg – der einzige, der in diesem Kreis wirklich Hebräisch konnte – die extravagantesten Vorstellungen hatte. *(In seinen Schriften gibt es einige merkwürdige Stellen über die Bedeutung der Kabbala, und in seinem Nachlaß befindet sich, wie ich von verschiedener Seite hörte, ein Buch über die Kabbala.)*

Im *August* 1921 *lernten Benjamin und ich bei einem* Besuch in Wechterswinkel, *einem kleinen Dorf in Franken, Max Holzman kennen, der* Leni Czapski, *meine Jugendfreundin aus Jena, geheiratet hatte. Holzman, ein Cousin Goldbergs, kannte ihn aus seiner Jugend in Berlin, als er mit ihm auf einem Zimmer gewohnt hatte, sehr gut und erzählte uns Einzelheiten über seine damaligen Erfahrungen, die pathologischen Verrücktheiten und die Herrschsucht Goldbergs. Es waren Erfahrungen, die durchaus dämonische Züge trugen.*

Kurze Zeit nach diesem Besuch kam ich nach Berlin, und man unternahm einige Versuche, mich für diesen Kreis zu gewinnen, auf die ich nicht ansprach. Im September 1921 meldete sich bei mir *telephonisch* ein Fräulein Dora Hiller an, *eine hübsche Frau und* Kusine von Kurt Hiller, die mich sprechen wollte, *da sie meine Aufsätze gelesen habe*. Sie hatte ihre Hausarbeit nicht schlecht gemacht, meine Aufsätze und Übersetzungen im »Juden« gelesen und machte mir die größten Komplimente, vor allem über meine *schon erwähnte* Übersetzung des bedeutenden Essays »Halacha und Aggada« Chajim Nachman Bialiks. Sie sagte *ungefähr*: was Bialik und doch wohl auch Sie, der das übersetzt hat, suchen, ist doch wahre Autorität. Hier in Berlin lebt der Träger solcher Autorität. Sie sollten mit ihm in Verbindung treten. Ich fragte: wer ist das denn? Sie sagte: Oskar Goldberg. Ich sagte, durch diese Anpreisung angestachelt und wohl einigermaßen überspitzt: gnädiges Fräulein, ich weiß, wer Oskar Goldberg ist, und würde ihn eher für einen Repräsentanten des Teufels in unserer Generation halten *(auf hebräisch hätte ich ihn als S[a]M[ael] bezeichnet)*. Der Eklat war vollkommen. Fräulein Hiller, die damals recht stattlich aussah, erhob sich, erklärte, sie nehme alles, was sie mir gesagt habe, zurück und betrachte unser Gespräch als nicht geschehen. Sie rauschte davon, und erst später erfuhr ich, daß sie Goldbergs *Verlobte* war *und später seine* Frau *wurde. Ungefähr ein halbes Jahr später* traf ich Türkischer noch einmal, und wir sprachen über Goldberg. Er habe gehört, daß ich völlig negativ gegen Goldberg eingestellt sei und wolle gern wissen, warum. Ich warnte ihn, sich mit diesem Mann einzulassen, der von magischen Herrschaftsträumen erfüllt, *sie*, da er sie in der Wirklichkeit nicht realisieren könne, durch die Unterjochung und Aussaugung menschlicher Seelen zu ersetzen suchte. *Danach traf ich diesen Jugendfreund nicht mehr, er ging andere Wege, und ich hörte nur indirekt von ihm; erst in der Hitlerzeit sah ich ihn wieder, nachdem er eingewandert war. Auch* Gustav Steinschneider fand die *vom Goldberg-Kreis* veranstalteten philosophischen Vorträge und Diskussionen, zu denen er manchmal mit Walter Benjamin ging, interessant, *ließ sich aber* mit Goldberg persönlich überhaupt nicht ein.

Noch während meiner Münchner Zeit begannen kleinere Schriften aus dieser Gruppe zu erscheinen, deren Autoren hohe Intelligenz verrieten [wie vor allem Erich Unger, Ernst Fraenkel und Joachim Caspary]. *Auch ein Buch von Goldberg selbst, das keine direkte Verbindung zu seinen biblischen Entdeckungen haben sollte, wurde damals angekündigt, ist aber nie erschienen. Doch* 1922 veröffentlichte Unger eine metaphysische Diatribe gegen den Zionismus unter dem schönen Titel: »Die staatslose Gründung eines jüdischen Volkes«, die es in sich hatte, *und in verschiedener Hinsicht ein literarisches Novum darstellte. Nicht nur, daß es sich um einen Vortrag vor der zionistischen Studentenorganisation handelte – es war auch eine metaphysische Kritik, die auf eine Erneuerung der unserem Volk gewissermaßen abhandengekommenen magischen Kraft zielte.* Die *in dem Vortrag* gerügte fehlende »Metaphysik«, die dem verworfenen empirischen Zionismus abgehen sollte, war *nämlich* weniger Metaphysik als magische Kraft, und dies nicht etwa metaphorisch, die metaphysisch geladenen »biologischen Einheiten« nach Goldbergs Lehre zukommen sollte. Die Zionisten, statt ordentlich zaubern zu lernen, vergeudeten ihre Kräfte mit Aufbau von Dörfern und Siedlungen und dergleichen Unsinn, der die »Magiefähigkeit« der Juden, *von der der metaphysische Zionismus abhänge*, nicht befördern könne. Das stand so deutlich noch nicht in dem sehr vornehmen Faltenwurf des Gewandes dieses Vortrages, aber das war der springende Punkt, der intelligenten Lesern dieser bemerkenswerten Schrift kaum verborgen bleiben konnte, und *in Goldbergs Hauptwerk, das drei Jahre später herauskam*, zum *vollen und* drastischen Ausdruck kam. Mit noch mehr Rauhbeinigkeit und entsprechenden Schimpfkanonaden *wurde dieser Punkt aber in seinem anderen Buch gegen Maimonides verfochten, war er es doch, der nach Goldbergs Auffassung Verderbnis und Entstellung des Judentums vollendet hatte.*

Während des Ersten Weltkrieges hatte diese Gruppe oder Sekte im Geheimen agiert (falls sie überhaupt aktiv war), und auch ein Buber wußte nichts Genaueres über diese Dinge. Als ich ihm aber bei einem Besuch, den er in München machte, *von Goldberg und Unger* erzählte, sagte er: Ja, das erinnert mich doch an eine Geschichte, *die mir Anfang 1916 vorgekommen ist. Damals* nämlich sei ein Herr Unger bei ihm in Zehlendorf erschienen, um ihn in einer dringenden Sache zu sprechen. Er habe ihm auseinandergesetzt, wie wichtig es doch wäre, den Krieg zu beenden, und dazu gäbe es doch wohl nur ein Mittel, nämlich *über Indien* die Verbindung mit höheren, die Menschheit leitenden Gewalten herzustellen und sie zum Eingreifen zu veranlassen. Diese Mächte seien die Mahatmas im fernen Tibet, die berühmten von Madame Blavatsky erfundenen Weisen der »Weißen Loge« im Himalaya. Nun gäbe es einen Menschen, der solche Verbindung bewerkstelligen könne, und man müsse ihn aus Deutschland herausbringen, damit er über die Schweiz den Weg nach Indien nehmen könne, *und dieser Mensch sei Dr. Goldberg, von dem Buber noch nie gehört hatte*. Buber sagte, er sei baß erstaunt gewesen und habe Unger gefragt, was er denn dabei für eine Funktion ausüben könne oder solle. Unger, zu Bubers noch höherer Verwunderung, habe gesagt, er, Buber, verfüge doch über ausgezeichnete Beziehungen im Auswärtigen Amt und könne sich dafür ins Zeug legen, Dr. Goldberg die Ausreise zu verschaffen. »Die Leute scheinen wirklich geglaubt zu haben, daß ich mit dem Auswärtigen Amt in irgendeiner Verbindung stünde.« Als Beweis der übernormalen Fähigkeiten Goldbergs habe Unger ihm dessen Broschüre *über das Zahlengebäude der Tora* vorgelegt. *So weit Bubers Erzählung. In seinem Archiv befindet sich noch ein Brief, den er Unger in dieser Angelegenheit geschrieben hat.*

Fünf Jahre später *lernte ich Ernst David gut kennen*, der dem inneren Kreis der Sekte angehört *und seinerzeit den Druck der Schriften des Kreises und* des Hauptwerks Goldbergs, »Die Wirklichkeit der Hebräer«, finanziert hatte, *dann aber genug davon hatte*, zu den Zionisten »überlief« *und ins Land kam. Er schwieg sich über seine Erfahrungen in diesem Kreis aus (seine Frau sprach aber darüber). Er erzählte mir jedoch*, daß sein Mentor *tatsächlich* lange Zeit zu den Anhängern der Madame Blavatsky gehört hatte, *und so habe auch er seinerzeit die Literatur der »theosophischen Gesellschaft« gelesen, die ich in seinem Bücherschrank sah.*

Die Zionisten in Deutschland bildeten damals eine kleine, aber sehr beredte *und weithin gehörte* Minorität. Immerhin beteiligten sich 1920 unter den etwa 600 000 Juden doch schon 20 000 an den

Wahlen zum Delegiertentag der Zionistischen Vereinigung für Deutschland, was, das Wahlalter berücksichtigend, ein starkes Anwachsen des Einflusses dieser Bewegung seit den Vorkriegsjahren bezeugte. Sie waren in ihrer überwiegenden Majorität bürgerlich gesinnt, *und nur einige Hundert unter ihnen dachten ernsthaft daran, sich auf die Einwanderung vorzubereiten.* Meine Sympathie lag bei den radikalen Kreisen, die das gesellschaftliche Ideal der sich bildenden Kibbuzbewegung vertraten, *aber ich unterschied mich von ihnen durch meine positive Wertung des religiösen Faktors, der im Zionismus wirksam war. Ich war nicht im herkömmlichen Sinne religiös, aber ich träumte von irgendeiner Verbindung des säkularen mit dem religiösen Element, von der meine Artikel (und einige Briefe) aus jenen Jahren Zeugnis ablegen. Das anarchistische Element in manchen, keineswegs unwichtigen Gruppen in Israel kam, wie ich schon erzählt habe, meiner eigenen damaligen Position sehr nah. Als ich 1921 in einer österreichischen zionistischen* Zeitschrift einen Aufsatz *Meir Yaʿaris*, eines Hauptführers dieser Gruppen, las, der später einer der einflußreichsten, sich streng marxistisch häutenden Möchtegern-Stalinisten wurde, sprach mich seine Definition des zionistischen Gesellschaftsideals als »freier Zusammenschluß anarchistischer Bünde« durchaus an. Darüber hinaus darf man sagen, wenn jemand in den frühen zwanziger Jahren aus Deutschland herüberging, geschah das in den seltensten Fällen aus einer politischen, sondern viel eher aus einer moralischen Entscheidung. Es war eine Entscheidung gegen ein als unehrlich empfundenes Durcheinander und ein oft unwürdiges Versteckspiel. Es war eine Entscheidung, für einen uns damals eindeutig erscheinenden Neuanfang, der – ob nun aus religiösen oder säkularistischen Erwägungen begründet – mehr mit Sozialethik zu tun hatte als mit Politik, so fremd das auch heute klingen mag. Die Dialektik *von Kontinuität und Revolte*, von der ich hier schon gesprochen habe, war uns noch nicht bewußt. Natürlich wußten wir damals nicht, daß Hitler kommen würde, aber wir wußten, daß, von der Aufgabe einer *entschiedenen, ja* radikalen Erneuerung des Judentums und *von* der jüdischen Gesellschaft, die wir erträumten, her gesehen, Deutschland ein Vakuum war, in dem wir ersticken würden. Das war es, was Menschen wie mich und meine Freunde nach »Altneuland« trieb. *Damals teilten viele die Hoffnung, daß eine neue Gesellschaft im Lande eine religiöse Erneuerung hervorbringen würde, eine religiöse Haltung und sogar ein neues Erscheinen der Schechina, denn wir sahen den Abgrund noch nicht, der sich zwischen den verschiedenen Deutungen solch umfassender Parolen im Versuch, sie zu verwirklichen, auftun würde.*

Bevor ich diesen Schritt *zur Einwanderung* tat, gab es noch einige Zwischenspiele. In Berlin existierte eine Jüdische Volkshochschule, die mich einlud, im Winter 1922/23 einen Kursus »Geschichte der jüdischen Mystik« zu geben, der erstaunlich gut besucht war. Das war mein erster Versuch, mich als Lehrer auf diesem Gebiet vorzustellen, *und wenn ich bedenke, daß ich damals erst drei Jahre ernsthaft in dieses Gebiet vertieft war, kann ich* nur mit Schaudern an diese reichlich unreifen Vorträge zurückdenken. *(Aber vielleicht sehen bei jedem jungen Forscher die ersten Schritte so aus?)* Unter meinen Hörern waren manche ungewöhnliche Suchende, wie etwa einer der bekanntesten Geigenbauer von Berlin, *ein Jude, der überzeugt davon war, daß auch Homer Jude gewesen sei (denn Homer klinge wie »'omer«, und das bedeutet dasselbe wie Maggid!). Ein anderer junger Mann, der später* Abt eines buddhistischen Klosters und gelehrten Propagandazentrums in Ceylon wurde, *schrieb* mir 35 Jahre später, *daß er mein großes Buch gelesen habe und sich an meine ersten Vorlesungen erinnere, die ihn sehr angeregt hätten, und er schickte mir* lange Zeit hindurch eine große Serie buddhistischer Texte und Analysen in englischer Sprache, *von denen nicht wenige von großem Interesse waren.*

Ganz anderer Art war meine letzte publizistische Aktivität vor der Auswanderung, die von meinem Studienbereich weit ablag. Der Jüdische Wanderbund Blau-Weiß, mit dem ich, wie schon erzählt, fünf, sechs Jahre vorher polemisiert hatte, nahm damals *unter der Führung eines starken Mannes, des Dr. Walter Moses (später Direktor der Tel-Aviver Zigarettenfabrik »Dubek«)* in einer von parallelen Entwicklungen der deutschen Jugendbewegung stark beeinflußten Wendung eine Haltung ein, die man auch heute nicht anders als halbfaschistisch bezeichnen kann. Er gab sich ein »Gesetz«, das, wenn ich mich selber zitieren darf, »unter dem sinaitischen Donner der Landsknechtlieder« in der Umgebung eines bayrischen Dorfs verkündet wurde. *Das geschah im*

Sommer 1922 und monatelang erschien kein Wort über diese und damit verbundene Vorgänge im Organ des deutschen Zionismus, der »Jüdischen Rundschau«, die schon unter der Chefredaktion von Robert Weltsch stand, mit dem ich mich später sehr angefreundet habe. Ich verfaßte eine fulminante Denunziation dieser Entwicklung, die als Erklärung von fünfzehn Mitgliedern der Chaluzbewegung unterzeichnet der Rundschau zur Veröffentlichung übergeben wurde. *Die Chaluzbewegung organisierte sich damals gerade unter Leitung von Mosche Schapira, einem Mitglied des Kibbuzes En-Charod, der als Abgesandter nach Deutschland gekommen war und von den Vorgängen nichts verstand.* Weltsch weigerte sich strikt, *die Erklärung* abzudrucken, vielleicht auch, weil darin die Feigheit, mit der seine Zeitung all diese Vorgänge *monatelang* verschwiegen hatte, gebrandmarkt wurde. Wir verlangten eine Entscheidung des Vorsitzenden der Zionistischen Vereinigung. Mein Freund Heller und ich *wurden eingeladen und* trugen ihm – Felix Rosenblüth, einem überlegen-ruhigen Mann, dem späteren ersten Justizminister des Staates Israel – unsere Forderung vor, *während* Weltsch erklärte, warum er sie nicht erfüllen wolle, *die Erklärung würde nämlich zu schwerer Polemik und einem Eklat im zionistischen Lager führen.* Rosenblüth schwieg zwei Minuten und entschied, unsere Erklärung solle veröffentlicht werden, aber in einer neuen Rubrik »Sprechsaal, ohne Verantwortung der Redaktion«. Das Erscheinen bewirkte eine gewisse Sensation; die Wellen der Polemik schlugen hoch, *was sowohl die Sache selbst als auch die scharfen Formulierungen der Erklärung betraf, und es war kein Wunder, daß* ich einige wenig schmeichelhafte Apostrophierungen zu hören bekam, da meine Autorschaft an dem leidenschaftlichen Stil, den ich damals (und in Polemiken noch lange Jahre auch im Hebräischen) schrieb, leicht erkennbar war.

Diese Polemik war es, die die Freundschaft zwischen Ernst Simon und mir begründete. Ende Dezember 1922 lernten wir uns *bei einer Versammlung im Zusammenhang mit den erwähnten Ereignissen* kennen und gefielen uns gegenseitig fast unmittelbar. Simon stammte aus einem noch entjudeteren Haus als ich und hatte einen dem meinen nicht unähnlichen Weg zurückgelegt, auch *wenn dieser* von ganz anderen Faktoren bestimmt *war*, nämlich *von* seinen Erfahrungen im deutschen Heer während des

Krieges, *zu dem er sich mit sechzehn aus patriotischem Gefühl freiwillig gemeldet hatte. So wurde er* zum Lieblingsschüler des bedeutenden Rabbiners Nobel in Frankfurt am Main, *dieser bedeutenden und einzigartigen Gestalt unter den Rabbinern in Deutschland, die, wie erwähnt, auch auf Franz Rosenzweig starken Eindruck machte.* Simon, *der anderthalb Jahre jünger war als ich,* sah damals nicht nur blendend aus, er war unglaublich schlagfertig, witzig und ein glänzender Redner, der *später* nicht weniger glanzvoll bei Oncken mit einem Buch über »Ranke und Hegel« doktorierte. Ohne eigentlich orthodox zu sein, hatte er sich entschlossen, gesetzestreu zu leben. Er erzählte mir auch von dem Kreis, der sich um das von Franz Rosenzweig ins Leben gerufene Freie Jüdische Lehrhaus bildete und von der fortschreitenden unheilvollen Erkrankung Rosenzweigs. Diese Gespräche veranlaßten mich, der sowieso die kabbalistischen Handschriften der Frankfurter Stadtbibliothek gern gesehen hätte, Simon meine Bereitschaft zu erklären, für einige Monate nach Frankfurt zu kommen, bevor ich herübergehen würde, um am Freien Jüdischen Lehrhaus zwar keine Vorträge zu halten, aber Texte mit ihm und einigen anderen *Interessierten* zu lesen. In Frankfurt herrschte eine lebendige Atmosphäre, und es gab nicht so wenige Menschen, die einen Zugang zum Jüdischen *und den Quellen* suchten und mit denen man sprechen konnte. Es waren fruchtbare Monate in meinem Leben.

Ehe ich im April 1923 nach Frankfurt zog, wurden die ersten Schritte zur Einwanderung und zum Leben im Lande unternommen. Als ich nach meiner Promotion nach Berlin zurückging, blieb Escha Burchhardt in München, aber wir sahen uns einige Male an einem der beiden Orte. Anfang Januar 1923 besuchte ich sie, und wir beschlossen, nach der Einwanderung zu heiraten. Damals lebte in München, ihrer Geburtsstadt, auch Guste Strumpf (Rechev) – eine Bewohnerin der Pension Struck vom Jahre 1917, die schon 1921 eingewandert war und in Jerusalem beim ersten Solel-Boneh arbeitete. Sie war aus galizischer Familie und Enkelin des Rabbiners Chajim Breit, einem seinerzeit bekannten Talmudgelehrten. Wir trafen uns mit ihr, erzählten von unseren Plänen und berieten, auf welchem Wege man ins Land käme, ohne auf eines der Zertifikate, die für die »Chaluzim« gedacht waren, zu-

rückzugreifen. Guste sagte uns, daß es kein Problem sei, die Einwanderung für Escha zu arrangieren – war damals doch die Zeit der fiktiven Verlöbnisse: einer der Eingewanderten, der noch nicht verheiratet war, bat um Einwanderungserlaubnis für seine Verlobte. Guste sagte, daß sie dies nach ihrer Rückkehr ins Land arrangieren würde. Und wirklich teilte sie uns mit, daß der »Bräutigam« Abba Chuschi aus Haifa sei, später Vorsitzender des Arbeiterrates und Bürgermeister von Haifa. Einige Zeit später erhielt Escha ein Visum. Sie verließ München in der zweiten Märzhälfte und kam vor Pessach nach Jerusalem, wo ihr Hugo Bergmann, der uns ja aus Bern kannte, anbot, bei ihnen zu wohnen. Ich schrieb meinerseits einen langen Brief an Dr. Mosche Smoira (später erster Präsident des obersten israelischen Gerichtshofes), der ein Jahr zuvor eingewandert war und mir beim Abschied in Berlin gesagt hatte, ich solle ihm Bescheid geben, wenn der Zeitpunkt meiner Einwanderung feststünde, damit er mir behilflich sein könne. Smoira war litauischer Herkunft und einer der seltenen Vögel unter den Zionisten in Deutschland, die gut Hebräisch konnten. Seine Frau war eine Kusine Salman Rubaschows, und durch ihn hatte ich das junge Paar kennengelernt. Mein Brief war in sehr stilisiertem Hebräisch verfaßt, und Smoira las ihn in Jerusalem einigen Leuten vor, die zumeist aus dem Kreis der Gewerkschaftsgründer und des Solel-Boneh kamen, deren angehender Rechtsanwalt Smoira war. Eine Wendung in meinem Brief rief ihre Aufmerksamkeit und großes Gelächter hervor: ich schrieb, daß ich Ende des Sommers einwandern und »den Weg des Schiffes in des Meeres Mitte« nehmen wolle, wie es in einem Vers aus dem Buch der Sprüche heißt, dessen ursprünglicher Sinn weit ab von dem neuen Kontext lag, in den ich ihn überführte. Sechs Monate nach Abfassung dieses Briefes besuchte ich in der zweiten Augusthälfte Salman Rubaschow, der nach dem 13. Zionistenkongreß in Karlsbad nach Berlin gekommen war. In seinem Zimmer traf ich zum ersten Mal Berl Kaznelson. Als Berl meinen Namen hörte, sagte er: Sind Sie der Mann, der an Smoira geschrieben hat, er käme ins Land auf dem »Weg des Schiffes in des Meeres Mitte«? Diese Frage war der Beginn einer Freundschaft, die erst mit seinem Tode 1944, wenige Stunden nach einem in unserer Wohnung verbrachten denkwürdigen Abend endete.

Nach Pessach ging ich nach Frankfurt. Den »Seder« verbrachte ich noch bei Moses Marx, der auf meine Bitte auch Walter und Dora Benjamin, die sich für das Ritual des Sederabends interessierten, und meinen Bruder Werner, den kommunistischen Landtagsabgeordneten, eingeladen hatte. Meine Frankfurter Bekannten fanden für mich ein angenehmes Zimmer gegenüber dem Eingang zum Jüdischen Krankenhaus. Die Vermittlerin war eine sehr schöne Schwester, die alle für die Braut Alfred (Abraham Chajim) Freimanns hielten, mit dem ich mich in jenen Monaten anfreundete. Diese Freundschaft dauerte bis zu seinem Tode, als er Opfer des mörderischen Anschlags auf den Autobus-Konvoi zum Scopusberg am 13. April 1948 wurde. Der junge Freimann, der schon ein ausgezeichneter Gelehrter, ein feiner und charaktervoller Mensch war, weckte bei mir große Sympathie. Er lebte gesetzestreu, hatte aber ein offenes Herz. Als Jurastudent besaß er alle Eigenschaften, die einen großen Richter ausmachen. Sein älterer Bruder war Arzt im Krankenhaus der Gemeinde. Beide hatten gerade begonnen, nachmittags täglich eine Stunde den Traktat Nasir zu lernen und luden mich ein, daran teilzunehmen. Ich kam auch, so oft ich konnte und andere Aufgaben es erlaubten, und habe diese Stunden sehr genossen, denn Freimann erklärte klar und behutsam.

Da ich von Alfred Freimann erzählt habe, der schon mit siebzehn Jahren als Schüler des Posener Gymnasiums judaistische Studien veröffentlicht hat, ist hier auch der Ort, von seinem Onkel zu sprechen, einem der berühmtesten judaistischen Gelehrten seiner Zeit. In Frankfurt verbrachte ich viele Stunden in der Stadtbibliothek an der Schönen Aussicht, die die bedeutendste hebräische Sammlung von Deutschland in ihren Mauern hütete – ein unvergleichlicher Schatz, der im Zweiten Weltkrieg mit dem Großteil dieser ganzen Bibliothek verbrannt ist. Der Leiter *der hebräischen und judaistischen* Abteilung *war* Professor Aron Freimann. Er hatte diese Sammlung, die *alle anderen Bibliotheken jüdischer Einrichtungen in Deutschland weit übertraf, in den fünfundzwanzig Jahren, die er dort tätig war, als ich im Lesesaal saß,* im wesentlichen erst zusammengebracht. *Freimann* war eine Figur, die direkt aus einem Roman von Anatole France hervorgestiegen schien – *er wirkte wie einer der Bibliothekare, die die Bücher lieben und die Leser hassen, und* wie ein Bruder seines Kollegen, den France *so eindrücklich* am Eingang von »La révolte des anges« geschildert hat. Wer bei ihm einen Stein im Brett hatte, und ich hatte das seltene Glück, dazu zu gehören – *vielleicht wegen meiner tiefen Bewunderung für seinen Lehrer Steinschneider, den Giganten unter den jüdischen Bibliographen* –, der bekam große Seltenheiten und die ausgefallensten Kuriosa zu sehen. Wer nicht zu diesen Glücklichen gehörte, hatte nichts zu lachen. Der Katalog der hebräischen Sammlung stand nämlich nicht etwa im allgemein zugänglichen Katalograum, sondern in seinem Zimmer. Jeder Bestellzettel ging durch seine Hände und er entschied, wenn es sich nicht um Wald- und Wiesenliteratur handelte, ob das Buch als vorhanden ausgeliehen werden dürfe. *Wie ich bezeugen kann, hat das* manchmal zu gar nicht angenehmen Szenen geführt. Für Bücherliebhaber wie Agnon und mich hatte er freilich ein offenes Herz, *und wir konnten uns nicht beklagen*. Aber auch mich ließ er nicht etwa an die vielen Hunderte von Handschriften heran, *die noch nicht in den (gedruckten) Katalog der vierhundert Handschriften aufgenommen waren, die er aus dem Nachlaß des großen Sammlers und Münchner Bankiers Merzbacher in die Bibliothek gebracht hatte. Freimann, der orthodoxer Jude war, hatte hebräische Bibliographie bei dem erklärten Häretiker Steinschneider gelernt. In mir sah er eine vielversprechende junge Kraft, die sich gar einem so unberührten Gebiet wie der Erforschung der Kabbala zuwandte und Ermutigung verdiente. So* brachte er mir hier und da etwas aus den unbekannten, sozusagen geheimgehaltenen Schätzen an: »Das wird Sie wohl interessieren.« *Auf diese Weise bekam ich einige Handschriften zu Gesicht, die später durch den großen Brand vernichtet wurden. Freimann* hatte auch einen großen Vorrat von kuriosen Anekdoten aus der Geschichte der Wissenschaft vom Judentum, nicht zum letzten über Frankfurter Gelehrte. Von ihm, der selber streng gesetzestreu war, lernte ich den Ausspruch Raphael Kirchheims, eines entschiedenen Reformers, den die Frommen wie den Gottseibeiuns fürchteten, weil er besser »lernen« konnte als sie selbst: »Nichts geht über den Genuß, den man am Schabbes Nachmittag mit einer guten Zigarre über einem Blatt Gemore [Talmud] hat.«

Als Rosenzweig durch seine Krankheit *nicht länger als Seele des Lehrhauses wirken konnte*, übernahm sein Schüler und mein Münchner Kommilitone Rudolf Hallo *für das Jahr 1923* dessen

Leitung, *und es war kein Wunder, daß er sich über mein Kommen freute*. Der wahre Stern des Lehrhauses war nicht so sehr, wie man erwarten könnte, Martin Buber, so überfüllt auch seine Kurse stets waren, sondern die große neue Entdeckung Rosenzweigs, der Chemiker Eduard Strauss, der seinesgleichen kaum in jüdischen Kreisen, sondern nur unter christlichen Erweckungsbewegungen hatte. Seine überfüllten Bibelstunden waren *nicht Stunden eines »Schriftgelehrten« im traditionellen Sinne, sondern* Reden eines Erweckten, der aus dem Geiste sprach. Es waren, wie man das nach christlicher Sektensprache nennen dürfte, pneumatische Exegesen, und ich weiß bis heute nicht, ob sie jemand aufgeschrieben hat, denn er selber sprach durchaus spontan. Die Hörer waren wie in einen Zauberkreis gebannt, *und die Atmosphäre war dementsprechend*. Wer auf den Bann nicht ansprach, der blieb weg. So ging es mir. Strauss, *der kein Hebräisch konnte und die jüdische Auslegungstradition nicht kannte*, stellte ohne Bindung an die jüdische Tradition dennoch den raren Fall eines jüdischen Pietisten dar. Das Judentum, wie er es sah, war eine geistliche Kirche, und es war gerade dieser Aspekt, der mir schon an seiner *gleich nach dem Krieg erschienenen* Schrift gegen den Zionismus »Judentum und Zionismus« unverdaulich gewesen war und mich alsbald, als ich ihn persönlich vorgesetzt bekam, aus diesem Konventikeljudentum vertrieb.

Meine Kurse stellten, *falls man sie definieren konnte,* so ungefähr das genaue Gegenstück zu seinem Auftreten vor. Ich las mit einer beschränkten Gruppe von Hörern, die schon einigermaßen Hebräisch konnte, bedeutende Texte im präzis interpretierten Originaltext. Das waren mystische, apokalyptische und erzählerische Quellen, also eben Quellen jener Art, die am ehesten pneumatische Exegesen provozieren. Morgens von acht bis neun las ich täglich, bevor der Arzt *Dr. Fränkel*, bei dem wir lernten, seine Sprechstunde begann, *den »Midrasch ha-ne'elam«* – die Erklärung des Sohar zum Buche Ruth. *Meine Schüler waren da* unter anderem *Schlomo Dov Goitein*, Nachum Glatzer, Ernst Simon und Erich Fromm, *der noch gesetzestreuer Zionist und Mitglied der zionistischen Studentenvereinigung war.* Mit ein paar anderen las ich das biblische Buch Daniel, die erste *uns erhaltene* Apokalypse der jüdischen Literatur und ein paar Erzählungen von Agnon. Das machte *auch* Agnon selber großes Vergnügen. Er war damals noch nicht gewohnt, daß man seine Schriften in den Schulen las.

Außer dem jüdischen Lehrhaus machte damals in den Kreisen der jungen Akademiker eine andere bemerkenswerte Institution von sich reden. Das war das von Witzbolden als das »Torapeutikum« bezeichnete *jüdische* Sanatorium der streng orthodoxen Psychoanalytikerin Frieda Reichmann, einer Kusine von Moses Marx und Esther Agnon, in Heidelberg, wo Tora und Therapie auf Freudscher Grundlage gepflegt wurden. Einige meiner besten Schüler und *gleichaltrigen* Bekannten aus der zionistischen Jugend wie Simon, Fromm und Leo Löwenthal, *alle geistreiche Denker mit verständlichen Ambitionen, ließen sich als* ambulante Besucher *bei Frieda Reichmann, die berühmt war, analysieren. Ich bekam davon nicht viel mit, denn unsere freundschaftlichen Gespräche drehten sich natürlich um andere Themen, etwa um die Zukunft des Judentums und die Aussichten einer jüdischen Wiedergeburt im Lande oder in der Diaspora und um unsere möglichen Beziehungen zur Halacha, Beziehungen, um die sich nicht wenige von uns in jenen Tagen bemühten – so auch ich, trotz meiner Zweifel und Negierung jeglicher Aussichten des Judentums in der Diaspora. Nach meiner Einwanderung erfuhr ich, daß sich bis auf Simon* eines Tages alle, *auch die freudianische Analytikerin selbst*, das orthodoxe Judentum weganalysiert hatten, *was die Schließung des Torapeutikums nach sich zog. Fromm heiratete seine Analytikerin und war einer der ersten, die die Lehren von Freud und Marx miteinander verbinden wollten. Den Zionismus gab er auf*, und als ich *ihn* vier Jahre später *bei meiner ersten Reise aus Palästina zum Zwecke des Studiums kabbalistischer Handschriften* in Berlin wiedertraf, war er ein begeisterter Trotzkist und bemitleidete mich *von der Höhe seines neuen Glaubens herab* ob meines kleinbürgerlichen *und zionistischen* Provinzialismus. *Damit endeten unsere Verbindungen, und ich habe seine zahlreichen Wandlungen in den kommenden fünfzig Jahren nicht verfolgt. Auch unsere einzige weitere Begegnung im Jahre 1949 war ein Fehlschlag.*

Agnon wohnte damals *nicht weit von Frankfurt* in Homburg vor der Höhe, einem Ort, von dem er nicht nur seiner landschaftlichen Schönheit wegen sich angezogen fand, sondern, wie er gern behauptete, wegen der alten hebräischen Drucke, die dort 300 Jahre früher erschienen waren (*»po, Homburg le-gabei H"h«, wie es auf den Titelblättern heißt).* In Wirklichkeit freilich war Homburg damals *zur Zeit der großen Inflation* eines der großen Zentren der hebräischen Literatur. Dank der Inflation *war* das Leben in Deutschland, *und besonders in den Kleinstädten,* für Menschen, die ihre Arbeit in harter Valuta honoriert bekamen, unerhört billig *geworden, was direkt oder indirekt* auch viele der bedeutendsten Schriftsteller, Dichter und Denker Israels *betraf, die* sich dort *für zwei, drei Jahre oder kürzere Aufenthalte* zusammenfanden. *Ich traf dort* Chajim Nachman Bialik, damals die noch unbestrittene größte Leuchte der hebräischen Poesie und ein wahres Genie des Gesprächs, *den alternden* Achad Haʿam und Nathan Birnbaum, *der dem Zionismus den Rücken wandte und zur Agudath Israel ging (gewiß das merkwürdigste Mitglied, das diese Organisation für klerikale Politik, wie sie sich damals herausschälte, jemals hatte),* und um sie *versammelte sich* ein Kreis ausgezeichneter Köpfe des russischen Judentums, *für deren Unterhalt Schoschanah Persitz sorgte, Bankierstochter und Bankiersfrau, die eine große Mäzenin hebräischer Kultur und Besitzerin des Verlags »'Omanuth« war.* Es war ein glanzvoller Zirkel, wie man ihn *nur im Rußland der Vorkriegszeit und später in Israel treffen konnte.*

Agnon fühlte sich sehr wohl in diesem Kreis und seine drei Jahre in Homburg gehörten zu den glücklichsten seines Lebens. Er war weit offenen Sinnes und versunken in sein Werk. Eine Erzählung jagte die andere, und er erzählte mir viel über seinen großen Roman »Bi-zeror he-chajim« (»Im Bündel des Lebens«), seine künstlerische Autobiographie, in der er Abrechnung mit seiner Jugend halten wollte. Nie wieder habe ich ihn so offenen Herzens, so strahlend und von Genie überquellend gesehen wie in jenen Tagen. Besonders schloß er sich Bialik an, der wie er selber im Gespräch ganz groß war, so daß sie sich darin wechselseitig Anregung boten. Agnon kam oft nach Frankfurt, *um dort alte hebräische Bücher, die in großer Zahl vorhanden waren, zu kaufen,* und ich fuhr ebenso oft nach Homburg hinaus [mit jener Trambahnlinie 25, die noch heute – jetzt als A2 – diesen Weg fährt] *und verbrachte mit ihm die Nachmittage. Agnon stellte mich den* Männern und Frauen *dieses Kreises vor und nahm mich einige*

Male zu Spaziergängen mit Bialik mit, der mich, den einzigen »Jecken« in diesem Kreis sehr freundlich aufnahm. Ein deutscher Jude, der hebräisch sprechen und kabbalistische Bücher lesen kann – das war ihm noch nicht vorgekommen, und er hat mir bis zu seinem Tode freundschaftliches Interesse, *auch was meine Forschungen zur Kabbala betraf*, bewahrt. Ich war in seinem Hause in Tel-Aviv, wenn ich manchmal übers Weekend in die Stadt kam, am Freitagabend immer willkommen. *Dort versammelten sich dann einige seiner Bekannten und Freunde, und man sprach – jiddisch. Wenn ich hereinkam, sagte er: »Der Jecke is gekumen, me'darf reden loschen qoidesch.«*

Auf diesen Spaziergängen mit Agnon und Bialik folgte ich mit Vergnügen ihren lebhaften Unterhaltungen, und es lohnte zuzuhören. *Sie sprachen* ausschließlich hebräisch *(vor mir jedenfalls).* Agnon, der meinen Namen stets galizisch aussprach, pflegte zu sagen: »Schulem, vergiß nicht in dein Notizbuch aufzuschreiben, was du gehört hast.« Nun, ich hatte ein offenes Ohr, aber kein Notizbuch, und ich habe nichts aufgeschrieben.

Das Homburger Zentrum konnte die Stabilisierung der Mark *im Jahre 1924* nicht lange überleben. Ich traf die allermeisten *zwei* oder *drei* Jahre später *als Einwanderer* in Israel wieder. *Wer diese Epoche der Inflation nicht selbst erlebt hat, kann sich nur schwer vorstellen, was damals vor sich ging, als der Kurs für die Währung zweimal täglich neu festgesetzt wurde. Geld, das bis zum Mittag nicht ausgegeben worden war, hatte abends bis zur Hälfte seines Wertes verloren. Vielen in der Bevölkerung war eigentlich nicht klar, was hier geschah, denn so etwas hatte es noch nie gegeben. Wenn ich Geld bekam – für meine Stunden im Lehrhaus nahm ich keine Bezahlung –, so tauschte ich es zum Teil eilends in englische Währung, damit ich wenigstens ein paar Pfund Sterling haben würde, wenn ich ins Land käme, und zum Teil kaufte ich kabbalistische Bücher. Ich erinnere mich, daß ich im Mai ein Antiquariat betrat, in dem ein schönes Exemplar des »Ez Chajim«, des Grundbuches der lurianischen Kabbala, lag, und zwar die beste, 1891 in Warschau erschienene Ausgabe. Der Buchhändler sagte: Das kommt Sie aber teuer: 50 000 Mark. Er hatte noch nicht begriffen, daß das nichts war! Es war ein Sechstel meiner monatlichen Anweisung für den Lebensunterhalt, die ich am Morgen erhalten hatte, und ich sagte mir: ich werde etwas weniger essen, und dafür im Besitz des »Ez Chajim« sein. Der Preis, den ich bezahlte, entsprach an diesem Tag etwa einem Dollar. Als ich vier Monate später in München war, wo ich mich auf meinem Weg ins Land kurz aufhielt und Kopien einiger kabbalistischer Handschriften bestellte, die für meine Arbeit besonders wichtig waren, entsprach ein Dollar mehreren Hundertmillionen Mark.*

In diesen letzten Monaten verbrachte auch Walter Benjamin einige Zeit in Frankfurt und unternahm entscheidende Schritte zur Habilitation an der dortigen Universität, zu der ihn einige ihrer Dozenten ermutigten und die schließlich gescheitert ist. Seit Februar kannte er meinen Entschluß, Ende des Sommers nach Palästina zu gehen, und er wußte, daß sich die Kontinuität unserer Beziehung vor allem auf Briefe gründen würde, da die Frage seiner Einwanderung nicht mehr auf der Tagesordnung stand oder zumindest jede Aktualität für ihn verloren hatte. Dagegen war sein jüdisches Bewußtsein zu jener Zeit (1921-1923) geschärft und hatte ihn Ende 1922 auch zu einem Besuch bei Rosenzweig bewegt. In seiner Frankfurter Zeit brachte er mich mit einigen seiner neuen Bekannten dort zusammen, besonders aber mit Siegfried Kracauer aus der Redaktion der »Frankfurter Zeitung«, der ein sehr begabter Kritiker und der Sohn des Historikers war, der die Geschichte der Frankfurter Juden geschrieben hat. Er war der erste Mensch, der mit mir heftig über die metaphysischen Tendenzen Benjamins diskutierte, die er völlig ablehnte – bevor er sich mit ihm in den kommenden Jahren mehr und mehr anfreundete.

Meine Schüler drängten mich, mit ihnen den »Tikkun lel-Schavu'oth«, den Tikkun in der Nacht des Wochenfestes (der auch in Frankfurt unter kabbalistischem Einfluß Sitte war), zu halten und mit ihnen die dazugehörigen Sohar-Kapitel zu lesen. Ich gab nach, und wir saßen in einer der Synagogen im Osten der Stadt in einem geräumigen Zimmer die ganze Nacht bis zum Morgengebet und lernten den Tikkun. Das war, soweit ich mich entsinne, das einzige Mal, daß ich als Teil eines religiösen Brauches Sohar lernte, und ich habe im Lande nie meine Einwilligung dazu gegeben. Ich sagte zu meinen Freunden: im Grunde wäre es besser für euch, wenn ihr nicht die mystische Sprache des Sohar lernen würdet, sondern die Bedeutung der berühmten aramäischen Dichtung »Akdamuth millin«, die man bei der Toralesung im Morgengottes-

dienst des Wochenfestes sagt und die nur einen einfachen Wortsinn hat, der aber zum größten Teil unverständlich ist.

Viele Jahre lang bin ich am Freitagabend in die Synagoge gegangen, aber nur in Frankfurt ist es mir vorgekommen, daß mich jemand zu einem Minjan mitnahm, wo sie die Sitte der Väter befolgten und zwischen Nachmittags- und Abendgebet keine Psalmen sagten und auch das »Lekha Dodi« nicht sangen, da dies alles kabbalistische Reformen seien und einige Gemeindemitglieder nichts wollten, was unter dem Einfluß der Kabbala aus Safed verändert worden sei. Es gelang mir nicht herauszufinden, ob diese extreme Opposition erst im Zuge der Auseinandersetzungen um die Kabbala und den Sabbatianismus im 18. Jahrhundert entstanden war oder noch ältere Wurzeln hatte. Im großen und ganzen war die Stellung der Kabbala in Frankfurt vom siebzehnten bis zum Ende des achtzehnten Jahrhunderts und den Tagen Wolf Heidenheims sehr stabil.

In diesem Sommer knüpfte ich durch Eschas Vermittlung, von deren Einwanderung ich schon sprach, erneut Beziehungen zu Hugo Bergmann. Die Zahl der »Zertifikate«, die die Mandatsregierung der Zionistischen Organisation zur Verfügung stellte und auf die hin die Empfänger vom englischen Konsul ein *Einwanderungsvisum* erhielten, *war in jenem Jahr sehr begrenzt, und man mußte nach anderen Wegen suchen. Ein verläßlicher und einfacher Weg war es, eine konkrete und echte Anstellung als Fachmann für eine der Regierung bekannte Einrichtung zu bekommen. Dieses Glück widerfuhr meinem Freund (und Schüler bei der Lektüre des »Midrasch ha-neʿelam«)*, Fritz (Schlomo Dov) Goitein, *der* der Sprößling einer berühmten mährisch-ungarischen Rabbinerfamilie *und Urenkel des Autors von »Kessef nivchar«, einem klassischen Werk über den Talmud, war. Bei ihm hatte ich* während meiner *beiden* früheren Besuche in Frankfurt *auf dem Weg zu Agnon und Rosenzweig gewohnt und mich* mit ihm sehr gut verstanden. Er hatte eine ausgezeichnete jüdische Ausbildung – sein Vater war Landrabbiner in einem unterfränkischen Bezirk gewesen – und dazu bei Josef Horovitz, einem erstklassigen Arabisten, *gerade in jenem Sommer* seinen Doktor gemacht. Goitein, der nur zwei Jahre jünger war als ich, war eine seltene Mischung aus einem musischen Menschen, *der auch lyrische und dramatische*

Dichtungen schrieb, aus einem Gelehrten, *der in sehr umfassenden und originellen Studien aufgrund von Funden aus der Kairoer Geniza, die verworfen, von ihm aber zum Eckstein gemacht worden waren, eine ganze Welt erschuf* – und einem geborenen Oberlehrer. Das hatte *Dr. Arthur Biram*, der *Gründer und* Direktor der Haifaer Realschule, einer der angesehensten pädagogischen Anstalten des Landes, sofort erkannt, als er im Sommer 1922 nach Deutschland kam, um geeignete Lehrer für seine Schule zu mobilisieren. Er engagierte ihn fest für den Herbst 1923, sobald er seinen Doktor gemacht haben würde. Er sah damals auch mich, als Kandidaten für Mathematik; aber, wie man heute wohl sagen würde, wir sendeten nicht auf der gleichen Welle.

Eine andere Möglichkeit bestand darin, sich eine fiktive Anstellungsbestätigung *für eine Einrichtung zu verschaffen, deren Bedarf an ausländischen Fachkräften der Regierung bekannt war*. Ich korrespondierte mit Bergmann, und Escha erklärte uns beiden, worum es ging. So bekam ich *im Juli 1923 einen Einstellungsbescheid* als Leiter der hebräischen Abteilung der Jüdischen Nationalbibliothek in Jerusalem, die zugleich als Universitätsbibliothek die geplante, aber noch gar nicht vorhandene Universität bedienen sollte. *Herr Stiebel, ein religiöser Zionist und reicher Fabrikant, der mich kannte, bestand darauf, die Kosten für das Visum und die Einwanderung per Schiff auf Zwischendeck (vierte Klasse) zu übernehmen*. Mit *Goitein* verabredete ich, daß wir die Überfahrt von Triest aus gemeinsam antreten würden, nachdem ich meine Angelegenheiten in Berlin geordnet hätte.

Als ich mich von Ernst Simon verabschiedete, der fünf Jahre später auch herüberkam, *fiel ein Satz, den mir Simon* oft zitiert hat. Ich hätte in reinstem Berlinerisch unfeierlich gesagt: »Sie werden die Einhaltung der Gebote predigen; ich werde Vokabeln lehren. Wollen mal sehen, wo mehr herauskommt.«

Im August ging ich nach Berlin zurück und teilte meinem Vater meine Anfang September bevorstehende Auswanderung mit, womit die Habilitationsillusionen sich erledigten. Er sagte nur: »Mein Sohn, ich nehme an, daß du dir darüber klar bist, daß du bei diesem Unternehmen keinerlei finanzielle Unterstützung meinerseits zu erwarten hast.« Ich erwiderte, das sei mir durchaus klar. Weiter haben wir über diesen Gegenstand nicht mehr gesprochen, aber er gab mir unseren Packer aus dem Geschäft, um bei der Verpackung meiner schon 2000 Bände umfassenden Bibliothek zu helfen, die über Hamburg auf einem Frachtdampfer ging. Aus mir unerfindlichen Gründen mußte ich für den Zoll einen maschinengeschriebenen Katalog einreichen, *obwohl niemand das Gepäck kontrollierte*. Ich besitze noch eine Abschrift davon. *Meine Mutter ging mit mir zu einer Firma, die sich auf Tropenkleidung und Reisezubehör für tropische Gegenden spezialisiert hatte. Ein Fliegennetz war das einzige, was sich im Lande bewährte, alles andere erwies sich als vollkommen überflüssig. Meine Mutter, die reiselustig war, gewann meiner Einwanderung einen positiven Aspekt ab: Sie versprach mir, mich eines schönen Tages zu besuchen, »wenn es leichter sein wird«. Mein Bruder Werner sagte: »Schade, daß ein junger Mensch wie du seine Kraft an eine solche Sache verschwendet, statt sich in den Dienst der Weltrevolution zu stellen, die vor der Tür steht.«*

Mein ganzes Reisekapital betrug fünfzehn Pfund Sterling, und als ich über Neujahr einige Tage in München blieb, gab ich fünf davon für das Kopieren zahlreicher Handschriften aus, die mir viele Jahre hindurch gute Dienste leisteten.

Jerusalem
(1923-1925)

Mitte September traf ich mich mit Goitein in Triest. Es gab damals noch keine Schiffe, die direkt nach Palästina fuhren, *denn* der Lloyd Triestino sandte seine Schiffe nur bis Alexandria. Wir fuhren *auf der »Heluan«* bei sehr schönem Wetter Zwischendeck wie *fast alle*, die damals *einwanderten. Von Alexandria aus gab es nur zwei Routen ins Land. Wer* nicht die von den Engländern im Kriege gebaute Eisenbahn über *den Sinai*, El-Arisch und Gaza benutzen *und den Wüstenstaub schlucken wollte, der durch alle Fenster hereindrang und alles bedeckte, sogar Gesichter und Augen, der konnte* einen kleinen Küstendampfer *nehmen, der Fracht und ein paar Passagiere transportierte und* die verschiedenen Häfen *zwischen Alexandria und Istanbul* anlief, *so auch Jaffa und Haifa. Mit Escha hatte ich vereinbart, daß ich mit dem Schiff kommen würde, das am Tag vor Jom Kippur morgens in Jaffa einlaufen sollte, aber in Port Said verspätete es sich gegenüber dem Fahrplan um einen ganzen Tag, so daß wir die Nacht des Kol Nidre in dieser Stadt verbrachten, dort in die Synagoge gingen und am Jom Kippur morgens in Jaffa ankamen. Dort erwartete mich Escha, und auf das Schiff kam Jehoshua Gordon, damals Repräsentant der Jewish Agency und Leiter des Einwanderungsbüros in Tel-Aviv, zu dessen Pflichten der Empfang der Neueinwanderer gehörte. Gordon war ein ausgezeichneter und sehr liebenswürdiger Mann, der einen ausgeprägten Sinn für Humor wie für Kunst besaß und wenige Jahre später nach Jerusalem übersiedelte, wo er bis zu seinem Tode 1941 zu den Freunden unseres Hauses gehörte. Seine Mutter war eine Verwandte des berühmten Admor Rabbi Zadok von Lublin, und Gordon, der nach dem Tode des Zaddik in dessen Haus aufgewachsen war, wußte zahlreiche Erinnerungen aus jener Atmosphäre zu erzählen.*

Goitein blieb auf dem Schiff, fuhr weiter nach Haifa und ging dort nach dem »Ne'ila«-Gebet, dem Abschluß des Jom Kippur, an Land. Er war am Ziel seiner Wünsche angelangt und blieb fünf Jahre als erfolgreicher Lehrer, bis er, als die geisteswissenschaftliche Fakultät in Jerusalem eröffnet wurde, zum Assistenten der

Abteilung für Islamwissenschaft berufen wurde. Mit mir zusammen stiegen etwa zehn »Chaluzim« und »Chaluzoth« aus, die ebenfalls von ihren Freunden an den Hafentoren erwartet wurden, nachdem Gordon uns sicher zwischen den Meeresklippen Jaffas und den Klippen der Mandatsbürokratie hindurchgelotst hatte. [Ich konnte mich von der Wahrheit des von uns damals viel zitierten und belachten ersten Satzes überzeugen, mit dem Arthur Holitscher seine »Reise durch das jüdische Palästina« von 1921 eröffnete: »Die Klippen von Jaffa sind keine Metapher.« (Berlinisch ausgesprochen ist der Satz in seinem Doppelsinn natürlich besonders schön und witzig.)] *Das alles dauerte Stunden, erst in den frühen Nachmittagsstunden gelangten wir mit einer Kutsche zu einem Hotel in Tel-Aviv, und bis zum Ausgang des Feiertages wanderten wir in endlosem Schauen und Gespräch begriffen durch die Straßen der Stadt.*

Wir blieben zwei oder drei Tage in Tel-Aviv und fuhren dann nach En-Ganim bei Petach-Tikwa. Dort arbeiteten meine Bekannten und Freunde aus der Markenhof-Gruppe, die aus Mitgliedern der »Jung Juda« bestand, mit anderen aus Deutschland, der Bukowina und Galizien – den späteren Gründern des Kibbuz Beth-Sera im Jordantal – in der Landwirtschaft. Einige von ihnen leben noch unter uns, so Elieser Burchhardt (Eschas Bruder) in Pardess-Channah, Benjamin Freund und Zipporah Deutsch (Karmel) in Beth-Sera, Meir und Meta Flanter in Jerusalem und Schlomo Krolik in Tel-Aviv. Die meisten waren ein Jahr vor mir eingewandert, und andere Freunde wollten in den nächsten zwei Jahren zu ihnen stoßen. Sie arbeiteten bei Bauern der Moschawa, vor allem bei den Familien Raab (Ben-Eser) und Aschbel, die zu den Gründern Petach-Tikwas gehörten, um sich an die Bedingungen des Landes zu gewöhnen und sich auf die Niederlassung im Kibbuz vorzubereiten. Die »Deutschen« unter ihnen sprachen noch ein klägliches Hebräisch, aber die Galizier (darunter drei großartige junge Frauen), die aus Familien vornehmer Talmudisten kamen, beherrschten die Sprache von Grund auf. Eine der frischen und einflußreichen Kräfte dieser Kwuza war Scheindel Kahana aus Krakau, die schönste und tüchtigste unter den Frauen, die in der Kibbuzbewegung berühmt wurde. Sie heiratete meinen Jugendfreund Benjamin Freund und wurde während des Unabhängigkeitskrieges 1948 in Beth-Sera von einer Granate getötet.

Wem es vergönnt war, sie zu kennen, bewahrt ihr Gedächtnis im Herzen.

Wir verbrachten in diesem Kreis die Tage des Laubhüttenfestes und hörten viel über die Lage im Land und über das, was unsere Freunde seit ihrer Einwanderung erlebt hatten. Sie machten mit uns Ausflüge in die Umgebung, und wir konnten uns ein Bild davon machen, wie es hier vor sechzig Jahren, bevor der Scharon besiedelt wurde, aussah. Arje Karmel aus Krakau, der Koordinator für kulturelle Angelegenheiten und Literaturkenner der Gruppe, erzählte, daß am Sabbat der Zwischenfeiertage Dr. Josef Klausner einen Vortrag in Petach-Tikwa halten würde, und wir beschlossen, dazu in En-Ganim zu bleiben und erst am nächsten Tag über Tel-Aviv nach Jerusalem zu fahren. Ich kann mich nicht mehr genau an das Thema dieses Vortrags erinnern, aber ich meine, es ging um Perez Smolenskin. Es war natürlich das erste Mal, daß ich Klausner reden hörte, und ich muß gestehen, daß ich weder am Vortrag noch am Niveau Gefallen fand und mich abfälliger Bemerkungen entsann, die ich aus dem Munde Bialiks in Homburg gehört hatte.

Am 30. September kamen wir auf einem Lastwagen nach Jerusalem, der auch meine Koffer mitnahm. Die Reise von Tel-Aviv dauerte damals drei Stunden oder länger, denn die Straße war im großen und ganzen noch im selben Zustand wie zur Türkenzeit, ohne die großen Verbesserungen und Abkürzungen, die seither daran ausgeführt wurden. Kurz vor Beginn der Hoschana-Rabba-Nacht hielten wir im Zentrum von Jerusalem, und Hugo Bergmann, der damals bei Dr. Abu-Schedid (in der heutigen Ha-Chavazeleth-Straße) wohnte, erwartete uns. Er bot auch mir an, bei ihm zu wohnen, bis wir eine Wohnung finden und heiraten würden. Noch am ersten Abend kam der erste Gast, der mich in Augenschein nehmen wollte: Dr. Leo Ari Mayer, der Arabist und Archäologe, der mir für über dreißig Jahre ein teurer Freund werden sollte. Mayer, der aus Ostgalizien stammte, war stets elegant gekleidet und sehr auf seine Erscheinung bedacht. Er war ein in Charakter und Benehmen zurückhaltender Mensch ohne jene Offenherzigkeit, die Bergmann auszeichnete, doch genauso gebildet und in vielen Sprachen bewandert wie er. In Anbetracht seiner Erscheinung hielt ich ihn für weit älter als mich und war über-

rascht, als ich erfuhr, daß er mir nur drei Jahre voraus hatte. Er besaß aber schon eine interessante Biographie. Er stammte aus der Familie des berühmten Zaddik Rabbi Me'ir von Przemysl, aber schon sein Großvater hatte sich vom Chassidismus abgewandt, und seine Eltern, die auf einem Gut in der Nähe von Stanislawow aufgewachsen waren, gehörten zu den »Chowewe sefath 'ever« (den »Liebhabern der hebräischen Sprache«). Seine Mutter war viele Jahre unsere Nachbarin, und nur selten habe ich ein so reines und genaues Hebräisch gehört wie aus ihrem Munde. Während der Kriegsjahre gehörte Mayer zu jener Gruppe hochbegabter junger Galizier, die an der konservativen (oder sogar orthodox gefärbten) Israelitisch-Theologischen Lehranstalt in Wien studierten, die von der österreichischen Regierung als Einrichtung zur Ausbildung von »Geistlichen« anerkannt war, so daß ihre Studenten vom Militärdienst befreit wurden. Als der Krieg zu Ende war, kehrten viele von ihnen dem Rabbinat den Rücken und gingen eigene Wege, so auch Mayer, der unterdessen in islamischer Kunst und Archäologie graduiert hatte. Viele aus diesem Kreise lernte ich später im Lande und in den Vereinigten Staaten kennen, aber Mayer brachte von dort eine bei ihm ungewöhnliche Eigenschaft mit: er haßte die orthodoxe Heuchelei, die er in verschiedenen Hinsichten und Ausprägungen während seines Studiums kennengelernt hatte. Nur einen seiner dortigen Lehrer liebte und ehrte er, da er ihn aufrichtig fand, das war Rabbiner Professor Viktor Aptowitzer, dem er einen großartigen Empfang bereitete, als der greise Gelehrte nach der Annexion Österreichs in Hitlers Tagen einwanderte. Mayer selbst war drei Jahre vor mir herübergekommen.

Eine ganz andere Gestalt war der Bibliograph Arje Tauber, den ich kurz darauf kennenlernte und mit dem ich einige Jahre zusammengearbeitet habe. Auch er stammte aus Galizien, hatte aber eine völlig andere Vergangenheit hinter sich. Er war ein scharfsinniger Toragelehrter, der sich jahrelang an zahlreichen Universitäten fortgebildet hatte, ohne auf einem bestimmten Gebiet abzuschließen. Während des »Sprachenstreits« im Lande hatten ihn die Verantwortlichen des »Esra« als Lehrer für die Torafächer ihrer Schule nach Jerusalem geholt, und so litt er nicht wenig, als die Schulen des »Esra« nach der Besetzung Jerusalems geschlossen wurden. Erst mehr als zwei Jahre später fand er in der Nationalbibliothek einen Platz, der seinen vielen Kenntnissen entsprach. Während der Kriegsjahre hatte er in finanziell sehr sicheren Verhältnissen gelebt und wahre Schätze an Büchern und Handschriften erworben. Als er durch Bergmann von meiner Ankunft in Jerusalem erfuhr, brachte er mir eine Pergamenthandschrift sehr kleinen Formats mit der ganz außergewöhnlichen Geschichte eines Kabbalisten aus der Schule Abraham Abulafias über das, was ihm bei dem Versuch, die Lehren Abulafias in die Praxis umzusetzen, zugestoßen war – der Autor war einer der wenigen in der Welt der Kabbala, die über ihre Erlebnisse nicht Schweigen bewahrten, sondern sie in ihren Schriften offenbarten. Die Handschrift entzückte mich, und Tauber gab mir die Erlaubnis, sie abzuschreiben und die spannende Geschichte zu veröffentlichen – ein wunderbarer Beginn meiner Erforschung der Kabbala im Lande. Wie gesagt, Tauber wußte sehr viel, doch die Schärfe seines Geistes tat seiner Gelehrsamkeit Abbruch (wie es Abraham Ya'ari, der viele Jahre mit ihm zusammengearbeitet hat, formulierte), und es war nicht leicht, eben den umfassenden Nutzen von ihm zu haben, den man sich erwartete.

In der ersten Jerusalemer Woche hatte ich eine folgenreiche Entscheidung zu treffen. Mir wurden nämlich binnen kurzer Zeit zwei *wirkliche, nicht fiktive* Stellungen angeboten, *und beide entsprachen meinen jahrelangen Studien und Vorbereitungen. Dr. Josef Lurje,* Leiter *der Erziehungsabteilung* in der Jerusalemer zionistischen Exekutive *und Verantwortlicher für das* hebräische *Oberschulwesen, hatte* schnell von meiner Ankunft *in Jerusalem* gehört und lud mich *zu einem dringenden Gespräch. Der Grund war einfach*: Albert Einstein hatte *im Februar 1923* bei seinem Besuch im Lande *den* Mathematiker des Lehrerseminars *in Jerusalem, Dr. Pessach Chevroni,* kennengelernt, *einen begabten und recht erstaunlichen Mann, über dessen Jugend im alten Jischuv und wissenschaftliche Anfänge eine spannende Biographie geschrieben worden ist. Dr. Chevroni hatte originelle Gedanken auf dem Gebiet der* Matrizentheorie, *die* sich gerade für die mathematische Darstellung der Relativitätstheorie als entscheidend herausgestellt *hatte. Einstein nahm es auf sich, ein Stipendium zu beschaffen, mit dem Chevroni sein Studium dieser mathematischen Theorie, deren* Begründer, *Professor Hahn,* in Wien *saß, vertiefen sollte. Im Sommer 1923 bekam er das Stipendium auch wirklich und verließ das Land, um sich fortzubilden. Man war also auf der Suche nach jemandem, der ihn ab dem Schuljahr 1923/24 ersetzen würde, und steckte in der Klemme.* Dr. Lurje wollte wissen, ob ich wirklich Mathematik studiert hätte, ein Diplom oder dergleichen vorweisen könnte und imstande sein würde, Mathematik auf hebräisch zu unterrichten. Das konnte ich alles mit gutem Gewissen bejahen. Er sagte etwa: Ich kann Ihnen die Stelle anbieten, wenn Sie sie in einer Woche antreten können. Als Gehalt würden Ihnen fünfzehn Pfund im Monat zustehen – *damals ägyptische Pfund, die im Wert um zwei Prozent höher lagen als das englische Pfund –, aber sie würden Ihnen* natürlich nicht bar bezahlt werden, da, wie Sie ja wohl wissen, die zionistische Exekutive kein Geld hat. Statt dessen würde ich, wie alle anderen Lehrer und Beamten, eine Kreditanweisung *auf »Hamaschbir«* bekommen [eine Konsumgenossenschaft], wo ich alles Nötige zur Ernährung beziehen könne. In jenen Tagen wurden nämlich die Gehälter mit siebenmonatiger Verspätung bezahlt – und es fiel niemandem ein, deswegen zu streiken. Jedermann wußte, daß die Zionisten kein Geld hatten, und wenn sie welches hatten, es für Siedlungszwecke brauchten. Ich versprach, mir die Sache zu überlegen.

Zugleich bot mir Hugo Bergmann, der mir die fiktive Anstellung bescheinigt *und unterdessen viel mit mir gesprochen* hatte, eine reale Stelle als Bibliothekar der hebräischen Abteilung der Nationalbibliothek an. Er sagte: *Ich habe mir die Sache überlegt.* Du bist genau, was wir brauchen. Du weißt alles über hebräische Bücher *und weißt, wo zu suchen ist, und was.* Du bist diszipliniert, *verstehst, dir deine Zeit einzuteilen* und kennst dich in jüdischen Sachen aus. Ich kann dir zehn Pfund monatlich anbieten, die natürlich nicht bezahlt werden, und so weiter, siehe oben. Dazu muß man freilich halten, daß Bergmann *auf dem Prager Gymnasium* ein Klassengenosse und alter Freund von Franz Kafka *war. Als ich zum ersten Mal sein Haus in Jerusalem betrat, erregte die höchst eindrucksvolle Photographie eines Mannes mit melancholischem Blick auf dem Klavier meine Aufmerksamkeit. Ich fragte: »Wer ist das?« Bergmann sagte: »Das ist Franz Kafka.« In jenen Jahren gehörte ich schon zu den ersten Lesern seiner Schriften. Bergmann war aber* auch, *wie erwähnt*, ein großer Verehrer Rudolf Steiners, *des führenden Kopfes der Anthroposophen* (was ich von mir nicht sagen konnte), und meine *wissenschaftliche* Beschäftigung mit Kabbala, *die ich im Lande fortzusetzen hoffte*, zog ihn ganz besonders an. Er sagte, ich könne sofort anfangen. Die Arbeitszeit sei von halb acht Uhr morgens bis zwei, was mir Zeit zu meinen Studien in der kabbalistischen Literatur lassen würde. »Ich schreibe einen Brief an die zionistische Exekutive, daß du als *wissenschaftlicher* Bibliothekar *an der Nationalbibliothek* auf die Gehaltsliste gesetzt wirst. Die Exekutive beantwortet niemals Briefe, und so kommt alles in Ordnung.«

Ich erwog die beiden Vorschläge in meinem Sinn – Mathematiklehrer oder Bibliothekar für hebräische Literatur? Wir wollten heiraten, und Escha verdiente gerade sechs Pfund, *was zu einem Leben ohne Luxus reichte.* Als Lehrer würde ich auch am Nachmittag Hefte zu korrigieren haben, und wer weiß, ob nicht die Schüler über meine berlinische Aussprache lachen würden? Im *Jerusalemer* gesprochenen Hebräisch war nämlich *in den Kreisen der aschkenasischen Zionisten, die im neuen »Jischuv« die überwiegende Mehrheit bildeten, der slawische und insbesondere* der russische Akzent vorherrschend. *Ich kann wohl von mir sagen, daß ich seit meiner Jugend und bis ins hohe Alter ein ausgezeichnetes, ja außerordentliches Gedächtnis besaß, aber es war* rein visuell. Ich sah die Worte geschrieben vor mir *und* machte so von jeher in der Orthographie der Sprachen, die ich lernte, kaum einen Fehler. Mit meinem akustischen Gedächtnis dagegen war nicht viel los. Dazu kam, daß ich wenig Grund sah, mein vom Berliner Tonfall *und Akzent* mitgebildetes Hebräisch – *worin zum Beispiel der Buchstabe Resch fast nicht zu hören ist, von der Aussprache der Vokale ganz zu schweigen!* – für den offenkundig ebenso falschen russischen Akzent zu vertauschen. Wenn jedermann, wie etwa *die Juden des arabischen Ostens*, mit *ausgeprägt* semitischem Akzent gesprochen hätte, würde ich *sicherlich* größere Anstrengungen in dieser Richtung gemacht haben, *wie etwa in München in den arabischen Übungen des Professors Karl Süßheim. Dieser Akzent war aber bei den aschkenasischen Juden nur äußerst selten zu vernehmen (etwa bei David Yellin oder Dr. Jizchak Epstein), während ich den russischen Akzent im Ohr hatte, den Ussischkin und seine Genossen, sowie alle Histadrutführer und -intellektuellen, etwa Ben-Gurion, Ben-Zwi, Berl Kaznelson, Salman Schasar oder Benzion Dinur sprachen, um nur wenige von denen zu nennen, die ich gehört habe.* [Immerhin war ich noch lange nicht so schlimm wie der Leiter des landwirtschaftlichen Siedlungswerks der Zionisten, der berühmte Dr. Arthur Ruppin, dessen Sprachunbegabtheit sprichwörtlich war. Als der Präsident der deutschen Friedensgesellschaft, der General von Schönaich, das Land besuchte und in einen hebräischen Vortrag Ruppins geriet, rief er nach kurzer Frist begeistert aus: »Aber er ist ja auch aus Magdeburg!«]

Es kam noch etwas hinzu: In der Bibliothek würde ich mit Büchern zu tun haben, an denen mich fast alles interessierte *(die neue belletristische Literatur würde der Sohn von Dr. Mohilever, Direktor des Hebräischen Gymnasiums in Jerusalem, betreuen),* und *mir würden* die Nachmittags- und Abendstunden *bleiben, um mich in meine Studien zu vertiefen, wenn man nicht ausgehen wollte.* So zog ich die schlechter bezahlte Stelle vor, und das war das Ende meiner Mathematik, wenn auch die vielen mathematischen Werke *noch etwa sechs Jahre in meinen Regalen* standen, *bis ich sie zwei Kollegen auf diesem Gebiet, Dr. Benjamin Amira und Dr. Markus Reiner, die sich dafür interessierten, überließ.*

Die freie Stelle im Lehrerseminar erhielt nach einem Vierteljahr Schmuel Samburski, der später einer meiner nächsten Freunde und Kollegen wurde. Bei ihm gab es keine Bedenken wegen seines hebräischen Akzents: Er war zwar in Königsberg unter Jeckes aufgewachsen, hatte aber sein ausgezeichnetes Hebräisch von seinem Vater, der aus Rußland stammte und ohne besonderen Akzent sprach.

Bergmann schrieb den erwähnten Brief an die zionistische Exekutive, aber – o Zeichen und Wunder – nach drei Tagen kam ein Antwortbrief: Bitte Dr. Scholem sofort entlassen; wissen Sie denn nicht, daß die zionistische Exekutive kein Geld hat, um einen zusätzlichen Bibliothekar zu bezahlen? Bergmann zeigte mir den Brief. Ich sagte: Nu? Er sagte: dann schreiben wir eben noch einen Brief. Und inzwischen? Ach, inzwischen bezahlen wir dich aus der Schnorrkasse. Die Schnorrkasse bestand aus den Barbeträgen *oder Schecks*, die Touristen aus England, Amerika, Südafrika oder sonstigen Ländern mit harter Valuta *am Ende ihrer Besuche* aufbrachten, nachdem ihnen Bergmann die paradoxe Situation der zur künftigen Universitätsbibliothek bestimmten Nationalbibliothek erklärte, welche keinerlei Budget zur Bücheranschaffung *und zu anderen notwendigen Aktivitäten* bekam. Damit war ich *wegen des ablehnenden Bescheids der zionistischen Exekutive* einer der wenigen, die ihr Gehalt bar erhielten.

Die Bibliothek war rechtlich in einer merkwürdigen Situation. Bis zum Ersten Weltkrieg war sie mehr als zwanzig Jahre lang das Werk eines einzigen Mannes, der sich einer Sache ganz verschrieben hatte. Das war der angesehene Arzt Dr. Joseph Chasanowitsch (1844-1919) in Bialystok, der (auch mit Hilfe seiner Bewunderer) Bücher sammelte und zu Tausenden nach Jerusalem schickte. Die B'nai-B'rith-Loge in Jerusalem war bereit, sie in ihrem Haus zu magazinieren, und sorgte dafür, daß ein Bücherkundiger unter Jerusalems Gebildeten, Herr Aharon Cohen, sie sortierte und katalogisierte. (Cohen kam noch zu meiner Zeit gelegentlich in die Bibliothek, um zu sehen, was dort vor sich ging. Er war ein aufrechter und genauer Mann und hat einen siebenbändigen alphabetischen Titelkatalog der Bücher erstellt!) Die Besitzverhältnisse waren jahrelang hochkompliziert, obgleich eine »Bibliothekskommission« mit von Zeit zu Zeit wechselnder Besetzung gebildet wurde, in der verschiedene Institutionen vertreten waren. Die Bibliothek (die man mit wechselnden Namen versah) wurde im Jahre 1920 dem Aktions-Comité übergeben, aus dem die zionistische Exekutive hervorging, doch die erwähnte Kommission blieb bestehen, und die Vertreter der zionistischen Exekutive und der B'nai-B'rith-Loge, aus denen sie sich zusammensetzte, konnten sich nicht immer untereinander verständigen. Es war für die Bibliothek ein großer Glücksfall, als zum Vorsitzenden der Kommission der Schriftsteller und Bankier Mordechai Ben-Hillel Ha-Kohen ernannt wurde, der Bergmanns Aktivitäten unterstützte und die Kommission mit Besonnenheit steuerte, bis die Bibliothek mit der offiziellen Eröffnung der Hebräischen Universität und ihrer Eintragung als Institution eindeutig in deren Besitz überging und die Kommission aufgelöst wurde. Mordechai Ben-Hillel kam in die Bibliothek, sprach lange mit mir, prüfte mich gründlich und sagte zu Bergmann: Keine Sorge, Ihr junger Doktor ist in Ordnung, und ich werde Ihnen helfen, bis wir eine Lösung finden.

Und wirklich: Bei der zionistischen Exekutive geschahen noch andere Zeichen und Wunder, freilich nicht in Jerusalem, jedoch in der Londoner Zentrale. *Fünf oder sechs Monate, nachdem ich mit meiner Arbeit begonnen hatte,* kam ein Brief von Dr. Leo Kohn, dem Sekretär Dr. Weizmanns für Universitätsangelegenheiten, in dem er Bergmann die wichtige Mitteilung machte, die Exekutive habe beschlossen, für ein künftiges arabisches Institut der Universität die berühmte Bibliothek des noch berühmteren, um nicht zu sagen weltberühmten, Islamisten Professor Ignaz Goldziher in Budapest, *der zwei Jahre zuvor gestorben war*, zu erwerben. Das Geld für den Ankauf hätten die zionistischen Frauen von Südafrika aufzubringen übernommen. Man würde ja nun einen speziell arabistisch ausgebildeten Bibliothekar brauchen und wolle von ihm, Bergmann, gern einen Personalvorschlag hören. Bergmann zeigte mir den Brief. Wunderbar, sagte ich, das ist ja der ideale Platz für meinen Freund *Dr. David Zwi* Baneth, der alle Vorbedingungen erfüllt. Er *ist dreißig Jahre alt, ein Wunderkind in semitischen Sprachen von klein auf*, beherrscht Hebräisch und Arabisch, ist von ängstlicher Genauigkeit in allen Dingen *und ein alter Zionist. Er* hat bibliothekarische Technik bei der Katalogisierung der Bibliothek *des Rabbiners Philip Bloch, von dem ich im vorigen Kapitel sprach*, erworben, *ist ein sehr nach innen gekehrter Mensch, aber* brennt darauf, eine Möglichkeit zu erhalten, herzukommen. Man hat ihm gerade eine Stelle als Bibliothekar in Cincinnati angeboten, aber *dein Vorschlag wird alles andere in den Schatten stellen. Wenn du erlaubst, schreibe ich ihm sofort von der Aussicht, die sich ihm eröffnet.* Bergmann schrieb einen Brief nach London, er habe einen Kandidaten, Dr. Baneth in Berlin. Herrlich, schrieb Leo Kohn zurück, ich kenne ja Baneth *aus meiner Zeit in Deutschland vor dem Krieg*; warum sind wir denn nicht gleich auf ihn verfallen? Was, meinen Sie, sollen wir ihm als Gehalt anbieten? Wären fünfundzwanzig Pfund angemessen? Bergmann triumphierte. Jetzt haben wir sie! In Jerusalem haben sie für dich keine zehn Pfund, und die Londoner fragen, ob fünfundzwanzig Pfund für Baneth ausreichen würden! Ich werde ihnen die Leviten lesen und mitteilen, daß Baneth und du gleichgestellt werden müssen, und zwar, jeder mit fünfzehn Pfund monatlich. So wurde *Baneth berufen*, ich legal *und die Schnorrerkasse von meiner Last befreit.*

Ich gehörte zu den wenigen glücklichen Einwanderern, die die Zeit ihrer Anpassung an die klimatischen und hygienischen Bedingungen im Lande bei bester Gesundheit überstanden. Malaria und Pappatacifieber, Typhus und Ruhr konnten mir nichts anhaben, während alle meine Bekannten sich eine oder mehrere dieser Krankheiten zuzogen. Ich blieb wegen meiner Vorsicht und meiner kräftigen Konstitution, vielleicht aber auch nur aus Glück verschont. Etwa zwei Jahre lang trank ich nur abgekochtes Wasser und schlief unter einem Moskitonetz. Auch in Jerusalem gab es Viertel, in denen die meisten Bewohner an Malaria erkrankten – vielleicht wegen der vielen Baustellen, die die Mücken anlockten. Auch unter dem Wüstenwind litt ich damals nicht, und erst nach zwei, drei Jahren begann ich die Menschen, die darunter stöhnten, zu verstehen.

Wir heirateten im November 1923 *auf dem Dach des Misrachi-Lehrerseminars. Ich hatte Elieser Meir Lipschütz, dem Direktor des Seminars, Grüße von Agnon überbracht – von meinem Besuch bei Lipschütz in Berlin, vier Jahre zuvor, habe ich schon erzählt. Er empfing mich wohlwollend, freute sich, wenn ich ihn gegen Sabbatausgang besuchte, und war unleugbar ein angenehmer, ja spannender Gesprächspartner. Er liebte es, seine Ansichten über Menschen und Dinge kund zu tun. Das ging von den chassidischen Zaddikim – über viele von ihnen stellte er recht kritische und distanzierte Betrachtungen an – bis zu den zeitgenössischen führenden Gestalten und Schriftstellern, die er seiner scharfzüngigen Prüfung unterzog. Als ich ihm Escha vorstellte, bestand er darauf, daß die Chuppa in seinem Seminar aufgerichtet würde und daß Rabbiner Simcha Assaf, der dort Talmud unterrichtete, die Eheschließung vornehmen sollte. Assaf, der ein ausgezeichneter Lehrer war und über einen schier unerschöpflichen Vorrat an Witzen, Sarkasmen und Geschichten über die Großen Israels verfügte, wurde zwei Jahre später einer meiner ersten Freunde am Institut für Judaistik. Auch als meine Kontakte zu Lipschütz nachließen, änderte sich nichts an meinen Beziehungen zu Assaf, der ein entgegenkommender und toleranter Mensch war – Eigenschaften, derer man Lipschütz nicht eben rühmen konnte: nach und nach dämmerte mir die Erkenntnis, daß Lipschütz' Interesse an mir hauptsächlich der Absicht entsprang, mich zur Observanz der Gebote zurückzuführen, und als sich unsere Gespräche über dieses Thema als unfruchtbar und bedeutungslos erwiesen, wurde er mir gegenüber kühl und polemisch, so daß ich meine Besuche bei ihm einstellte und auch er seine Aufmerksamkeit anderen Adressaten zuwandte.*

Noch im Herbst fanden wir eine Zweizimmerwohnung in einem arabischen Haus, *das die Familie Budeiri an Juden zu vermieten pflegte – der größte* Wohnungsvermittler *war damals Herr Schapira*, ein von der *protestantischen* Mission getaufter Jude, *der sich in den gemischten Vierteln zwischen »Meʾah Scheʿarim« und der Jaffa-Straße gut auskannte und alle Sprachen sprach. Das Haus war zur* Türkenzeit *erbaut wie alle Häuser der Abessinischen Straße (heute Äthiopien-Straße), die, solange wir dort wohnten (neun Jahre), noch ganz so* aussah wie *damals, den Schlamm an Regentagen inbegriffen. Die Wände des Hauses waren,* ob man es mir nun glaubt oder nicht, 1,20 Meter dick. Sie bestanden nämlich aus zwei, durch einen etwa 80 Zentimeter breiten und mit allen möglichen Materialien, Ziegeln und dergleichen gefüllten Zwischenraum getrennten Steinmauern. Das erzeugte eine ausgezeichnete Isolierung, die das Haus im Sommer kühl und im Winter relativ warm hielt. Wasserleitung, Elektrizität und Telefon gab es nicht, und man bekam auch keine Rechnungen dafür zugeschickt. *Auch andere Quellen des Vergnügens, für die man Geld hätte ausgeben können, waren kaum vorhanden – in der ganzen Stadt gab es nur ein einziges Kino am Kikkar-Zion, und es verging viel Zeit, bis wir ungefähr alle zwei Wochen einmal hingingen. Das Wasser im Haus wurde aus einer großen Zisterne geschöpft. Sie erstreckte sich fast unter dem ganzen großen, unbebauten Grundstück, das an ein ähnliches zweites Grundstück – ebenfalls arabisches Eigentum – grenzte, wo das Haus stand, zu dessen Bewohnern unser Freund Mosche Smoira und nach ihm der Orthopäde Dr. Josef Treu gehörten, auch sie zionistische Einwanderer aus Deutschland.* In Jahren der Dürre *belud man hundert Esel mit Wasser, das man* bei einem Araber *gekauft hatte und aus den gewaltigen Zisternen unter der Altstadt herbrachte.*

Die Abessinische Straße zweigte gegenüber den Ungarischen Häusern, Festung der fanatischen »Schomre ha-chomoth« (»Wächter der Mauern«), von der Hauptstraße Meʾah Scheʿarims ab und endete, sich um die abessinische Kirche windend, in der breiten und sogar etwas gepflasterten »Straße der Propheten«, *die* von Krankenhäusern – *»Bikkur-Cholim«, »Hadassah« (früher Roth-*

schild-Krankenhaus) und dem deutschen Krankenhaus –, aber auch von christlichen Institutionen und fremden Konsulaten besetzt *war, weshalb die Straße bei den meisten Bewohnern der Stadt auch »Straße der Konsuln« hieß.* Erst jenseits dieser großen Straße begannen die neuen jüdischen Viertel. Aber schon unser Sandweg, fast durchweg von damals oder später recht bekannten Zionisten bewohnt *(darunter Ben-Jehuda, Dr. Ruppin, Dr. Feigenbaum, der Direktor der »Hadassah« Prof. Dolschenski und der Architekt Richard Kauffmann),* war so etwas wie ein zionistisches Zentrum *und eine »profane Straße«, wenn man einmal davon absah, daß uns gegenüber damals der Rabbiner David Cohen wohnte, ein Mann von vornehmem Geist, glänzender Schüler des Rav Kook und im ganzen aschkenasischen Jerusalem unter dem Beinamen »Ha-Nasir« (der Nasiräer) bekannt. Er befaßte sich mit Kabbala in einer der meinen, wenn man so sagen darf, genau entgegengesetzten Richtung. Ich hatte von ihm gehört, als wir beide in der Schweiz waren. Damals veröffentlichte er einen zwölfseitigen deutschsprachigen Artikel, in dem er jene Idee vorbrachte, die er dann in allen drei Teilen seines Buches »Qol ha-nevu'ah – ha-higayyon ha-ʿivri ha-schimʿi« (»Die Stimme der Prophetie – die hebräische Logik des Hörens«) entwickelt hat, das er fünfzig Jahre später gegen Ende seines Lebens veröffentlichte. Meine Anstrengungen, seine Ansichten zu ergründen, waren vergeblich. Aber gemeinsam war uns, daß die Schriften Abraham Abulafias aus dem 13. Jahrhundert Eindruck auf uns machten. Außerdem waren wir Nachbarn, ich besuchte ihn zweimal und überbrachte ihm Grüße von Salman Rubaschow (Schasar), der vor dem Krieg mit ihm in Petersburg studiert hatte und der erste war, der mir von ihm und seiner Rückkehr zur Orthodoxie erzählt hatte. Mit einem, der zum gesetzestreuen Judentum zurückgekehrt ist, über Wege zur Erforschung und zum Verständnis der Kabbala zu diskutieren, ist allerdings, wie ich am eigenen Leib erfahren sollte, ein hoffnungsloses Unterfangen.*

Unsere Wohnung befand sich im zweiten Haus jenseits des ganz streng orthodoxen Viertels »Me'ah Scheʿarim« (»hundert Tore«), *dessen Mauer in dem uns zugewandten Teil noch vorhanden war. Als das Viertel nach 1870* inmitten der felsigen Wüste gebaut *wurde, hatte es* in Wirklichkeit nur vier Tore, nach den vier Himmelsrichtungen, *denn ursprünglich lag es isoliert von den anderen jüdischen Vierteln, die außerhalb der Altstadt gebaut worden waren, und wurde aus Sicherheitsgründen mit einer Mauer versehen. »Me'ah Sche'arim« hieß es wegen des Verses über Isaak im Wochenabschnitt »Zeugungen«, dem Toraabschnitt der Woche, in der die Grundsteinlegung stattfand: »und er erntete in jenem Jahr hundert Maße«.** * Man könnte sagen, daß wir, außerhalb der Mauer dieses orthodoxen Paradieses, geradezu allegorisch wohnten. Zwei Minuten die Straße hinunter begann die Hauptstraße dieses Viertels, wo sich die Antiquariate zusammendrängten. Deren Eigentümer verstanden Gott sei Dank nur wenig von den Schätzen, auf denen sie oft genug saßen und die sie von den Witwen verstorbener Einwohner für ein Geringes erworben hatten. Sie konnten zwar fromme Bücher lesen, *Mischna lernen, und einer von ihnen, Mosche Aksel, gehörte zu den Brazlawer Chassidim, deren »Stibl« sich im obersten Stockwerk des ersten Hauses innerhalb der Mauern befand, auf das wir von unserer Straße aus blicken konnten,* aber hebräische Bibliographie war hier unbekannt. Lag oben mein Arbeitsplatz, so war hier mein Tummelplatz.

Das Jerusalem, in das ich kam, war also wie vom Himmel für mich bestimmt *oder doch wenigstens wie für mich gemacht, und ich fühlte mich darin zu Hause.* Es lag *allerdings* den Schauplätzen der jüdischen Dörfer und neuen Siedlungen, in denen meine Freunde sich für ihre eigene Ansiedlung vorbereiteten, recht fern, besonders unter den damaligen Verkehrsverbindungen. *Von En-Ganim waren diese teils provisorisch, teils endgültig zur Niederlassung nach Rub al-Nazra übergesiedelt, das gegenüber Tel-Adaschim an der Straße von Afula nach Nazaret liegt, und teilten dort Boden und bewegliche Güter mit der Kwuzah Misra, die ebenfalls aus Einwanderern der dritten »Alijah«, nämlich aus galizischen Juden, bestand. Wir fuhren regelmäßig an Pessach und Sukkot zu Besuchen dorthin. Nach einiger Zeit stellte sich heraus, daß das Land für beide Kwuzoth, die mit der Gründung von Familien wachsen würden, nicht ausreichte. So gingen meine*

* Das hebräische Wort »scha'ar« bedeutet beides: »Maß« und »Tor« oder »Pforte«. (A. d. Ü.)

Freunde Ende der zwanziger Jahre ins Jordantal nach Umm-Juni, das hinter Degania Beth liegt, und die Markenhof-Gruppe verwandelte sich in den Kibbuz Beth-Sera, mit dessen Begründern wir viele Jahre lang in freundschaftlicher Verbindung blieben. Jerusalem aber hatte eben andere Reize, von dem der Heiligkeit ganz abgesehen – *wie vollendet sie war, darüber konnte man streiten.* Es war nach den Jahren des Ersten Weltkrieges von hebräischen alten Büchern vollgesogen wie ein Schwamm mit Wasser. Nach Jerusalem kamen immer schon viele Juden aus allen Teilen der Welt, großenteils mit ihren Büchern, um hier zu beten, zu lernen und zu sterben. In den Kriegsjahren, vor allem 1916, herrschte hier eine fürchterliche Hungersnot, *Epidemien breiteten sich aus,* und sehr viele Menschen starben. Ihre Bücher blieben zurück und lagen, vor allem im jüdischen Viertel der Altstadt und hier in Me'ah Sche'arim, in großen Massen herum, *während in ihnen und auf ihnen ganz ungestört die Wanzen spazierten.*

Die Mauern der Häuser in diesem Viertel waren mit *unzähligen* Proklamationen, *meist* Bannsprüchen und Verfluchungen der *führenden* Zionisten, *ihrer Einrichtungen*, Schulen und sonstigen Werke des Satans beklebt. Was immer die Zionisten unternahmen, konnte einer neuen Proklamation der Verwünschung sicher sein, wie etwa die Eröffnung der Hebräischen Universität auf dem Skopusberg – *eine Tradition, die sich seit den Besuchen Moses Montefiores und der Eröffnung einer Schule auf den Namen Lämel durchgesetzt hatte.* Ja, auch der Chief Rabbi des Heiligen Landes *Abraham* Jizchak *Ha-Kohen* Kook, eine der großen *und vornehmen* Gestalten der nationalen Erneuerungsbewegung, entging den Flüchen und Drohungen der Fanatiker nicht. Es war also ein recht dialektisches Paradies, dies Me'ah Sche'arim, wie es vermutlich in der Natur von Paradiesen liegt. *Wer aber waren* die Repräsentanten der Schlange? *Die Verfasser der Flüche und Bannsprüche oder wir,* die *von außen* über die Mauern dieses Paradieses krochen, *wie es die ältesten in Handschriften erhaltenen Abbildungen des Gartens und seiner Mauern zeigen? Das ist die Frage.*

Bücher wurden *im allgemeinen* viel gekauft, aber für kabbalistische Bücher gab es kaum einen Markt. *Noch wirkten in Jerusalem* die letzten Kabbalisten *des »Beth El« und anderer Jeschiwoth wie »Scha'ar ha-schamajim« und »Porath Josef«. »Beth El« war das Zentrum der Anhänger einer etwa zweihundertjährigen ununterbrochenen Tradition, die ganz der Versenkung in die lurianische Kabbala und in das mystische Gebet gewidmet war, wie es bis in die feinsten Einzelheiten der meditativen Praxis von Rabbi Schalom Schar'abi festgelegt wurde, der Mitte des 18. Jahrhunderts der Jeschiwa vorstand und für alle Gebetsmystiker maßgeblich wurde. Es gab allerdings außer der lurianischen Kabbala keine kabbalistische Richtung, die sie anerkannten. Jede andere Kabbala war in ihren Augen unglaubwürdig und eines ernsthaften Studiums nicht würdig. So* hatten sie keine Verwendung *für kabbalistische Bücher, die ihren Anschauungen nicht entsprachen,* und schon gar nicht für die Werke der chassidischen Literatur, *die sie als eine ihrem Geiste nicht angemessene Art von Populärkabbala betrachteten. Erst nach Jahren erfuhr ich, daß sich manche von ihnen insgeheim auch mit den Schriften Abraham Abulafias befaßten und sie für sich kopierten, doch diese Bücher gelangten nie zum Druck.* So war ich einer der wenigen Käufer auf diesem Markt und wäre, hätte ich nur genug Geld gehabt, vielleicht dessen Herrscher geworden, bevor andere Sammler mit mir in Konkurrenz traten, *wie etwa Agnon, Dr. Israel Mehlman, Salman Schocken und Rabbiner Fishman (Maimon).* Jedenfalls konnte sich meine wachsende Sammelleidenschaft, nur von den Grenzen meiner schmalen Börse beschränkt, gewaltig entfalten. *Kabbalistische und chassidische Bücher* aller Genera und Spezies *versammelten sich bei mir.* Welch ein Feiertag für mich – *und zum ersten Mal Grund, eine Anleihe aufzunehmen* –, als *Rabbi Josef Gershon Horowitz,* Rabbiner von Me'ah Sche'arim *und eine der* vornehmsten *und geehrtesten Gestalten dieser Gegend, der* allem fanatischen Wesen abhold *war,* seine wunderbare Bibliothek verkaufte, *um* seiner Tochter eine anständige Mitgift zu geben. In jugendlicher Torheit habe ich sogar einmal einen negativen Katalog *meiner Sammlung, nämlich eine Liste aller kabbalistischen und chassidischen Bücher,* die ich nicht besitze, gedruckt. *Ich verschaffte damit anderen Sammlern ein wunderbares Mittel, mir auf dem Markt zuvorzukommen. Aber für mein übereiltes Unterfangen gab es einen Grund: Ich hatte Agnon von der kuriosen Idee erzählt, und er sagte: Ich habe zwei Titel für eine solche Broschüre, die noch kein hebräisches Buch getragen hat; entweder du nennst es »Meine Bücher suche ich« (nach Genesis 37, 16) oder*

»Zieht hin in Frieden« (wie Genesis 44, 17) [was ebenso wörtlich auch als »Kommt her zu Scholem« verstanden werden kann. (Im Hebräischen gab man immer viel auf einen doppeldeutigen Titel)]. *Der zweite Titel amüsierte mich sehr und brachte mich dazu, diesen Einfall in die Tat umzusetzen. Konnte für ein Büchlein wie dieses wohl ein passenderer Name gefunden werden?!*

Freilich habe ich einen besonderen Zoll dafür bezahlt, daß ich darauf bestand, mit den Buchhändlern nur hebräisch zu verhandeln. Ich las zwar jiddisch, und habe oben die Geschichte meiner *Übersetzung des Buches »Jiskor« vom Jiddischen ins Deutsche* erzählt, aber jiddisch zu sprechen hatte ich nie Gelegenheit, habe vielleicht auch keine gesucht. *Ein vernünftiger Buchkäufer sprach in Me'ah Sche'arim jiddisch, die Verhandlungen verliefen dann in ruhiger Atmosphäre, und man bekam die Bücher billiger.* Mein hebraistischer Fanatismus *kam mich ausgerechnet an diesem Ort teuer zu stehen.*

Hugo Bergmann besaß zahlreiche persönliche Verbindungen zu den verschiedensten Kreisen: zu den im Lande Geborenen, sephardischen wie aschkenasischen Juden, zu den Einwanderern der zweiten Alijah, zu den Einwanderern aus der Tschechoslowakei, und so fort. So wurde auch ich innerhalb von zwei Jahren mit vielen von ihnen bekannt. Gleich in den ersten Monaten entstanden lebenslange freundschaftliche und von gegenseitiger Achtung geprägte Beziehungen, so zu dem bekannten Augenarzt Albert Ticho und seiner Frau Anna, der Malerin, die großzügige Gastgeber waren. Die Gespräche in ihrem Haus über die Ereignisse im Lande und im kulturellen Leben überhaupt waren sehr aufschlußreich, und die Erzählungen des Hausherrn über seine reichen Erfahrungen mit jüdischen wie arabischen Patienten zeugten von großer Weisheit und viel Humor. Escha war die Tochter eines sehr frommen Arztes, der zusammen mit Dr. Mosche Wallach, dem Leiter des Krankenhauses »Scha'are Zedek«, studiert und ihm die Freundschaft bewahrt hatte. Seit unserer Hochzeit waren wir zu bestimmten Zeiten bei ihm zu einem Sabbat- oder Feiertagsmahl eingeladen, und wir lernten, einen vortrefflichen Menschen zu verehren, der trotz seines religiösen Eifers zu Recht die Achtung Jerusalemer Einwohner aller Schichten und selbst die seiner politischen Gegner gewann. Dieser sonderbare Junggeselle war ein seltenes Beispiel unbegrenzter Hingabe an seine ärztlichen Aufgaben, und Geschichten über seine Eigenschaften und Taten kursierten in der ganzen Stadt. An seinem Tisch speisten wir ein Jahr vor dessen Ermordung einige Male mit Dr. Jacob Israel de Haan, dem Rechtsanwalt, Dichter und eifernden Kämpfer gegen den Zionismus, gegen den er sich nach seiner Einwanderung ins Land gewandt hatte. Dr. Wallach ermutigte keineswegs zu Diskussionen der Staatsfrage an seinem Tisch, doch als de Haan erfuhr, daß Escha und ich Zionisten waren, zügelte er seine Zunge nicht, ließ Feuer und Schwefel auf unser Haupt regnen und prophezeite uns ein schlimmes Ende. Da es Wallach nicht gelang, die herrschende Spannung zu lösen, stimmte er Sabbatlieder an und nötigte uns alle damit, »liebliche Weisen zu singen und einzustimmen in kunstvollen Gesang«. De Haan verbrachte den Sabbat im Krankenhaus, da seine Wohnung zu weit entfernt war, um an heißen Tagen zu Fuß zu ihr zu gelangen, und nachdem Szenen dieser Art sich dreimal wiederholt hatten, achtete Dr. Wallach darauf, uns nur noch dann einzuladen, wenn er wußte, daß de Haan nicht ebenfalls erscheinen würde.

Bergmann stellte mich auch Benzion Dinur (Dünaburg) vor, dem Lehrer für jüdische Geschichte am Lehrerseminar und Anhänger des rechten, nicht-marxistischen Flügels der »Achduth ha-ʿavodah«. Dinur war ein geistreicher Historiker, bienenfleißig, steckte stets voller großer und kleiner Pläne und war die treibende Kraft bei der Gründung der bibliographischen Quartalsschrift »Kirjath Sefer«. Er kam oft in die Bibliothek und sprach mit Bergmann und mir. Offenbar fand er Gefallen an mir, denn als er Anfang 1924 Bergmann vorschlug, daß die Bibliothek eine Quartalsschrift herausbringen solle, berief er sich auf mich als eine jener frischen Kräfte, die ihr Erscheinen ermöglichen würden. Es gab einige Sitzungen derjenigen, die für das Projekt Interesse zeigten. Professor Chajim Pick, Repräsentant des Misrachi bei der Jerusalemer zionistischen Exekutive, versprach finanzielle Unterstützung, denn er war viele Jahre lang von Beruf Bibliotheksrat in der Preußischen Staatsbibliothek gewesen. So wurde beschlossen, daß Bergmann und Pick wegen ihrer beruflichen Stellung Herausgeber der Quartalsschrift werden sollten, während Rabbiner Assaf, Dinur, Tauber, L. A. Mayer und ich auf der Titelseite als feste Mitarbeiter firmieren würden. Die Registrier- und Redaktionsarbeit sollte in Dinurs und meinen Händen liegen und zu den Stunden meines Bibliotheksdienstes zählen. Mayer sollte das arabische Material sammeln und redigieren, Bergmann und Pick würden sich, soweit es ihre Zeit erlaubte, an den Korrekturen beteiligen, und die festen Mitarbeiter sollten bibliographische Studien, Stücke aus den Bibliotheksbeständen und dergleichen veröffentlichen. So entstand eine enge Zusammenarbeit zwischen mir und Dinur, dessen Geschicklichkeit und Ausdauer es zu danken ist, daß »Kirjath Sefer« auf den Weg kam und stets besser wurde, so daß die Zeitschrift mit heute (1981) 56 Bänden in ununterbrochener Folge die dienstälteste hebräische wissenschaftliche Zeitschrift ist. Zu Pessach 1924 erschien der erste Band und darin auch mein erster hebräischer Artikel, dem zahlreiche Artikel und Kritiken über Bücher, die im Laufe der Jahre mein Interesse oder meinen Zorn wachriefen, gefolgt sind. Meine technische Arbeit bei der Ordnung der Bibliographie und den Korrekturen dauerte nur drei Jahre und ging im Frühjahr 1927 in die verläßlichen Hände Dr. Issachar Joels über, der meinen Platz in der Bibliothek einnahm.

Seither habe ich in zwei Sprachen, Hebräisch und Deutsch, geschrieben – abgesehen von den Jahren 1937 bis 1949, in denen ich nur hebräisch und englisch veröffentlichte. Das war in den ersten Jahren keine Arbeit, die mir leicht und ohne Zögern von der Hand ging. Meine hebräischen Studien, von denen ich erzählt habe, ebneten mir aber den Weg zur freien Assoziation innerhalb des Denkens und der Bilderwelt der hebräischen Quellen, die es sind, die eine energische, (wenn nötig) rhetorische und fruchtbare Äußerung im Hebräischen erst möglich machen. Ich hatte keine Schwierigkeiten, mich über wissenschaftliche Themen hebräisch zu äußern, und Hunderte von Seiten, die ich damals schrieb, bezeugen das, aber in die hebräische Literatur hinein fand ich im Grunde erst mit fünfjähriger Verspätung. Meine zwischen 1929 und 1937 veröffentlichten Artikel und Essays verdeutlichen die Stadien dieser Entwicklung. Ich würde sagen, daß die Zahl der Juden deutscher Herkunft meiner Generation, die diesen Weg mit einigem Erfolg zurückgelegt haben, unter zehn blieb. Ich hatte etwas Begabung und viel Glück.

Hier und da begann ich auch, Vorträge über kabbalistische Themen zu halten. Am oberen Ende unserer Straße versammelten sich *an jedem Sabbat die »Chaluze ha-misrach«, eine Vereinigung junger Sepharden aus bürgerlichen Kreisen, die Ladino und Hebräisch sprachen, von denen ich aber nicht weiß, ob sie viele Chaluzim hervorgebracht haben. Nach nur wenigen Monaten hatten mich die führenden Köpfe dieser Vereinigung entdeckt und drängten mich, vor ihren Genossen zu sprechen, was ich auch ein paarmal getan habe, da ich sie genauer kennenlernen wollte. Ich dachte, ich könnte auf Grund ihrer Fragestellungen am Ende meines Vortrags etwas über ihre Gedankengänge erfahren. Leider ging diese Hoffnung nicht in Erfüllung, aber ich muß gestehen, daß ihr hebräischer Tonfall mir angenehmer war als der der aschkenasischen Juden. Was den Pioniergeist betrifft, so fand ich weit mehr davon bei Hugo Bergmann, der nicht umsonst als eine der großen Stützen der Partei »Ha-poʿel ha-zaʿir« galt. Seine Aufgabe als Direktor der Nationalbibliothek verstand er im Sinne des Pioniergedankens: er gab keine »Befehle« und schreckte vor keiner Arbeit, die sich bot, zurück. Als einer der Angestellten sich nicht am Öffnen von Kisten beteiligen wollte und meinte, dafür sei er nicht von der Bibliothek angestellt, sagte Bergmann: dann bin ich dafür angestellt – und schleppte die Bücher selbst, bis die Umstehenden beschämt beim Ausräumen der Kisten ebenfalls Hand anlegten.*

Bergmann führte Bibliotheksdienst am Sabbat ein. Damit der Lesesaal auch am Sabbat-Nachmittag für diejenigen offenstünde, die an Werktagen nicht kommen konnten, aber die in- und ausländische Presse, die dort sortiert lag, lesen wollten, versahen wir alle abwechselnd Dienst, und Bergmann selbst nahm sich von dieser Pflicht nicht aus. Und wirklich kamen nicht wenige, um diese Stunden auszunutzen. Bisweilen mußten wir einem Leser eine Zeitung reichen und ihn höflich bitten, sich in den Räumen der Bibliothek zu Ehren des Sabbat keine Zigarette anzuzünden, und ich erinnere mich an keinen, der sich geweigert hätte, diese Bitte zu erfüllen. Unter den regelmäßigen Besuchern – Freisinnigen wie solchen, die den Sabbat hielten – war auch Dr. Josef Freud, Leiter der Röntgenabteilung der Hadassah und ihr erstes Opfer, der stets die Wiener »Neue Freie Presse« las. Das war eine einzigartige Persönlichkeit. Er hatte ein Studium der Philosophie und Psychologie wie der Medizin hinter sich und kam 1921 ins Land, nachdem man sich geweigert hatte, ihm seine vom Senat schon beschlossene Berufung zum Professor der Universität Wien auszuhändigen, da sich im allerletzten Moment herausgestellt hatte, daß er die kleine »Formalität nicht vollzogen« hatte, nämlich die Taufe. Er war einer der galizischen Verwandten Sigmund Freuds und ein Onkel Fania Freuds, meiner zweiten Frau, wie ich später von ihr erfahren habe. Im allgemeinen verlor der eindrucksvolle, gutaussehende und scharfsinnige Mann nur wenige Worte, aber im Gespräch wurde er höchst lebhaft, wie ich bei unseren Begegnungen im Hause Dr. Tichos, der mit ihm befreundet war, festgestellt habe. Dort traf ich auch zum ersten Mal Dr. Helene Kagan, eine langjährige enge Freundin und berühmte Kinderärztin, die zusammen mit Ticho und Dr. Wallach zu den markantesten Gestalten unter den Jerusalemer Ärztinnen und Ärzten gehörte. Freud starb Ende 1925 an den inneren Verbrennungen, die er durch Röntgenstrahlen erlitten hatte. Seine Beerdigung ist mir unvergeßlich, denn damals wurden am selben Tag zwei außergewöhnliche Menschen zu Grabe getragen, er und Schlomo Schiller, einer der großen Pädagogen der zionistischen Bewegung und Mitbegründer des Hebräischen Gymnasiums in Jerusalem. Wir liefen von einer Beerdigung zur nächsten. Sie alle waren Chaluzim im genauen Sinne des Wortes, und das neue Jerusalem war reich an ihresgleichen, wenn man die relativ kleine Zahl von Menschen im neuen Jischuv der Stadt berücksichtigt. Der alte Jischuv verharrte im allgemeinen innerhalb seiner Grenzen, und seine Leuchten strahlten nicht nach außen. Wer in den Straßen Me'ah Sche'arims spazierenging, konnte außer der Torarezitation aus den Jeschiwoth und religiösen Schulen auch den Schrei ungezügelten Hasses bei den öffentlichen Predigten Rabbi Benzion Jadlers auf dem Platz vor der Jeschiwa »Me'ah Sche'arim« vernehmen, die stets ein großes Publikum anzogen, weil die Kraft seiner Sprache gefiel (Agnon setzte ihm als Rabbi Hieronymus in »Gestern, vorgestern« ein literarisches Denkmal). Auch ich ging in meinen ersten Jahren manchmal hin, um ihn zu hören, weiß heute aber nicht, ob ich hinging, um mich an seinen saftigen Flüchen zu delektieren oder um herauszufinden, was uns bevorstünde, sollten diese uns einmal beherrschen. An ihn wurde erinnert, als ich zu Beginn meiner Arbeit an diesen Kapiteln im Fernsehen die Verleumdungen des Rabbi Schach hörte, der das Haupt der Ponevezher Jeschiwa und die Metamorphose Benzion

Jadlers in unseren Tagen ist und dessen Worte nicht auf dem Platz in Me'ah Sche'arim zu hören waren, sondern in den zu Ehren des Staates Israel errichteten »Binjane ha-'ummah« *vor Tausenden, die ihm zujubelten.*

Im ersten Winter nach unserer Einwanderung besuchte ich die Niederlassungen in der Jesreel-Ebene, die zu den ersten Früchten der dritten Alijah gehörten. Ich kam auch nach Beth-Alfa, wo zwei Kwuzoth siedelten, die sich nicht leicht daran gewöhnten, unter einem Dach zu hausen: die Kwuzah Chefzi-Bah der Einwanderer aus der Tschechoslowakei, unter denen auch viele junge Freunde und Schüler Hugo Bergmanns aus Prag waren, und die etwa zwei Jahre vor meinem Besuch gegründete Kwuzah Beth-Alfa, die erste Niederlassung der Bewegung »Ha-schomer ha-za'ir« aus Galizien. Dort traf ich zum ersten Mal Jehudah Ya'ari, in dessen Zelt ich zweimal übernachtete, und wir knüpften Beziehungen, die in den kommenden Jahren immer enger wurden und bis heute dauern. Judkah, wie ihn jeder rief, war eine sensible und poetische Seele, die alle Umbrüche in der Geschichte unserer Generation registrierte und eine Einheit zwischen den Generationen ersehnte, die von den Tagen des Baalschem und des Rabbi Nachman von Brazlaw, als der Chassidismus erwachte, bis zu den Tagen der dritten Alijah reichen sollte – eine utopische Einheit, die unserer Wirklichkeit, die voller Probleme steckte, nicht standhielt, aber Ausdruck in den sprachlichen Neuerungen fand, die Judkah der modernen hebräischen Sprache vermachte. War er es doch, der den Begriff »Kibbuz« in seiner neuen und heute gängigen Bedeutung aufbrachte, die er der Tradition der Brazlawer Chassidim entnahm, wo vom »kibbuz« der Chassidim des Rabbi Nachman an seinem Grabe in Uman die Rede ist. Judkah war ein Nachfahre des Zaddiks Rabbi Mosche von Przeworsk und lebte mit dem Vermächtnis Rabbi Nachmans, in dessen Geist er auch seinen Beitrag zu dem Sammelwerk »Kehillijatenu« (1922) verfaßte, dessen Mitherausgeber er war und das ein klassisches Dokument des »Haschomer ha-za'ir« zu Beginn seines Weges im Lande wurde. Judkah schlug mir vor, am zweiten Abend vor den Mitgliedern der beiden Kibbuzim zu sprechen, und so hielt ich meinen ersten Vortrag im Lande über die Kabbala in Safed, die die meisten meiner Zuhörer gewiß in Erstaunen versetzte. Das war der Anfang mei-

ner »Karriere« als Redner in vielen Kibbuzim, die während der nächsten fünfundzwanzig Jahre manches Paradox produzierte, mir aber auch den einen großen Erfolg in der Arbeiterbewegung einbrachte: die zwölf Stunden, in denen ich auf Initiative Berl Kaznelsons über den Sabbatianismus sprach, als die Histadrut zur Feier ihres zwanzigjährigen Bestehens zwischen Purim und Pessach 1941 einen »Studienmonat« abhielt – eine der glücklichsten Zeiten meines Lebens im Lande.

Während dieses Besuches wandte sich in Chefzi-Bah ein Mitglied, das sich in eine besondere Klause in der Mitte der Kwuzah zurückgezogen hatte und – als Übersetzung des Namens Katz – »Chatul« gerufen wurde, an mich und sagte: Ich war doch vor sieben Jahren Ihr Schüler in Berlin! Ich stand vor dem Abitur und Sie haben mir Privatstunden in Mathematik, meiner Schwachstelle, gegeben. Dank Ihnen habe ich die Prüfung bestanden, aber ich habe das Universitätsstudium aufgegeben und eine Ausbildung begonnen. Ich erinnerte mich an ihn: er war der Sohn einer wohlhabenden Familie aus Galizien oder Österreich, die im Berliner Westen in der Nähe des Kurfürstendamms gewohnt und mich für meine Stunden bestens bezahlt hatte. So traf ich auf meiner kleinen Reise noch einige Gleichaltrige aus der Berliner, Leipziger oder Münchener zionistischen Jugend, die nun in Chadera, Geva', Merchavja, En-Charod oder Tel-Josef saßen und, während ich im Speisesaal saß, auf mich zukamen.

Die Zeit, in der ich kam, am Anfang der zwanziger Jahre, war ein Höhepunkt in der zionistischen Bewegung. Eine, wie soll ich sagen, glühende Jugend, die sich das Höchste von drüben, von der Arbeit in Palästina versprach, war ins Land gekommen, und die Anstrengungen für die Gründung einer jüdischen Gesellschaft, die ihr eigenes produktives, *nach außen hin wirksames* Leben haben würde, waren von großer Intensität. Es waren wichtige und wunderbare Jahre, der Schatten ungeachtet, die heraufzogen und sich *bald* bemerkbar machten. *Ich füge hier einen Abschnitt aus dem Brief ein, den ich einem Bekannten und Freund eineinviertel Jahre nach meiner Einwanderung Ende 1924 schrieb* und der*

* Brief an Werner Kraft vom 17.12.1924; zitiert aus: Gershom Scholem, Briefe an Werner Kraft, hg. v. Werner Kraft, Frankfurt am Main 1986. (A. d. Ü.)

vor einigen Jahren wieder in meine Hände gelangt ist: »Mein Leben hier verläuft sehr still. Von den innerlichen Verhältnissen, die die Beziehung zu‹m› Lande betreffen, weiß ich nicht viel zu schreiben. Ich gehöre aufs entschiedenste zu der Sekte derer, die den apokalyptischsten Meinungen anhängen, was das Schicksal der zionistischen Bewegung hier sein wird. Du kannst Dir in keiner Weise vorstellen, welche Welten sich hier berühren: das Leben hier ist für denkende Menschen eine offene Einladung überzuschnappen, und auf jeden Fall ist so oder so ein theologischer Hintergrund hier auch der lächerlichsten Lebensform unentrinnbar notwendig, wenn man nicht eben ›auftreten‹ will, was hier teilweise als Messias, teilweise als Arbeiterführer, z.T. noch in unheimlicheren, wesentlich unheimlicheren Kostümen geschieht. Man kann vom neuen Palästina in der Tat, wenn Du mich richtig verstehen willst, alles sagen, und insbesondere Schlimmes (wie sollte es auch bei diesem unvorstellbaren Aufeinanderprall entfesselter Produktivitäten aus 6 Erdteilen und der oberen Welt dazu anders sein?), aber daß hier mehr geschieht als in anderen Winkeln dieser Erde, scheint mir notwendig zuzugeben.«

Man lebte *im allgemeinen* in einem ziemlich kleinen Kreis, denn es waren noch nicht sehr viele Menschen dort. Als ich kam, gab es *insgesamt 80 000* Juden im Land, und doch gab es so etwas wie einen großen Auftrieb, der von dieser Jugend kam, die sich der Sache des Zionismus als der ihren verschrieben hatte. Diese Jugend, und es ist nie zu vergessen, daß der Zionismus im Entscheidenden eine Bewegung der Jugend war, hatte etwas als selbstverständlichen Besitz, was so vielen Jugendbewegungen *im Westen* fünfzig Jahre später so zerstörerisch abging, ja zum Schimpfwort wurde: sie hatte Geschichtsbewußtsein. Es ist hier schon davon gesprochen worden, welche Dialektik in diesem Geschichtsbewußtsein der Zionisten verborgen lag, das ich mit ganzem Herzen und ganzer Seele geteilt habe: die Dialektik von Kontinuität und Revolte. Aber keinem von uns wäre es eingefallen, die Geschichte unseres Volkes, als wir es als Volk erkannt oder wiederentdeckt hatten, zu verleugnen. Sie saß uns, was immer wir nun hier erstrebten, in den Knochen. Mit unserer Heimkehr in unsere eigene Geschichte wollten wir, jedenfalls die meisten von uns, sie verändern, aber wir wollten sie nicht verleugnen. *Diese Mode kannten wir noch nicht.* Ohne diese »religio«, diese »Bindung nach rückwärts«, war und ist dies Unterfangen aussichtslos, von Anfang an zum Scheitern verurteilt. Nicht in diesem Punkt lag die Problematik verborgen, die die nächsten Jahre, von denen hier nicht mehr die Rede sein kann, ans Licht brachten: waren wir eine Sekte oder eine Vorhut? Wollten die Juden ihre Geschichte aufnehmen und entfalten *(und auch öffnen!)* oder nicht? Wie konnte ihr Dasein in der historischen Umwelt aussehen, in die sie kamen, ihr Leben ohne, mit oder gegen die Araber auf festen Grundlagen gegründet werden? An diesen Fragen begannen, als ich ins Land kam, die Geister sich zu scheiden *und sind an ihnen geschieden bis auf den heutigen Tag.*

Meine Freunde gingen in die neuen Kibbuzim *und gründeten auch einen Kibbuz*, um sozialistische Lebensart und Produktionsweise zu verwirklichen. Andere Menschen *der dritten Alijah* blieben als Lehrer, Beamte *und* Kaufleute in den Städten. *Zu ihnen gesellten sich in den folgenden Jahren auch Menschen aus den Kibbuzim, die wegen verschiedenster persönlicher Umstände, aber auch wegen ideologischer Krisen kamen, an denen kein Mangel herrschte. So zog zwei Jahre später Judkah Ya'ari nach Jerusalem, arbeitete in der Nationalbibliothek und begann ein Leben in neuen Bahnen. Auch* Bodenspekulanten tauchten auf, ein, falls man langen Atem hatte, fast hochsicheres Geschäft und Gegenstand heftigsten Streites zwischen *den* Bodenreformern, *die den Lehren Henry Georges und Franz Oppenheimers folgten*, und den »Kapitalisten«. *Auch unter letzteren lernte ich geistig vornehme und scharfsinnige Menschen zu verehren, die stark zionistisch dachten und zähe unternehmerische Initiative besaßen. Seit 1925 war ich mit einem von ihnen befreundet. Dr. Ludwig Pinner war Spezialist für Weizen in der landwirtschaftlichen Versuchsstelle in Nes-Zijona und eine der Hauptstützen der mittelständischen Siedlungsinitiative. Er besaß eine starke Persönlichkeit, die auf Zügen wie geistiger Wachheit und Liebe zum Diskutieren und Formulieren beruhte, war skeptisch im Reden, nicht im Handeln, ein hingebungsvoller Zionist, doch nach außen zynisch, kurz: ein in seinen Urteilen und Beziehungen von Natur aus unabhängiger Mann, der mir mehr als fünfzig Jahre verbunden blieb.*

Zwischen den verschiedenen Orten bestand starke, *aber unter technischen Gesichtspunkten primitive* Kommunikation. Es herrschte auch ungeheure Gastfreundschaft, und Jahre vergingen, bis ich mich daran gewöhnte, zuweilen in ein Hotel zu gehen. Wo man hinkam, fand man einen Platz zum Schlafen. Jeder kam zu jedem. Es gab eine Zeit, wo es in Jerusalem oder Tel-Aviv kaum ein verschlossenes Haus gab, auch im wörtlichsten Verstande, die Idee, daß etwas gestohlen werden könnte, kam uns nicht. In der Tat wurde auch *in unserer Gesellschaftsschicht* nicht gestohlen, aber wenn man zurückkam, lag oft jemand im Bett, der Freund von einem Freunde, der unsere Adresse bekommen hatte und übernachten wollte.

Als wir unsere Wohnung im Haus Budeiri in der Äthiopienstraße bezogen, fanden wir in den übrigen Zimmern des Hauses Dr. Walter Preuß, Mitglied des »Ha-poʿel ha-zaʿir«, später der »Mapai«, und Leiter der statistischen Abteilung der Histadrut, sowie seine Frau Bella und die Schwestern Cohn. Sie alle gehörten zu den ersten Einwanderern, die nach dem Ersten Weltkrieg aus Berlin gekommen waren, und zwar auf legalem Wege, während die ersten Einwanderer dieser Alijah zu einer Zeit, als die Einreise ins Land für Inhaber eines deutschen Passes noch verboten war, die Grenze illegal überschritten hatten: manche hatten auf deutschen Frachtschiffen, die die Häfen des Landes anliefen, als Matrosen angeheuert, waren dann nachts ins Meer gesprungen und ans Ufer geschwommen. Walter Preuß bemühte sich um ein jämmerliches und wenig elegantes Hebräisch, so daß es uns nicht gelang, ein Gespräch anzuknüpfen, das diesen Namen verdient hätte. Ein oder zwei Jahre später verließ diese Familie das Haus und zog nach Tel-Aviv, während wir und die Schwestern (die lieber ein flinkes und treffsicheres Deutsch sprachen) als Bewohner des ganzen Hauses zurückblieben. Als sich unsere wirtschaftliche Lage besserte, fügten Escha und ich der Wohnung noch ein drittes Zimmer hinzu. Die Cohn-Schwestern, die ihr Leben lang unverheiratet blieben, kannte ich aus Berlin als Aktivistinnen der zionistischen Turnvereinigung und als Freundinnen meiner zionistischen Tante, die mit zwei der Schwestern gleichaltrig war. Ihr Vater, Dr. Bernhard Cohn, war ein bekannter Arzt und gehörte zu den ersten Zionisten, die Herzl unterstützten, nachdem er in seiner kleinen, 1896 in Berlin publizierten Schrift »Vor dem Sturm« schon prophezeit hatte, daß die kommenden Stürme die Juden

Deutschlands zwingen würden, ihr Land zu verlassen. Auch ihr ältester Bruder, Rabbiner Emil Cohn, war als einer aus der kleinen Schar liberaler zionistischer Rabbiner in Deutschland weithin bekannt, da er dem Haß auf den Zionismus zum Opfer fiel, den die Gemeindevorsteher der großen Berliner jüdischen Gemeinde hegten. Er war berühmt als ausgezeichneter Prediger und wurde von der Gemeinde als Prediger berufen, aber im Jahre 1907 wegen seines öffentlichen Auftretens für den Zionismus vom Dienst suspendiert. Unter dem Druck der Gemeinde mußte er zurücktreten. Dieser Skandal erregte damals große öffentliche Aufmerksamkeit und rief ein starkes Echo hervor. Alle Familienmitglieder waren alte Zionisten. Ein Bruder ging nach Tel-Aviv, und die drei Schwestern Helene, Rose und Lotte kamen im Jahre 1920 nach Jerusalem. Lotte, die jüngste, war eine bekannte Architektin, die zeitweilig bei der Planung neuer Niederlassungen mit Richard Kauffmann zusammenarbeitete, später nach Tel-Aviv zog und noch unter uns lebt. Rose war Sekretärin beim Jüdischen Nationalfonds und verantwortlich für den deutschen Briefwechsel Ussischkins und aller anderen Direktoren des Nationalfonds. Helene, die älteste, war eine kluge und scharfsinnige Frau, die jedoch zur Hysterie tendierte. Sie war sehr geschickt und einfallsreich und verstand es, sich dem Gebot der Stunde anzupassen, wenn es um den Lebensunterhalt ging: sie war Laborantin, Näherin und Betreiberin eines Schneiderateliers in unserer Wohnung, bis sie schließlich, als Hitler an die Macht kam, Besitzerin einer Pension für die vielen Besucher aus Deutschland wurde, die das Land bereisten, um seine Möglichkeiten zu erkunden. Wir gewöhnten uns daran, in häuslichem Frieden zusammenzuleben und fast zehn Jahre lang die Angelegenheiten des Hauses und der Miete gemeinsam zu regeln. Sie hielt sich einen großen Hund und wir eine süße Katze namens Beliar, nach »Beliar, dem König der Dämonen«, dem ich eine meiner ersten Forschungsarbeiten im Hebräischen gewidmet habe. Mit Lotte Cohn, die einen ausgeglichenen Charakter und großes berufliches Wissen besaß, vor allem aber Humor und praktischen Sinn in allen Wechselfällen des Lebens im Lande bewies, bin ich noch heute befreundet. Im Haus, das von den Schwestern Anfang der dreißiger Jahre in Rechavia erbaut wurde, habe ich mit meiner zweiten Frau Fania geb. Freud von 1936 bis heute gewohnt.

Im Jahre 1926 erließ die Mandatsregierung ein Gesetz über die Staatsbürgerschaft im Lande Israel, das die Einbürgerung – nach zweijähriger fester Niederlassung – sehr erleichterte und eine deutliche Geste gegenüber den Zionisten darstellte. Ich ging ins deutsche Konsulat, das sich in Jerusalem befand, um unsere Pässe zurückzugeben. Der Büroleiter sagte mir, daß er schon eine Liste von Verzichtleistenden dieser Art angelegt habe, auf der vier standen, die sich schon vor uns eingetragen hatten: Dr. Arthur Ruppin, Vorsitzender der Siedlungskommission in der zionistischen Exekutive, und die drei Schwestern Cohn!

Im Spätsommer 1924 wurde die festliche Einweihung der Goldziher-Bibliothek vorgenommen. Bei dieser Gelegenheit lernte ich auch Dr. Chaim Weizmann kennen, der kam, um die Eröffnungsrede zu halten. Ich erinnere mich, wie wir vor der Eröffnungszeremonie in Bergmanns Zimmer standen. Weizmann fragte Bergmann, ob er Hebräisch sprechen müsse oder ob nicht vielleicht auch Englisch oder Französisch genügten. Man antwortete ihm, er müsse Hebräisch sprechen, und unvergeßlich ist mir der (jiddische) Seufzer, mit dem Weizmann zu meiner Überraschung erwiderte: »Die heilige Sprache bringt mich um!«

Ich arbeitete zwar in einer Institution, die National- und Universitätsbibliothek hieß, aber außer dem einen im Bau befindlichen biochemischen Institut, für das Dr. Weizmann, der selber Biochemiker war, das Geld aufgebracht hatte, war von der Universität noch nichts zu sehen. *Die Vorgeschichte der Universität zwischen 1882 und 1912 ist reine Literatur. In den Darstellungen zur Geschichte der Universität heißt es stets, der Plan sei 1902 offiziell in einer Broschüre vorgestellt worden, die Weizmann zusammen mit Martin Buber und Berthold Feiwel verfaßt habe. In Wirklichkeit stammt die Schrift von Anfang bis Ende von Feiwel – das Manuskript gibt es! –, und Buber und Chaim Weizmann bevollmächtigten ihn telegraphisch, auch ihre Namen darunter zu setzen. Die Entscheidung für die Errichtung einer Universität fiel »einstimmig« auf dem Wiener Zionistenkongreß im Jahre 1913 (nachdem es während der Vorbereitungen heftige Diskussionen hinter den Kulissen gegeben hatte), und zweifellos war Weizmann bei dieser Entscheidung die treibende Kraft. »Budgets« gab es keine, aber einige reiche Anhänger der Idee unter den russischen Zionisten brachten eine beträchtliche Summe zusammen, die den Ankauf eines Grundstücks auf dem Skopusberg ermöglichte, das zum Erbe des einige Jahre dort ansässigen Engländers Grey-Hill gehörte. Im Juli* 1918, noch im Kriege, *nahm Bergmann in einer eindrucksvollen, doch rein symbolischen Zeremonie* die Grundsteinlegung *vor.* An Skeptikern und *erklärten* Gegnern des Projekts fehlte es keineswegs, *und* kaum jemand im Lande *glaubte daran, daß es* so bald realisiert werden würde. Gab es doch damals ein starkes jüdisches akademisches Proletariat, und die seinerzeitige Bezeichnung des Doktortitels als »jüdischer Vorname«, die sehr im Schwange war, war durchaus nicht schmeichelhaft gemeint. Sollte man die Zahl der arbeitslosen jüdischen Akademiker durch Eröffnung eines Instituts, das Diplome verteilen würde, noch weiter vermehren? Bei solcher Aussicht schüttelten sich viele. Zudem hatten, wie gesagt, die Zionisten sowieso kein Geld, auch wenn sie auf Versammlungen mit der Idee einer Hebräischen Universität in Jerusalem gern Propaganda machten. *Und wirklich* gab es *seit 1922 in Jerusalem* ein Komitee, *das aus acht namhaften Männern des neuen Jischuv zusammengesetzt war und dessen Mitglieder* fruchtlose Gespräche über die kommende Universität und *die dort einzurichtenden* Professuren führten, *wie mir mein Freund L. A. Mayer erzählte, der Mitglied des Komitees war. Unterstützung und Hilfe erhielt die Universität aber aus anderer Richtung.*

Im Herbst 1922 hatte sich Dr. Judah Leon Magnes – seit einer stürmischen Diskussion für und wider Errichtung einer Professur für Jiddisch unterschrieb er sich nur noch Judah Leibusch Magnes – mit seiner Familie in Jerusalem niedergelassen. Magnes war eine der hervorragendsten Gestalten des jüdischen öffentlichen Lebens in den Vereinigten Staaten, der eine höchst wechselvolle und oft dramatische Laufbahn hinter sich hatte, obwohl er erst 45 Jahre alt war, *als er ins Land kam.* Er war eine komplexe Persönlichkeit von großem Charme *und besaß ein von Natur aus ehrfurchtgebietendes Äußeres, das seinen seelischen Zwiespalt einigermaßen verbarg, und mir blieben mehr als zwanzig Jahre, ihn zu ergründen. Zunächst war er Reformrabbiner, aber entschiedener* Zionist *deutlich* Achad Ha'amistischer Prägung *und einige Zeit auch Sekretär der zionistischen Organisation in den Vereinig-*

ten Staaten. Mit 30 Jahren *wurde er* Rabbiner der reichsten Reformgemeinde New Yorks, des »Temple Emanuel«, *aber nach einigen Jahren verzweifelte er an der Reformbewegung, trat von seinem Amt zurück und kehrte zu einer* konservativen Lebenshaltung *zurück, ja wurde sogar – wenn ich nicht irre, durch den Einfluß des diese Richtung führenden Solomon Schechter – Rabbiner einer konservativen Gemeinde. Aus Weizmanns Briefen haben wir jetzt erfahren, daß er schon 1913, als der Vorschlag zur Gründung der Hebräischen Universität aufkam, in Magnes den Mann sah, der an der Spitze dieser Einrichtung stehen sollte, wenn es sie einmal geben würde (die Gruppe um Magnes unterhielt die Monatsschrift »Ha-Schiloach«, die von J. Klausner herausgegeben wurde).* Im Ersten Weltkrieg hatte er sich von der politischen Richtung Dr. Weizmanns getrennt und war einer der Hauptsprecher der Pazifisten geworden, der auch nach dem Eintritt Amerikas in den Ersten Weltkrieg seine Ansichten mit großem Mut weiter vertrat. *Nach dem Krieg gehörte er einige Zeit zu den Verteidigern der bolschewistischen Revolution in Rußland, es gab Annäherungen an die »Poʿale Zion«, und tatsächlich hielt man ihn in vielen Kreisen für einen Bolschewiken. Das ist nicht weiter erstaunlich, wissen wir doch heute, daß auch David Ben-Gurion damals mit dem bolschewistischen Herrschaftssystem sympathisierte. Magnes wurde vor allem von den Gewerkschaftsführern im Lande mit großer Hochachtung empfangen, und es scheint, daß er an eine Tätigkeit in der Arbeiterbewegung gedacht hatte, aber aus irgendeinem Grunde wurde nicht viel aus diesen Verbindungen, und er begann, sich für die geplante Universität zu interessieren, ja wurde sogar Mitglied in dem erwähnten Komitee.*

Zu den Säulen *des* amerikanischen Judentums *gehörten einige einflußreiche Männer, die in Magnes trotz seiner zahlreichen Verwandlungen* einen Mann von Charakter und moralischer Statur *verehrten. Unter ihnen waren Louis Marshall und seine Frau (die Schwägerin von Magnes) sowie Felix Warburg und seine Frau. Im Frühjahr 1924 besuchten die Warburgs unter Magnes' Führung, dessen Meinung bei ihnen viel galt, das Land, um zu sehen, was dort vor sich ging. Sie interessierten sich auch für die Universität und besuchten in Begleitung von Magnes die Bibliothek, um zu sehen, was es dort gab, und um Bergmann zu unseren Problemen und Schwierigkeiten zu hören. Warburg stammte aus einer Hamburger Bankiersfamilie, in der die jüdische Tradition beachtet wurde, und auch er und seine Frau hielten* sich jüdischen Interessen offen, ohne *Zionisten* zu sein. *Als sie abreisten, hinterließen sie* Magnes in einem verschlossenen Brief, dessen Inhalt sie ihm vorher nicht mitgeteilt *hatten*, einen Scheck über *hunderttausend Dollar*, eine damals sehr beträchtliche Summe. *Dieser Beitrag zur* Errichtung eines judaistischen Instituts an der Universität brachte *unwiderruflich* den Stein ins Rollen, *denn* daraufhin wollten sich *drei weitere* gute Juden nicht ‚lumpen lassen, und der Traum begann reale Gestalt anzunehmen. *Im Sommer dieses Jahres trat in London ein Kongreß namhafter judaistischer Wissenschaftler und Repräsentanten des Faches aus verschiedenen Ländern zusammen, um die ersten Berufungen an dieses Institut vorzunehmen und um dessen Eröffnung Ende 1923 vorzubereiten, und auch Hugo Bergmann war zu diesem Kongreß eingeladen. Durch die besonderen Umstände und den Zeitpunkt wurde Magnes zur zentralen Figur. Für Weizmann und seine Freunde war klar, daß nach der Zerstörung des russischen Judentums nur solche Kreise die Finanzierung der Einrichtung übernehmen würden, die zwar den Aufbau des Landes befürworteten, sich aber mit der zionistischen Idee nicht identifizierten, und Magnes war der Mann, der in diesen Kreisen Beziehungen und Einfluß besaß. (Einige Jahre lang gab es keine Organisation der »Förderer der Universität« in den Vereinigten Staaten, weil man sich auf die Korrespondenz zwischen Magnes und den potentiellen Geldgebern verließ!)* Vor der *Eröffnung der Universität kannte ich Magnes nur von seinen Besuchen in der Bibliothek, da ich Bergmann dort, wenn er abwesend war, vertrat. Erst nach meiner Berufung zum Dozenten lernte ich den Menschen und die Richtung seiner Aktivitäten aus der Nähe kennen, und die ganzen folgenden Jahre schwankte ich zwischen tiefer Verehrung für seine visionäre Begabung, Aufrichtigkeit und Tatkraft und Kritik. Der Grund für dieses Schwanken lag in der Ambivalenz, die in seinem Charakter und seinen Handlungen offen hervortrat: amerikanischer »Radical« und Volkstribun auf der einen Seite, nicht weniger amerikanischer* Boß *auf der anderen Seite. Das erste habe ich in meinem 1947 zu seinem siebzigsten Geburtstag verfaßten Aufsatz »Ein freier Mensch« hervorgehoben, der auch in meinem Buch*

»Devarim be-go« abgedruckt ist. Die zweite Seite wurde mir allmählich durch seine Leitung der Senatssitzungen, seine Zusammenfassungen dort und seine Wege in der akademischen Politik deutlich. Diese Erfahrungen gehören aber zu einer Zeit, die jenseits der Grenze liegt, die ich diesen Erinnerungen gesetzt habe. Seine Hingabe an die Angelegenheiten der Hebräischen Universität steht außer Zweifel, und fraglos verfocht er ihre Interessen nach bestem Wissen und Vermögen. Es steht mir nicht zu, seine Verdienste gegen seine Verfehlungen abzuwägen, aber ich gebe zu, daß ich mich mehr an seine Verdienste erinnere.*

An Chanukka 5685 (Dezember 1924) wurde das Institut mit einer eindrucksvollen Zeremonie auf dem Skopusberg eingeweiht, und zwar in Gegenwart eines akademischen Lehrkörpers, der aus drei Professoren bestand, von denen ein einziger, Rabbiner Samuel Klein, eine ordentliche Berufung angenommen hatte, während die beiden anderen – namhafte Wissenschaftler – nur für ein Jahr als Gäste kamen. Hier zeigte sich das Personalproblem des Instituts, von dem ich noch sprechen werde.

Da man in London unterdessen auch aus anderen Quellen Gelder zur Eröffnung eines Instituts für Mikrobiologie aufgetrieben hatte und mein verstorbener Freund Dr. Saul Adler dort als »research fellow« zu arbeiten begann – er erlangte seither weltweiten Ruf auf seinem Gebiet –, beschloß man in London, daß drei Forschungseinrichtungen genug seien, um die Existenz einer aktiven Universität anzuzeigen, und man traf Vorbereitungen für die Eröffnungszeremonie, die am 1. April 1925 im neuen, auf dem Skopusberg erbauten Amphitheater vor Tausenden von Menschen stattfand, die aus dem Land und allen Teilen der Welt angereist waren. Es war eine sehr gelungene Zeremonie, die großen Widerhall in der gesamten jüdischen Welt fand, die Boykottaufrufe extremistischer Jerusalemer Orthodoxer eingeschlossen. Auf der Tribüne *saßen der* greise Lord Balfour, *der die historische Erklärung unterzeichnet hatte*, und die Größen der zionistischen Bewegung von Weizmann, dem Rabbi Kook bis zu Bialik und Achad Haʿam *zusammen mit den Abgesandten der Universitäten und Akademien, die gekommen waren, um dem Neugeborenen*

* Unter diesem Titel erschien eine Auswahl von Scholems Aufsätzen auf hebräisch. (A. d. Ü.)

Glück zu wünschen. Auch ich war einer der Tausende, die *dort saßen und dem eindrucksvollen* Akt mit Spannung folgten. Ich sehe noch den großartig aussehenden Lord Balfour vor mir, wie er, vor der untergehenden Sonne stehend, seine Laudatio auf das jüdische Volk, auf seine Leistung in der Vergangenheit *und Gegenwart hielt und ihm für seine Hoffnungen und die Zukunft Glück wünschte.*

Ein *für das Institut* speziell errichtetes Kuratorium *sollte dem allgemeinen Kuratorium Wissenschaftler vorschlagen*, die eine judaistische Fakultät zur Erforschung aller Aspekte des Judentums zieren könnten. *Eine offizielle Verlautbarung, die schon auf dem Kongreß 1924 angenommen worden war, definierte das Institut für Judaistik »als Zentrum zur Erforschung des Judentums – der jüdischen Religion, der hebräischen Sprache und der anderen semitischen Sprachen, der Literatur, der Geschichte, des Rechts, der Philosophie und aller Zweige des Lebens des jüdischen Volkes im allgemeinen und der Erforschung des Landes Israel im besonderen.« Mit einer solchen Bestimmung ließ sich leben. Sie war neutral, was mögliche Richtungen solcher Forschung betraf, und somit war auch klar, daß hier kein Rabbinerseminar, sondern ein Zentrum freier Forschung errichtet werden sollte, das als Institution von keinerlei religiösen oder methodischen Prämissen abhängig sein würde. Bald stellte sich aber das Problem, wie diese grundsätzliche Bestimmung mit der Wirklichkeit zu vereinbaren sei, was Diskussionen hervorrief und zu Ergebnissen führte, die der Definition selbst entgegengesetzt waren. Die Rede ist von der Erforschung der Bibel, einem Gebiet, von dem man von vornherein wußte, daß es zum Austragungsort der Kämpfe zwischen traditioneller und kritischer Ausrichtung werden würde, und beide Seiten waren, falls Bewerber von Statur gefunden würden, der Vertretung wert. Was aber tatsächlich (und sehr bald!) geschah, war beschämend: Zwi Perez Chajes, der Oberrabbiner von Wien, ein großer Gelehrter und einst Zierde des italienischen Rabbinerseminars in Florenz, war Experte der kritischen Bibelwissenschaft und bereit, eine ordentliche Berufung nach Jerusalem anzunehmen, wurde aber eben wegen seiner methodischen Grundhaltung abgelehnt – und »die Schwellen bebten«. Hartnäckige Gerüchte besagten (und bis heute weiß ich nicht, was wahr* daran ist), daß hinter dem akademischen Widerstand einer der großen Geldgeber stand. Jedenfalls bedeutete diese Haltung für Chajes nur sehr wenige Jahre vor seinem Tod eine tiefe Enttäuschung. Die Bibelkritik kam über Umwege, nicht als Quellenkritik (die noch jahrelang gefürchtet blieb), sondern als Textkritik oder »niedere Kritik«, wie es in jener Generation hieß.

Über eine Sache war man sich einig: das Institut (wie eigentlich die ganze Universität) sollte in den ersten Jahren – bis wann, blieb ungesagt – reine Forschungsstätte sein, und an Diplome für Studenten, die über die Forschungen ihrer Dozenten belehrt werden wollten, war, Gott behüte, nicht gedacht. Die Dozenten, die berufen worden waren, wollten sich der Lehre um der Sache selbst willen, nicht zur Ausbildung von Lehrern widmen, so daß für die Frage nach der Befähigung eines Wissenschaftlers zur akademischen Lehre kein Platz war. So war zum Beispiel Jakob Nachum Epstein, der ungefähr zur Zeit der Eröffnung der Universität als Professor für »Talmudische Philologie« – schon die Wortwahl konnte leicht Anstoß erregen – nach Jerusalem kam, ein erstrangiger Gelehrter, aber ein jämmerlicher Pädagoge. Viele Jahre war er in meinen Augen die hervorragendste wissenschaftliche Gestalt unter allen Dozenten am Institut, und seine persönlichen Ansichten in der Judaistik haben mich nicht wenig beeinflußt. Er wußte zu unterscheiden zwischen wissenschaftlicher Augenwischerei und wirklicher Wissenschaft.

Bereits im ersten Jahr des Instituts wurde deutlich, daß die Hoffnung, die großen Judaisten der Generation würden kommen, getrogen hatte. Magnes hatte in seiner Eröffnungsrede im Dezember 1924 angekündigt, daß im kommenden Jahr vier Gäste lehren würden – und kein einziger kam. Alle, auch seine Freunde unter den »Großen der Generation«, waren voller Sympathien, aber man wollte sich nicht in Jerusalem niederlassen und war höchstens bereit, ein Semester oder ein Jahr als Gastdozent zu unterrichten. In dieser Situation bekamen nun auch Männer der jüngeren Generation eine kaum noch dagewesene Chance beim Aufbau des neuen Instituts. Magnes und sein Kuratorium begriffen sehr wohl, daß eine wissenschaftliche Einrichtung nicht auf Gastdozenten gegründet werden kann. So suchten sie in der jüdischen Welt nach Kandidaten für feste Anstellungen, und Magnes verfiel auch auf mich.

Kabbala? Ein höchst sonderbarer Gegenstand! Aber für diese Fakultät, eher eigentlich eine Akademie, doch herrlich geeignet! Niemand würde ja auf die Idee kommen, das als Studienziel zu wählen – *o wie sich die Herren täuschten!* –, aber gerade als reines Forschungsprojekt, wo nach allgemeinem Konsens wissenschaftlich noch alles zu leisten war, paßte das ja ausgezeichnet in den Plan. Und dabei saß der junge Mann, der sich ganz auf diese Sache geworfen hatte, schon in Jerusalem und kostete nicht einmal die Umzugsspesen. Wie aber ergründen, ob er auch wissenschaftlich voll qualifiziert sei? Ich hatte drei Fürsprecher im Kuratorium: Chajim Nachman Bialik, Martin Buber und Aron Freimann, die mich kannten *und unterstützten*, aber schließlich war Bialik ein Dichter, Freimann zwar ein bedeutender Bibliograph, aber weder ein Philosoph noch ein Religionshistoriker, und Bubers Name war bei den großen jüdischen Gelehrten damals auch nicht gerade die allerbeste Empfehlung, obwohl man *in Angelegenheiten der Hebräischen Universität zu Jerusalem* nicht gut um ihn herum konnte. *Aber Samuel Klein teilte Magnes mit, daß der Rabbiner* Immanuel Löw in Szegedin *sich mit großer Begeisterung über meine Arbeiten ausgesprochen habe. Löw,* damals einer der »grand old men« der Wissenschaft vom Judentum, war ein enzyklopädisch gebildeter Gelehrter, vor allem aber ein Spezialist für Botanik in der rabbinischen Literatur und begeistert für alle Studien über jüdische Realien. *Magnes beschloß, sich an zwei Gelehrte zu wenden.* Der eine war Julius Guttmann, der Leiter jenes Akademieinstituts in Berlin, von dem ich oben erzählt habe, *und natürlich keine Autorität für Kabbala, sondern für jüdische Philosophie, der* mich *aber* auf Grund meiner philosophischen Bildung und bisherigen Arbeit warm empfahl, *der andere war Immanuel Löw*, Autor des fünfbändigen Werkes »Flora der Juden« – ich glaube, ich bin der einzige, der über diesen sonderbaren Titel je gelacht hat. Löw schrieb, man solle mich unbedingt berufen. *»Endlich haben wir den Mann gefunden«, der befähigt ist, auf diesem Gebiet zu forschen.* Er habe *meinen Aufsatz über das Buch Bahir* gelesen und dort zwei ausgezeichnete Seiten über die Zweigeschlechtlichkeit der Palme in der kabbalistischen Literatur gefunden. Auf den Mann, der das geschrieben habe, könne man sich verlassen. *So wurde ich im September 1925 zum Dozenten für Kabbala berufen, erhielt zunächst eine halbe Stelle, da ich noch in* *der Bibliothek auf einer halben Stelle arbeitete, dann zwei Jahre später eine volle Stelle, und es begann die Zeit meiner Reife.*

Ich setzte mich hin und schrieb meine Antrittsvorlesung über das spannende Thema: »Hat Moses de Leon den Sohar verfaßt?« Darin resümierte oder erneuerte ich alle Thesen, die gegen diese Annahme sprechen und die verlangen, »daß der Ursprung des Buches und die Entwicklung der gesamten Kabbala neu und systematisch untersucht werden«. Dieser Untersuchung widmete ich die folgenden zehn oder fünfzehn Jahre und widerlegte nach und nach alle meine Thesen aus der Antrittsvorlesung, die zu bewahrheiten ich doch ausgezogen war. Inmitten solcher Umbrüche erfüllte sich auch an mir der Vers: »Wahrheit wird aus dem Lande sprießen.«

Nachwort der Übersetzer

Sein lakonisches Vorwort zur hebräischen Ausgabe – dem letzten von ihm zu Lebzeiten autorisierten Werk – beschließt Gershom Scholem mit dem kabbalistisch anspielungsreichen Satz: »Das Buch hat also neue Gestalt angenommen.« Sie gilt es hier knapp zu umreißen. Die Neufassung von 1981/1982 läßt einige wichtige Wechsel der Perspektive und des Interesses gegenüber dem deutschen Original von 1977 erkennen. Diese Veränderungen haben eine ihrer Ursachen in der unterschiedlichen Leser- und Zuhörerschaft: die deutsche Ausgabe zielte gewiß nicht in erster Linie auf ein jüdisches und in Israel deutsch lesendes Publikum; die hebräische Ausgabe hingegen richtet sich voll und ganz an die israelisch-hebräische Leserschaft. Die deutsche Ausgabe stieß auch in Israel auf großes Interesse, das seinerseits dazu beigetragen hat, daß die hebräische Ausgabe vielfach erweitert – und an nicht wenigen Stellen auch korrigiert – wenige Jahre später erscheinen und inzwischen mehrere Auflagen erreichen konnte. Das hier vorgelegte Buch vereint das deutsche Original und seine hebräische Bearbeitung, die deutsche Bearbeitung und das hebräische Original. *Mi-Berlin l-Irushalayim* erscheint hier zum erstenmal in Übersetzung. Dabei ist es nur recht, daß diese erste Übertragung ins Deutsch des Originals erfolgt – gingen doch alle Übersetzungen der Jugenderinnerungen in weitere Sprachen von Scholems deutscher Erstfassung aus.

Doch verändert nicht nur die neue Leserschaft die Perspektive. Scholem berücksichtigt in der erweiterten hebräischen Fassung auch Erinnerungen, Anregungen und Kritik seiner Leserinnen und Leser im deutschsprachigen Raum und in Israel. Seine Antwort auf jene »gewisse Aufmerksamkeit«, die sein Buch erregte und auf die er in seiner Vorbemerkung zur hebräischen Fassung verweist, ließ ihn seine Jugend – von Palästina und Israel her – neu überdenken. Die Erinnerungen anderer haben daran mitgewirkt und tragen ihren Teil zur Prägnanz dessen bei, was in der »fremdsprachigen« Erstfassung nur mit leichter Hand angedeutet wurde oder nachsichtig-ironisch daherkam.

Es ist unverkennbar, daß Scholem mit seinen hebräischen Lesern in einen vertrauten Dialog einzutreten sucht und so besonders das ausarbeitet und ergänzt, was sich auf seine zionistischen Verbindungen in Deutschland, der Schweiz und im Lande Israel bezieht und den gemeinsamen Weg der Vorbereitung auf Zion mit jüngeren und älteren Menschen aus dem osteuropäisch- und dem deutsch-zionistischen Milieu vor allem Berlins genauer hervortreten läßt. Schilderungen von Menschen, die in der deutschen Ausgabe, wenn überhaupt, nur erwähnt worden waren, und Charakterisierungen bekannter Figuren des Jischuv, die auch für manche israelischen Leser nur noch Namen sein mögen, von den meisten Lesern außerhalb Israels ganz zu schweigen, vervollständigen und differenzieren das Bild der Umgebung, in der er, bestimmt von entschiedenen Sympathien wie Antipathien, seine eigene Richtung verfolgte. Dabei erscheint bedeutsam, daß nunmehr weniger der Rückblick auf das zeitgenössische deutsche Judentum im Vordergrund steht als vielmehr die in Erez Israel zu realisierende Erneuerung des Judentums aus den alten Quellen und durch die hebräische Sprache. Mit diesem Blick nach vorn, der den jungen, zu radikaler Erneuerung entschlossenen Einwanderer in den zwanziger Jahren charakterisierte, verbindet sich die Reflexion des 85jährigen auf das eigene Lebenswerk, dessen Grundlagen und den Zusammenhang, in den er es hineingestellt hat: auf den zionistischen Aufbau mit seinen Erfolgen und Krisen, seinen Schwächen und der Gefahr des Scheiterns. So wendet sich Scholem gelegentlich an seine Leser und sucht sich und ihnen Antwort zu geben auf Fragen, die sich nun stellen könnten und die sich gestellt haben. Hier kommt ein resignierter leiser Tonfall auf, der nicht mit der sonst vernehmbaren Gelassenheit und Weisheit des Alters gleichzusetzen ist. Dabei haben die Urteile Scholems über diesen und jenen Zeitgenossen durchaus an Schärfe gewonnen, so daß man im Hinblick auf die »hebräische Version« dem italienischen Kollegen Scholems Arnaldo Momigliano nicht mehr unbedingt zustimmen mag, der beim Erscheinen der englischen Ausgabe 1980 in der New York Review of Books (18. Dezember 1980) schrieb: »... there is tenderness and gentleness ... and a remarkable avoidance of the most acute controversies and crises in which the author was involved.« Bei dem, was Scholem über Franz Rosenzweig zu sagen hat, tritt nun ein apologetisches

Moment stärker hervor, gegen das sich sein mit mehr Einzelheiten und stärkerer Emotion festgeschriebenes Urteil stärker abhebt als zuvor. Es spricht aber für Scholem, daß auch hier Mehrdeutigkeit zugelassen wird – mehr noch, gerade in seiner Beschreibung der Begegnungen und Zusammenstöße mit Rosenzweig kommt das ihn kennzeichnende Paradox zum Ausdruck. In seinen Ausführungen zu Rosenzweig hält Scholem inne, läßt den Leser fragen, ob er an seiner Erwartung einer Wiedergeburt des Judentums im Lande Israel »noch heute, nach sechzig Jahren, festhalte«, und antwortet ihm mit einem Zitat aus dem biblischen Buch der Proverbien: »Ich weiß darauf nach allem, was geschehen ist, keine Antwort und habe nur Hoffnung, doch sagte schon der Weise: Hingezogene Erwartung macht das Herz krank.« Damit gesteht uns Scholem ein, daß die Kontroverse über die für ihn damals so scharfe und klare Wertung – hie Deutschjudentum, hie Zion – und über sein »Alles oder Nichts«, das von Rosenzweigs »Etwas« und einer Möglichkeit der Vermittlung nichts wissen wollte, zwar zugunsten Zions und des Zionismus ausgegangen ist, doch ohne großes Zutun der Zionisten und auch ohne daß sich eine Chance für das deutsche Judentum ergeben hätte, seinen gewaltsamen Untergang zu verhindern. Auch hat der Zionismus nicht die radikale Erneuerung bewirkt, die sich Gershom Scholem fünfzig Jahre zuvor erhofft hatte. Dichte der Beschreibung und Präzision des Urteils geben zusammen mit Scholems Ironie und der hier und dort unüberhörbar anklingenden Resignation diesem Buch sein eigenes Gepräge.

Noch ein zweiter neugewonnener Blickwinkel sei hier angezeigt: Scholems Lernen, das sein Leben lang dauerte, doch mit dem Beginn seiner Lehre an der Hebräischen Universität, mit der die Jugenderinnerungen abschließen, eine entscheidende Zäsur erfuhr, bestimmt den Gang seiner jugendlichen Biographie wie seiner Autobiographie, in der die Begeisterung und die Offenheit für das Lernen auf fast jeder Seite spürbar sind. Scholem entscheidet sich für das Hebräische und die hebräischen Quellen des Judentums zu einer Zeit, in der die alten Ordnungen ihre Gültigkeit verloren und das Neue erst erforscht, erprobt und durch Konflikte und Krisen hindurch gestaltet werden wollte, zu einer Zeit der Fragen, nicht der Antworten. Der junge Scholem sucht eine Autorität, die rein geblieben ist, unberührt von der Relativierung und Zersplitterung des Judentums seit der Emanzipation, nicht tangiert von den Kompromissen, die er dem »Deutschjudentum« vorwirft, eine Autorität, die auch dem Zionismus Substanz verleiht. Er findet sie bei Lehrern, Gelehrten und Schriftstellern im Wissen und im Gedächtnis, kraft derer sie Zugang zu den Quellen hebräischer Sprache und Literatur haben. Zu Beginn der Münchener Jahre schreibt er: »Meine Jahre in München, Berlin und Frankfurt bis zur Einwanderung nach Palästina bedeuteten im Grunde das Ende meiner inneren Entwicklung zu jener Konkretion des Daseins, von der ich geträumt hatte. In diesen vier Jahren wußte ich schon, wohin es gehen würde, ich suchte aber noch nach Wegen, mich vorzubereiten, und die Parole lautete: Lernen!« Als Salman Schocken den jungen Scholem, der ihn 1918 zum ersten Mal besucht, zur Mitarbeit im Kulturausschuß der Zionistischen Organisation einlädt, erwidert ihm Scholem, er wolle lernen, nicht lehren. Die hebräische Fassung der Jugenderinnerungen entfaltet noch bestimmter als die deutsche das Bild des jugendlichen Außenseiters, der schon früh weiß, was er will und den elf Jahre älteren Franz Rosenzweig kritisiert, erst mit 27 Jahren zur Klärung seiner Lebensziele gekommen zu sein.

Den Wegen der Scholemschen Erinnerung zwischen Berlin und Jerusalem entsprechen die Wege seiner Autobiographie zwischen den Sprachen. Der deutschen Erstfassung der Jugenderinnerungen liegt ein im Jahre 1974 erschienenes hebräisches Interview zugrunde, aus dem etliche Passagen von Scholem sinngemäß oder nahezu wörtlich in den deutschen Text übernommen wurden, während die deutsche Fassung wiederum Ausgangspunkt für die weit umfassendere hebräische Autobiographie wurde. Mit dem vorliegenden Band wurde versucht, das ins Hebräische integrierte deutsche Original wieder sichtbar werden zu lassen, indem typographisch gekennzeichnet wird, wo der hebräische Text mit dem deutschen Text übereinstimmt und wo er von ihm abweicht. In Grundschrift gesetzt sind alle Passagen, in denen Scholems hebräische Version eine Übersetzung der deutschen Erstfassung darstellt und in denen wir den Scholemschen Text von 1977 wiedergeben. Der Kursivdruck zeigt an, wo Scholem den deutschen Text nicht übersetzt, sondern verändert hat, sei es, daß er kleine stilistische oder inhaltliche Korrekturen vornahm, sei es, daß er größere Partien ergänzte oder ganze Passagen neu schrieb. Geringe Abweichungen von diesem Grundsatz der typographischen Gestaltung schienen allerdings gelegentlich unumgänglich, sollte die vorliegende, keineswegs historisch-kritisch gedachte Ausgabe so lesbar bleiben wie ihre hebräische Vorlage. Scholem hat für seine israelische Leserschaft, die mit Geographie, Geschichte oder Universitätswesen in Deutschland gewiß nicht immer bis ins einzelne vertraut ist, hier und dort knappe Erläuterungen eingefügt, die im Deutschen zu überflüssigen Belehrungen würden, so etwa seine Bemerkung, daß Freiburg i. Br. eine berühmte Universitätsstadt sei. Andererseits wurden Namen und Orte, die im Hebräischen offenbar ungenannt blieben, weil sie für israelische Leserinnen und Leser bedeutungslos sind, stillschweigend wieder aufgenommen, etwa die Namen zweier Schulfreunde Scholems und die Namen vieler Berliner Straßen und Plätze, die Scholem nur in der deutschen Fassung erwähnt. Größere Passagen aus dem deutschen Original, die im Hebräischen entfallen sind, weil sie sich nur an die deutschsprachigen Leser wenden, wurden ebenfalls wieder aufgenommen, doch durch eckige Klammern bezeichnet, so Erläuterungen zur jüdischen Religion oder zum Zionismus, aber auch Bemerkungen zu Benjamin, zu deutschsprachigen Anthologien jüdischen Humors oder zum sächsischen Akzent Arthur Ruppins im Hebräischen. Indem der vorliegende Text die Differenzen zwischen dem deutschen und dem hebräischen Text möglichst genau bezeichnet und sich stets am Hebräischen orientiert, zugleich aber Tonfall und Gestus des deutschen Originals aufnimmt, sucht er, biographische wie autobiographische Wege Scholems zu dokumentieren und in der Übersetzung das Original – *Von Berlin nach Jerusalem*, *Mi-Berlin l-Irushalayim* – zum Vorschein zu bringen.

Michael Brocke *Andrea Schatz*

Glossar

Achduth ha-ʿavoda: »Einheit der Arbeit«, sozialistische zionistische Arbeiterpartei in Palästina, entstand im Jahre 1919 durch Vereinigung der palästinensischen *Poʿale Zion* (ohne den linken Flügel der Organisation) mit parteiunabhängigen Gruppierungen, etwa der Gruppe um Berl Kaznelson.

Admor: Kurzwort für *Adonenu morenu we-rabbenu* - »Unser Herr, Lehrer und Meister«, Titel chassidischer Rabbiner.

Agudath Israel: Im Jahre 1912 gegründeter Zusammenschluß der Orthodoxie in Deutschland, Ungarn, Polen und Litauen, wandte sich gegen die Zusammenarbeit religiöser und säkularer Zionisten in der Zionistischen Organisation und gegen eine säkulare Gesellschaft in Palästina.

Anatoth: Levitenstadt nördlich Jerusalems, Heimat des Propheten Jeremia (vgl. Jer 1,1 u. Jer 32).

Bilu: Kurzwort aus den Anfangsbuchstaben der Worte *Beth Jaʿakov lechu we-nelekhah* (»Haus Jakobs, auf, laßt uns gehen«, Jes 2,5), Organisation sozialistisch gesinnter junger russischer Jüdinnen und Juden, die sich nach den russischen Pogromen des Jahres 1881 zusammenschlossen und als erste Pioniere des modernen landwirtschaftlichen Aufbaus in Palästina das Dorf Gedera gründeten.

Bund: kurz für »Allgemeiner Jüdischer Arbeiter Bund in Litauen, Polen und Rußland«, 1897 in Wilna gegründete jüdische sozialistische Partei, wandte sich gegen den Zionismus, setzte sich für nationale und kulturelle Autonomie der Juden in der Diaspora und für die jiddische Sprache ein.

Chabad: Kurzwort für *Chochma*, *Bina*, *Daʿat* (»Weisheit«, »Verstand«, »Wissen«), von Schne'ur Salman aus Liadi begründete Richtung des Chassidismus, die intellektuelle und individuelle Momente betont.

Chaluzim/Chaluzoth: »Pioniere/Pionierinnen«, Bezeichnung für die am modernen wirtschaftlichen Aufbau in Palästina beteiligten jüdischen Einwanderinnen und Einwanderer.

Chowewe sefath ʿever: »Liebhaber der hebräischen Sprache«, Bewegung im vorrevolutionären Rußland.

Esra: Im Jahre 1884 gegründeter »Verein zur Unterstützung akkerbautreibender Juden in Palästina und Syrien« mit Sitz in Berlin, der den Aufbau in Palästina finanziell unterstützte.

Gemara: Erörterungen der Rabbinen, die an die um 200 christl. Zeitrechnung redigierte Mischna anschließen, bildet zusammen mit der Mischna den Talmud und steht oft synonym für ihn.

Ha-poʿel ha-zaʿir: »Der junge Arbeiter«, 1905 in Palästina gegründete sozialistische Arbeiterpartei, forderte die schöpferische Tätigkeit der Juden in allen Arbeitsbereichen, da nur sie die Verwurzelung der Juden in Palästina bewirken würde.

Ha-schomer ha-zaʿir: »Der junge Wächter«, zionistische Jugendbewegung, 1916 in Wien gegründet, bereitete Jugendliche auf die Einwanderung nach Palästina und das Leben im Kibbuz vor, marxistisch orientiert, Mitgründer der politisch links von der Arbeiterpartei stehenden *Mapam*.

He-chaluz: »Der Pionier«, zu Beginn des Jahrhunderts in verschiedenen Ländern gegründete Organisation der Chaluzbewegung, der Weltverband konstituierte sich 1921 in Karlsbad; organisierte Hebräischunterricht, Berufsausbildung und die Einwanderung nach Palästina, stand politisch den Arbeiterparteien nahe.

Jischuv: »Siedlung«, die jüdische Bevölkerung Palästinas.

Kwuzah: jüdische Genossenschaftssiedlung, kleiner als ein Kibbuz.

Mapai: Kurzwort für »Arbeiterpartei des Landes Israel«, entstand 1930 aus der Vereinigung der beiden Arbeiterparteien *Achduth ha-ʿavoda* und *Ha-poʿel ha-zaʿir*; im Jahre 1968 ging aus ihr die heutige israelische Arbeiterpartei hervor.

Misrachi: von *Merkas ruchani*, »geistiges Zentrum« und Anspielung auf *Misrach* - »Osten«, von russischen religiösen Zionisten 1902 in Wilna gegründeter Sonderverband innerhalb der Zionistischen Organisation, der die Auffassung vertrat, das geistige Zentrum des Zionismus müsse die Tora sein.

Moschav: jüdische Siedlung, in der kooperative mit privatwirtschaftlichen Elementen verbunden werden.

Nili: Kurzwort aus den Anfangsbuchstaben der Worte *Nezach Jisraʾel loʾ jeschaqqer* (»Der Mächtige Israels wird nicht lügen«, 1 Sam 15,29), jüdische Spionagegruppe, die im Ersten Weltkrieg mit der britischen Armee in Ägypten zusammenarbeitete.

Poʿale Zion: »Arbeiter Zions«, zionistische Bewegung, die marxistische mit nationalistischen Positionen zu verbinden suchte; der Weltverband dieser Bewegung konstituierte sich im Jahre 1907 in Den Haag und bildete einen Sonderverband innerhalb der Zionistischen Organisation; prominenteste Vertreter waren D. Ben-Gurion und J. Ben-Zwi.

Solel-Boneh: Bau-Kooperative der Histadrut, der jüdischen Gewerkschaft in Palästina; seit 1920 verantwortlich für Straßen- und Wohnungsbau in Palästina, später in Israel.

Tefillin: lederne Gebetsriemen (griech. Phylakterien), am linken Arm und auf der Stirn beim Morgengebet getragen.

Zaddik: wörtl. »gerecht«, Gerechter, heiliger Mann; bezeichnet im Chassidismus die höchste weltliche und religiöse Autorität und das Vorbild für den Chassid.

Namenverzeichnis